點校本
二十四史
修訂本

史記

第二册
卷八至卷一五

〔漢〕司馬遷 撰
〔宋〕裴駰 集解
〔唐〕司馬貞 索隱
〔唐〕張守節 正義

中華書局

2013 年 9 月第 1 版　2024 年 6 月第 11 次印刷

ISBN 978-7-101-09501-2

史記卷八

高祖本紀第八

高祖，〔一〕沛豐邑中陽里人，姓劉氏，〔二〕字季。〔三〕父曰太公，〔四〕母曰劉媪。〔五〕其先劉媪嘗息大澤之陂，夢與神遇。是時雷電晦冥，太公往視，則見蛟龍於其上。〔六〕已而有身，遂産高祖。

〔一〕集解漢書音義曰：「諱邦。」張晏曰：「禮謚法無『高』，以爲功最高而爲漢帝之太祖，故特起名焉。」

〔二〕集解李斐曰：「沛，小沛也。劉氏隨魏徙大梁，移在豐，居中陽里。」孟康曰：「後沛爲郡，豐爲縣。」　索隱按：高祖，劉累之後，别食邑於范，士會之裔，留秦不反，更爲劉氏。劉氏隨魏徙大梁，後居豐，今言「姓劉氏」者是。左傳「天子建德，因生以賜姓，胙之土，命之氏。諸侯以字爲謚，因以爲族」。説者以爲天子賜姓命氏，諸侯命族，族者氏之别名也。然則因生賜姓，若舜生姚墟，以爲姚姓，封之於虞，即號有虞氏是也。若其後子孫更不得賜姓，即遂以虞爲姓，云「姓虞氏」。今此云「姓劉氏」，亦其義也。故姓者，所以統繫百代，使不別也。氏者，所以別子孫之所出。又系本篇言姓則在上，言氏則在下，故五帝本紀云「禹姓姒氏，契姓子氏，弃姓姬氏」是也。按：漢改泗水爲沛郡，治相城，故注以沛爲小沛也。

【三】索隱按：漢書「名邦，字季」，此單云字，亦又可疑。按：漢高祖長兄名伯，次名仲，不見別名，則季亦是名也。故項岱云「高祖小字季，即位易名邦，後因諱邦不諱季，所以季布猶稱姓也。」

【四】索隱皇甫謐云：「名執嘉。」王符云：「太上皇名煓。」與湍同音。正義春秋握成圖云：「劉媪夢赤鳥如龍，戲己，生執嘉。」

【五】集解文穎曰：「幽州及漢中皆謂老嫗爲媪。」孟康曰：「長老尊稱也。左師謂太后曰『媪愛燕后賢長安君』。禮樂志『地神曰媪』。媪，母別名也，音烏老反。」索隱韋昭云：「媪，婦人長老之稱。」皇甫謐云：「媪蓋姓王氏。」又據春秋握成圖以爲執嘉妻含始，遊洛池，生劉季。詩含神霧亦云。姓字皆非正史所出，蓋無可取。今近有人云「母温氏」。貞時打得班固泗水亭長古石碑文，其字分明作「温」字，云「母温氏」。貞與賈膺復、徐彥伯、魏奉古等執對反覆，沈歎古人未聞，聊記異見，於何取實也？孟康注「地神曰媪」者，禮樂志云「后土富媪」，張晏曰「坤爲母，故稱媪」是也。正義帝王世紀云：「漢昭靈后含始游洛池，有寶雞銜赤珠出炫日，后吞之，生高祖。」詩含神霧亦云。含始即昭靈后也。陳留風俗傳云：「沛公起兵野戰，喪皇妣於黃鄉，天下平定，使使者以梓宮招幽魂，於是丹蛇在水自灑濯〔一〕，入梓宮，其浴處有遺髮，謚曰昭靈夫人。」漢儀注云：「高帝母起兵時死小黃城，後於小黃立陵廟。」括地志云：「小黃故城在汴州陳留縣東北三十三里。」顏師古云：「皇甫謐等妄引讖記，好奇騁博，强爲高祖父母名字，皆非正史所說，蓋無取焉。寧有劉媼本姓實存，史遷肯不詳載？即理而言，斷可知矣。」

【六】索隱按：詩含神霧云「赤龍感女媼，劉季興」。又廣雅云「有鱗曰蛟龍」。

高祖爲人，隆準而龍顏，【一】美須髯，左股有七十二黑子。【二】仁而愛人，喜施，【三】意豁如也。【四】常有大度，不事家人生産作業。及壯，試爲吏，【五】爲泗水亭長，【六】廷中吏無所不狎侮。好酒及色。常從王媼、武負貰酒，【七】醉卧，武負、王媼見其上常有龍，怪之。高祖每酤留飲，酒讎數倍。【八】及見怪，歲竟，此兩家常折券弃責。【九】

【一】集解服虔曰：「準音拙。」應劭曰：「隆，高也。準，頰權準也。顏，額顙也，齊人謂之顙，汝南、淮、泗之閒曰顏。」文穎曰：「準，鼻也。」索隱李斐云：「準，鼻也〔二〕。」始皇蜂目長準，蓋鼻高起。爾雅：「顏，額也。」文穎曰：「高祖感龍而生〔三〕，故其顏貌似龍，長頸而高鼻。」

【二】正義河圖云：「帝劉季口角〔四〕、戴勝、斗胸、龜背、龍股，長七尺八寸。」合誠圖云：「赤帝體爲朱鳥，其表龍顏，多黑子。」按：左，陽也。七十二黑子者，赤帝七十二日之數也。木火土金水各居一方，一歲三百六十日，四方分之，各得九十日，土居中央，並索四季，各十八日，俱成七十二日，故高祖七十二黑子者，應火德七十二日之徵也。有一本「七十日」者，非也。許北人呼爲「黶子」，吴楚謂之「誌」。誌，記也。

【三】正義喜，許記反。施，尸豉反。

【四】集解服虔曰：「豁，達也。」

【五】集解應劭曰：「試補吏。」

【六】正義秦法，十里一亭，十亭一鄉。亭長，主亭之吏。高祖爲泗水亭長也。國語有「寓室」，即今之亭也。亭長，蓋今里長也。民有訟諍，吏留平辨，得成其政。括地志云：「泗水亭在徐州沛縣東一百步，有高祖廟也。」

【七】集解韋昭曰：「貰，賒也。」索隱鄒誕生貰音世，與字林聲韻並同。又音時夜反。廣雅云：「貰，賒也。」説文云：「貰，貸也。」臨淮有貰陽縣。漢書功臣表「貰陽侯劉纏」，而此紀作「射陽」，則「貰」亦「射」也。

【八】集解如淳曰：「讎亦售。」索隱欒産〔五〕云借「讎」爲「售」，蓋古字少，假借耳。今亦依字讀。蓋高祖大度，既貰飲，且讎其數倍價也。

【九】索隱周禮小司寇云：「聽稱責以傅别。」鄭司農云：「傅别，券書也。」康成云：「傅别，謂大手書於札，中而别之也。」然則古用簡札書，故可折。至歲終總弃不責也。

高祖常繇咸陽，【一】縱觀，觀秦皇帝，【二】喟然太息曰：「嗟乎，大丈夫當如此也！」

【一】集解應劭曰：「徭，役也。」 索隱韋昭云：「秦所都，武帝更名渭城。」應劭云：「今長安也。」按：關中記云「孝公都咸陽，今渭城是，在渭北。始皇都咸陽，今城南大城是也」。名咸陽者，山南曰陽，水北亦曰陽，其地在渭水之北，又在九嵕諸山之南，故曰咸陽。

【二】正義包愷云：「上音館，下音官。恣意，故縱觀也。」

單父人呂公【一】善沛令，避仇從之客，因家沛焉。沛中豪桀吏聞令有重客，皆往賀。蕭何爲主吏，【二】主進，【三】令諸大夫曰：【四】「進不滿千錢，坐之堂下。」高祖爲亭長，素易諸吏，乃紿爲謁曰【五】「賀錢萬」，實不持一錢。謁入，呂公大驚，起，迎之門。呂公者，好相人，見高祖狀貌，因重敬之，引入坐。蕭何曰：「劉季固多大言，少成事。」高祖因狎侮諸客，遂坐上坐，【六】無所詘。【七】酒闌，【八】呂公因目固留高祖。【九】高祖竟酒，後。呂公曰：「臣少好相人，【一〇】相人多矣，無如季相，願季自愛。臣有息女，【一一】願爲季箕帚妾。」酒罷，呂媪怒呂公曰：「公始常欲奇此女，與貴人。沛令善公，求之不與，何自妄許與劉季？」呂公曰：「此非兒女子所知也。」卒與劉季。呂公女乃呂后也，生孝惠帝、魯元公主。【一二】

【一】集解漢書音義曰：「單音善。父音斧。」 索隱韋昭云：「單父，縣名，屬山陽。」崔浩云：「史失其名，但舉姓而言公。」又按：漢書舊儀云「呂公，汝南新蔡人」。又相經云「魏人呂公，名文，字叔平」也。

【二】集解孟康曰：「主吏，功曹也。」

【三】集解文穎曰：「主賦斂禮進，爲之帥。」索隱鄭氏云：「主賦斂禮錢也。」顏師古曰：「進者，會禮之財。字本作『賮』，聲轉爲『進』。『宣帝數負進』，義與此同。」

【四】正義大夫，客之貴者總稱之。

【五】集解應劭曰：「紿，欺也。音殆。」索隱韋昭云：「紿，詐也。」劉氏云：「紿，欺負也。」何休云：「紿，疑也。」謂高祖素狎易諸吏，乃詐爲謁。謁謂以札書姓名，若今之通刺，而兼載錢數也〔六〕。

【六】正義上在果反。下在卧反。

【七】正義音丘忽反。

【八】集解文穎曰：「闌言希也。謂飲酒者半罷半在，謂之闌。」

【九】正義不敢對衆顯言，故目動而留之。

【一〇】集解張晏曰：「古人相與語多自稱臣，自卑下之道，若今人相與語皆自稱僕。」

【一一】正義息，生也。謂所生之女也。

【一二】集解服虔曰：「元，長也。食邑於魯。」韋昭曰：「元，謚也。」正義漢制，帝女曰「公主」，儀比諸侯；姊妹曰「長公主」，儀比諸侯王；姑曰「大長公主」，儀比諸侯王。

高祖爲亭長時，常告歸之田。【一】呂后與兩子居田中耨，有一老父過請飲，呂后因餔之。【二】老父相呂后曰：「夫人天下貴人。」令相兩子，見孝惠，曰：「夫人所以貴者，乃此男也。」相魯元，亦皆貴。老父已去，高祖適從旁舍來，呂后具言客有過，相我子母皆大貴。高祖問，曰：「未遠。」乃追及，問老父。老父曰：「鄉者夫人嬰兒皆似君，君相貴不可言。」高祖乃謝曰：「誠如父言，不敢忘德。」及高祖貴，遂不知老父處。

【一】集解服虔曰：「告音如『嗥呼』之『嗥』。」李斐曰：「休謁之名也。吉曰告，凶曰寧。」孟康曰：「古者名吏休假曰告。告又音嚳。漢律，吏二千石有予告、賜告。予告者，在官有功最，法所當得者也。賜告者，病滿三月當免，天子優賜，復其告，使得帶印紱，將官屬，歸家治疾也。」索隱韋昭云：「告，請歸乞假也。」音『告語』之『告』。故戰國策曰『商君告歸』，延篤以爲告歸，今之歸寧也。」劉伯莊、顏師古並音古篤反，非「號」「嚳」兩音也。按：東觀漢記田邑傳云「邑年三十，歷卿大夫，號歸罷，厭事，少所嗜欲」。尋「號」與「嗥」同，古者當有此語，故服氏云「如號呼之號」，音豪。今以服虔雖據田邑「號歸」，亦恐未得。然此「告」字當音誥，「誥」「號」聲相近，故後「告歸」「號歸」遂變耳。

【二】正義必捕反，以食飼人也。父本請飲，呂后因飼之。國語云：「國中童子無不餔。」

高祖爲亭長，乃以竹皮爲冠，令求盜之薛治之，【一】時時冠之，【二】及貴常冠，所謂「劉氏冠」【三】乃是也。

【一】集解應劭曰：「以竹始生皮作冠，今鵲尾冠是也。求盜者，舊時亭有兩卒，其一爲亭父，掌開閉埽除，一爲求盜，掌逐捕盜賊。薛，魯國縣也。有作冠師，故往治之。」索隱應劭云：「一名『長冠』。側竹皮裹以縱前，高七寸，廣三寸，如板。」又蔡邕獨斷云：「長冠，楚制也。高祖以竹皮爲之，謂之『劉氏冠』。」司馬彪輿服志亦以「劉氏冠」爲鵲尾冠也。應劭云：「舊亭卒名『弩父』，陳、楚謂之『亭父』，或云『亭部』，淮、泗謂之『求盜』也。」

【二】正義音館，下同。

【三】正義音官。顏師古云：「後號爲『劉氏冠』。其後詔曰『爵非公乘以上不得冠劉氏冠』，即此也。」

高祖以亭長爲縣送徒酈山，徒多道亡。自度比至皆亡之，【一】到豐西澤中，止飲，夜乃解縱所送徒。曰：「公等皆去，吾亦從此逝矣！」徒中壯士願從者十餘人。高祖被酒，【二】夜徑【三】澤中，令一人行前。【四】行前者還報曰：「前有大蛇當徑，【五】願還。」高祖醉，曰：「壯士行，何畏！」乃前，拔劍擊斬蛇。【六】蛇遂分爲兩，【七】徑開。行數里，醉，因卧。後人來至蛇所，有一老嫗夜哭。人問何哭，嫗曰：「人殺吾子，故哭之。」人曰：「嫗子何爲見殺？」嫗曰：「吾子，白帝子也，化爲蛇，當道，今爲赤帝子斬之，【八】故哭。」人乃以嫗爲不誠，欲告之，〔九〕嫗因忽不見。後人至，高祖覺。〔一〇〕後人告高祖，高祖乃心獨喜，自負。〔一一〕諸從者日益畏之。

〔一〕正義度，田洛反。比，必寐反。

〔二〕正義被，加也。

〔三〕索隱舊音經。按：廣雅云「徑，斜過也」。字林云「徑，小道也，音古定反」。言酒後放徒，夜徑行澤中，不敢由正路，且從而求疾也〔七〕。

〔四〕正義行音下孟反。

〔五〕索隱音逕。鄭玄曰：「步道曰徑也。」

〔六〕索隱漢舊儀云「斬蛇劍長七尺」。又高祖云「吾以布衣提三尺劍取天下」。二文不同者，崔豹古今注「當高祖爲亭長，理應提三尺劍耳；及貴，當別得七尺寶劍」，故舊儀因言之。正義按：其蛇大，理須別求是劍斬之。三尺劍者，常佩之劍。括地志云：「斬蛇溝源出徐州豐縣中平地，故老云高祖斬蛇處，至縣西十五里入泡水也。」

〔七〕索隱謂斬蛇分爲兩段也。

〔八〕集解應劭曰：「秦襄公自以居西戎〔八〕，主少昊之神，作西畤，祠白帝。至獻公時櫟陽雨金，以爲瑞，又作畦畤，祠白帝。少昊，金德也。赤帝，堯後，謂漢也。殺之者，明漢當滅秦也。秦自謂水，漢初自謂土，皆失之。至光武乃改定。」索隱按：太康地理志云「時在櫟陽故城內。

其時如畦，故曰畦時」。畦音户圭反。應注云「秦自謂水」者。按秦文公獲黑龍，命河爲德水是也。又按：春秋合誠圖云「水神哭，子褒敗」。宋均以爲高祖斬白蛇而神母哭，則此母水精也。此皆謬説。又注云「至光武乃改」者，謂改漢爲火德，秦爲金德，與雨金及赤帝子之理合也。

【九】集解徐廣曰：「一作『苦』。」索隱漢書作「苦」，謂欲困苦辱之。一本或作「笞」。説文云：「笞，擊也。」

【一〇】索隱包愷、劉伯莊音古孝反。

【一一】集解應劭曰：「負，恃也。」索隱晉灼云：「自恃斬蛇事。」

秦始皇帝常曰「東南有天子氣」，於是因東游以厭之。【一】高祖即自疑，亡匿，隱於芒、碭山澤巖石之閒。【二】吕后與人俱求，常得之。高祖怪問之。吕后曰：「季所居上常有雲氣，【三】故從往常得季。」高祖心喜。沛中子弟或聞之，多欲附者矣。

【一】索隱厭音一涉反，又一冉反。廣雅云：「厭，鎮也。」

【二】集解徐廣曰：「芒，今臨淮縣也。碭縣在梁。」駰案：應劭曰「二縣之界有山澤之固，故隱於其閒也」。正義括地志云：「宋州碭山縣在州東一百五十里，本漢碭縣也。碭山在縣東。」

【三】正義京房易飛候云〔九〕：「何以知賢人隱？師曰〔一〇〕：『四方常有大雲，五色具而不雨，其下有賢人隱矣。』」故吕后望雲氣而得之。

秦二世元年【一】秋，陳勝等起蘄，【二】至陳而王，號爲「張楚」。諸郡縣皆多殺其長吏以應陳涉。沛令恐，欲以沛應涉。掾、主吏蕭何、曹參【三】乃曰：「君爲秦吏，今欲背之，率沛子弟，恐不聽。願君召諸亡在外者，可得數百人，因劫衆，【四】衆不敢不聽。」乃令樊噲召劉季。劉季之衆已數十百人矣。【五】

【一】集解徐廣曰：「高祖時年四十八。」索隱應劭云：「始皇欲以一至萬，示不相襲。始者一，故至子稱二世。」崔浩云：「二世，始皇子胡亥。」又按：善文稱隱士云「趙高爲二世殺十七兄而立今王」，則二世是第十八子也。

【二】索隱蘄，縣名，屬沛。音機，又音旂。

【三】索隱按：漢書蕭、曹傳，參爲獄掾，何爲主吏也。

【四】索隱說文云「以力脅之云劫」也。

【五】索隱漢書作「數百人」。劉伯莊云「言數十人或至百人」，則是百人已下也。

於是樊噲從劉季來。沛令後悔，恐其有變，乃閉城城守，欲誅蕭、曹。蕭、曹恐，踰城保劉季。【一】劉季乃書帛射城上，謂沛父老曰：「天下苦秦久矣。今父老雖爲沛令守，諸侯並起，今屠沛。【二】沛今共誅令，擇子弟可立者立之，以應諸侯，則家室完。不然，父子俱屠，無爲也。」父老乃率子弟共殺沛令，開城門迎劉季，欲以爲沛令。劉季曰：「天下方擾，諸侯並起，今置將不善，壹敗塗地。【三】吾非敢自愛，恐能薄，【四】不能完父兄子弟。此大事，願更相推擇可者。」蕭、曹等皆文吏，自愛，恐事不就，後秦種族其家，盡讓劉季。諸父老皆曰：「平生所聞劉季諸珍怪，當貴，且卜筮之，莫如劉季最吉。」於是劉季數讓。衆莫敢爲，乃立季爲沛公。【五】祠黄帝、祭蚩尤於沛庭，【六】而釁鼓【七】旗，幟皆赤。【八】由所殺蛇白帝子，殺者赤帝子，故上赤。於是少年豪吏如蕭、曹、樊噲等皆爲收沛子弟二三千人，攻胡陵、【九】方與，【一〇】還守豐。

【一】集解韋昭曰：「以爲保障。」

【二】索隱按：范曄云「剅城多所誅殺，故云屠也」。

【三】索隱言一朝破敗，使肝腦塗地。

【四】正義能，才能也。高祖謙言材能薄劣，不能完全其衆。能者，獸，形色似熊，足似鹿。爲物堅中而强力，人之有賢才者，皆謂之能也。

【五】集解徐廣曰：「九月也。」駰案：漢書音義曰「舊楚僭稱王，其縣宰爲公。陳涉爲楚王，沛公起應涉，故從楚制稱曰公」。

【六】集解應劭曰：「左傳曰黄帝戰於阪泉，以定天下。蚩尤好五兵，故祠祭之求福祥也。」瓚曰：

「管仲云『割盧山交而出水，金從之出，蚩尤受之以作劍戟』。」索隱按：管子云「葛盧之山，發而出金」，今注引「發」作「交」，及「割」，皆誤也〔一二〕。

【七】集解應劭曰：「釁，祭也。殺牲以血塗鼓曰釁。」瓚曰：「案禮記及大戴禮有釁廟之禮，皆無祭事。」索隱說文云：「釁，血祭也。」司馬法曰：「血于鼙鼓者，神戎器也。」顔師古曰：「凡殺牲以血祭者，皆名爲釁。」臣瓚以爲「皆無祭事」，非也。又古人新成鐘鼎，亦必釁之。應劭云：「釁呼爲舋。」馬融注周禮灼龜之兆云：「謂其象似玉、瓦、原之釁㙤，是用名之。」此說皆非。㙤音火稼反。

【八】索隱墨翟云：「幟，帛長丈五，廣半幅。」字詁云：「幟，標也。」字林云：「熊旗五斿，謂與士卒爲期於其下，故曰旗也。」幟，或作「識」，或作「志」，嵇康音試，蕭該音熾。

【九】索隱鄧展曰：「縣名，屬山陽，章帝改曰胡陸。」

【一〇】集解鄭德曰：「音房豫，屬山陽郡。」索隱鄭玄曰「屬山陽」也。

秦二世二年，陳涉之將周章【一一】軍西至戲【一二】而還。【一三】燕、趙、齊、魏皆自立爲王。【一四】項氏起吳。秦泗川監平【一五】將兵圍豐，二日，出與戰，破之。命雍齒守豐，引兵之薛。泗川守壯【一六】敗於薛，走至戚，【一七】沛公左司馬得泗川守壯，殺之。【一八】沛公還軍亢父，【一九】至方與，周市來攻方與【二〇】，未戰。陳王使魏人周市略地。周市使人謂雍齒曰：「豐，故梁徙也。【一〇】今魏地已定者數十城。齒今下魏，魏以齒爲侯守豐。不下，且屠豐。」雍齒雅不欲屬沛公，【一一】及魏招之，即反爲魏守豐。沛公引兵攻豐，不能取。沛公病，還之沛。沛公怨雍齒與豐子弟叛之，聞東陽甯君、秦嘉【一二】立景駒爲假王，在留，【一三】乃往從之，欲請兵以攻豐。是時秦將章邯從陳，別將司馬𡰖【一四】將兵北定楚地，屠相，至碭。【一五】東陽甯君、沛公引兵西，與戰蕭西，【一六】不利。還收兵聚留，引兵攻碭，三日乃取碭。因收碭兵，得五六千人。攻下邑，【一七】拔之。【一八】還軍豐。聞項梁在薛，【一九】從騎百餘往見之。【二〇】項梁益沛公卒五千人，五大夫將十人。【二一】沛公還，引兵攻豐。【二二】

【一】索隱應劭云：「章字文，陳人。」

【二】索隱文穎云：「在新豐東二十里戲亭北。」孟康云：「水名也。」又述征記云：「戲水自驪山馮公谷北流，歷戲亭，東入渭。」按：今其水東惟有戲驛存。

【三】索隱爲章邯所破而還。邯音酣。

【四】索隱按：漢書高紀，二世二年八月，武臣自立爲趙王〔一三〕。田儋自立爲齊王〔一四〕，韓廣自立爲燕王，魏咎自立爲魏王也。

【五】集解文穎曰：「泗川，今沛郡也，高祖更名沛。秦時御史監郡，若今刺史。平，名也。」索隱如淳云：「秦并天下爲三十六郡，置守、尉、監，故此有『監平』，下有『守壯』，則平、壯皆名也。」

【六】集解如淳曰：「壯，名也。」

【七】集解如淳曰：「戚音將毒反。」索隱晉灼云：「東海縣也。」鄭德、包愷並如字讀。李登音千笠反。正義括地志云：「沂州臨沂縣有漢戚縣故城。地理志云臨沂縣屬東海郡。」

【八】索隱顏師古云「得，司馬之名」，非也。按：後云「左司馬曹無傷」，自此已下更不見替易處，蓋是左司馬無傷得泗川守壯而殺之耳。

【九】集解鄭德曰：「亢音人相亢答，父音甫。屬任城郡。」索隱舊音剛。劉伯莊、包愷並同音苦浪反。正義音剛，又苦浪反。括地志云：「亢父，縣也，沛公屯軍於此也。」

【一〇】集解文穎曰：「梁惠王孫假爲秦所滅，轉東徙於豐，故曰『豐，梁徙』。」

【一一】集解服虔曰：「雅，故也。」蘇林曰：「雅，素也。」

【一二】集解文穎曰：「秦嘉，東陽郡人也，爲甯縣君。」瓚曰：「陳勝傳曰『陵人秦嘉〔一五〕』，然則嘉非東陽人也。秦嘉初起兵於郯，號曰大司馬，又不爲甯縣君。東陽甯君自一人，秦嘉又自一人。」索隱臣瓚以爲二人。按：下文直云「東陽甯君」，又別言「秦嘉」，明臣瓚之說爲得。顏師古以甯是姓，君者，時人號曰君耳。

【一三】索隱韋昭云：「今彭城留縣也。」正義括地志云：「留城在徐州沛縣東南五十里，即張良所封處。」

【一四】集解如淳曰：「從陳涉將也。涉在陳，其將相別在他許，皆稱陳。𡰥，章邯司馬。」索隱謂章邯從陳別將，將兵向他處，而遣司馬𡰖將領兵士，北定楚地，故如淳云「𡰖，章邯司馬」也。孔文祥亦曰「邯別遣𡰖屠相」。又一說云「從謂追逐之，言章邯討逐陳別將，而司馬𡰖別將兵北定楚」，亦通。

【一五】索隱韋昭云：「相，沛縣。」應劭曰：「碭屬梁國。」蘇林音唐，又音宕。正義括地志云：「故相城在徐州符離縣西北九十里。碭在宋州東一百五十里。」

【一六】索隱韋昭云：「蕭，沛之縣名。謂在蕭縣之西也。」

【一七】索隱韋昭云：「縣名，屬梁國。」

【一八】索隱按：范曄云「得城爲拔」是也。

【一九】正義今徐州滕縣，故薛城也。

【二〇】集解徐廣曰：「三月。」

【二一】集解蘇林曰：「五大夫，第九爵也。以五大夫爲將，凡十人也。」

【二二】集解徐廣曰：「表云『拔之，雍齒奔魏』。」

從項梁月餘，項羽已拔襄城【一】還。項梁盡召別將居薛。聞陳王定死，因立楚後懷王孫心爲楚王，治盱台。【二】項梁號武信君。居數月，北攻亢父，救東阿，【三】破秦軍。齊軍歸，楚獨追北，【四】使沛公、項羽別攻城陽，【五】屠之。軍濮陽之東，【六】與秦軍戰，破之。

【一】索隱韋昭云：「潁川縣〔一六〕。」正義襄城，許州縣。

【二】索隱韋昭云：「臨淮縣。音吁夷。」正義楚縣也。

【三】索隱韋昭云：「東郡之縣名。」正義濟州縣也。

【四】集解服虔曰：「師敗曰北。」

【五】索隱按地理志屬濟陰。

【六】索隱韋昭云：「東郡之縣名。」正義濮陽故城在濮州西八十六里，本漢濮陽縣。

秦軍復振，【一】守濮陽，環水。【二】楚軍去而攻定陶，【三】定陶未下。沛公與項羽西略地至雍丘之下，【四】與秦軍戰，大破之，斬李由。還攻外黃，【五】外黃未下。

【一】集解李奇曰：「振，整也。」如淳曰：「振，起也。收敗卒自振迅而復起也〔一七〕。」

【二】集解文穎曰：「決水以自環守爲固也。」張晏曰：「依河水以自環繞作壘。」正義按：二說皆通。其濮陽縣北臨黃河，言秦軍北阻黃河，南鑿溝引黃河水環繞作壁壘爲固，楚軍乃去。

【三】索隱按：地理志濟陰之縣也。

【四】索隱韋昭云：「故杞國，今陳留之縣。」

【五】索隱韋昭云：「上陳留縣〔一八〕。」正義在雍丘東。

項梁再破秦軍，有驕色。宋義【一】諫，不聽。秦益章邯兵，夜銜枚擊項梁，【二】大破之定陶，項梁死。沛公與項羽方攻陳留，聞項梁死，引兵與呂將軍俱東。呂臣軍彭城東，項羽軍彭城西，沛公軍碭。

【一】索隱荀悦漢紀云「故楚令尹宋義」，當別有所出也。

【二】集解周禮有銜枚氏。鄭玄曰「銜枚，止言語囂讙也。枚狀如箸，橫銜之，繣結於項者」。繣音獲。

章邯已破項梁軍，則以爲楚地兵不足憂，乃渡河，北擊趙，大破之。當是之時，趙歇【一】爲王，秦將王離圍之鉅鹿城，此所謂河北之軍也。

【一】索隱蘇林音如字。鄭德音「遏絶」之「遏」。徐廣音烏轄反。今依字讀之也。

秦二世三年，楚懷王見項梁軍破，恐，徙盱台都彭城，并呂臣、項羽軍自將之。以沛公爲碭郡長，【一】封爲武安侯，將碭郡兵。封項羽爲長安侯，號爲魯公。呂臣爲司徒，其父呂青爲令尹。【二】

【一】正義括地志云：「宋州本秦碭郡。」蘇林云：「長如郡守。」韋昭云：「秦名曰守，是時改曰長。」

【二】索隱按表，青封信陽侯〔一九〕。正義應劭云：「天子曰師尹，諸侯曰令尹。時去六國近，故置令尹。」臣瓚曰：「諸侯之卿，唯楚稱令尹，其餘國不稱。時立楚之後，故置官司皆如楚舊也。」

趙數請救，懷王乃以宋義爲上將軍，項羽爲次將，范增爲末將，北救趙。令沛公西略地入關。與諸將約，先入定關中者王之。【一】

【一】索隱韋昭云：「函谷、武關也。」又三輔舊事云：「西以散關爲界，東以函谷爲界，二關之中謂之關中。」

當是時，秦兵彊，常乘勝逐北，諸將莫利先入關。獨項羽怨秦破項梁軍，奮，【一】願與沛公西入關。懷王諸老將皆曰：「項羽爲人僄悍猾賊〔二〇〕。【二】項羽嘗攻襄城，襄城無遺類，【三】皆阬之，諸所過無不殘滅。且楚數進取，【四】前陳王、【五】項梁皆敗。不如更遣長者扶義而西，【六】告諭秦父兄。秦父兄苦其主久矣，今誠得長者往，毋侵暴，宜可下。今項羽僄悍，今【七】不可遣。獨沛公素寬大長者，可遣。」卒不許項羽，而遣沛公西略地，收陳王、項梁散卒。乃道碭【八】至成陽，與杠里【九】秦軍夾壁。破魏二軍〔二一〕。楚軍出兵擊王離，大破之。【一〇】

【一】索隱韋昭云：「憤激也。」

【二】索隱說文云：「僄，疾也；悍，勇也。」方言云：「僄，輕也。」劉音匹妙反。猾賊，漢書作「禍賊」也。

【三】集解徐廣曰：「遺，一作『噍』。噍，食也，音在妙反。」駰案：如淳曰「類無復有活而噍食者也。青州俗言無孑遺爲無噍類」。

【四】集解如淳曰：「楚謂陳涉也。數進取，多所攻取。」

【五】集解漢書音義曰：「陳涉也。」

【六】正義遣長者扶持仁義而西，告諭秦長少，令降下也。

【七】集解徐廣曰：「一無此字。」

【八】集解漢書音義曰：「道由碭也。」

【九】集解漢書音義曰：「二縣名。」索隱成陽在濟陰，韋昭云「在潁川〔二二〕」，非也。服虔云：「杠里，縣名。」如淳云：「秦軍所別屯地名也。」

【一〇】集解徐廣曰：「表云『三年十月，攻破東郡尉及王離軍於成武南』。」

沛公引兵西，遇彭越昌邑，【一一】因與俱攻秦軍，戰不利。還至栗，【一二】遇剛武侯，【一三】奪其軍，可四千餘人，并之。與魏將皇欣、魏申徒武蒲之軍【一四】并攻昌邑，昌邑未拔。西過高陽。【一五】酈食其【一六】爲監門〔二三〕，曰：「諸將過此者多，吾視沛公大人長者。」乃求見說沛公。沛公方踞牀，使兩女子洗足〔二四〕。酈生不拜，長揖，曰：「足下必欲誅無道秦，不宜踞見長者。」於是沛公起，攝衣謝之，延上坐。食其說沛公襲陳留，【一七】得秦積粟。乃以酈食其爲廣野君，【一八】酈商爲將，將陳留兵，與偕攻開封，【一九】開封未拔。西與秦將楊熊戰白馬，【二〇】

又戰曲遇【一一】東，大破之。楊熊走之滎陽，【一二】二世使使者斬以徇。【一三】南攻潁陽，屠之。因張良遂略韓地轘轅。【一四】

【一】正義 地理志云昌邑縣屬山陽。括地志云：「在曹州成武縣東北三十二里，有梁丘故城是也。」

【二】索隱 韋昭云：「縣名，屬沛。」

【三】集解 應劭曰：「楚懷王將也。」漢書音義曰：「功臣表云『棘蒲剛侯陳武』。武，一姓柴。『剛武侯』宜爲『剛侯武』，魏將也。」瓚曰：「功臣表柴武以將軍起薛，別救東阿，至霸上，入漢中，非懷王將也，又非魏將也，例未稱謚。」正義 顏師古云：「史失其名姓，唯識其爵號，不知誰也，不當改爲『剛侯武』。應氏以爲懷王將，又云魏將，無據矣。」表六年三月封。孟、顏二人說是。

【四】正義 並魏將也。欣字或作「訢」，音許斤反。蒲，漢書作「滿」，並通也。

【五】集解 文穎曰：「聚邑名也，屬陳留圉縣。」瓚曰：「陳留傳曰在雍丘西南。」

【六】集解 鄭德曰：「音歷異基。」

【七】集解 漢書音義曰：「春秋傳曰輕行無鐘鼓曰襲。」

【八】索隱 韋昭云：「在山陽。」

【九】索隱 韋昭云：「河南縣。」

【一〇】索隱 韋昭云：「東郡縣。」正義 括地志云：「白馬故城在滑州衞南縣西南二十四里。戴延之西征記云白馬城，故衛之漕邑。」

【一】索隱徐廣云「在中牟」。韋昭云「志不載」。司馬彪郡國志中牟有曲遇聚也。

【二】索隱韋昭云：「故衛地，河南縣也。」

【三】集解徐廣曰：「四月。」

【四】集解文穎曰：「河南新鄭南至潁川南北，皆韓地也。以良累世相韓，故因之。」瓚曰：「轘轅，險道名，在緱氏東南。」索隱按：十三州志云河南緱氏縣，以山爲名。一云轘轅凡九十二曲，是險道也。

當是時，趙別將司馬卬方欲渡河入關，沛公乃北攻平陰，【一】絶河津。南，戰雒陽東，軍不利，還至陽城，【二】收軍中馬騎，與南陽守齮【三】戰犨東，【四】破之。略南陽郡，南陽守齮走，保城守宛。【五】沛公引兵過而西。張良諫曰：「沛公雖欲急入關，秦兵尚衆，距險。今不下宛，宛從後擊，彊秦在前，此危道也。」於是沛公乃夜引兵從他道還，更旗幟，黎明，【六】圍宛城三帀。【七】南陽守欲自剄。其舍人陳恢曰：「死未晚也。」乃踰城見沛公，曰：「臣聞足下約，先入咸陽者王之。今足下留守宛。宛，大郡之都也，連城數十，人民衆，積蓄多，吏人自以爲降必死，故皆堅守乘城。【八】今足下盡日止攻，士死傷者必多；引兵去宛，宛必隨足下後：足下前則失咸陽之約，後又有彊宛之患。爲足下計，莫若約降，封其守，因使止守，引其甲卒與之西。諸城未下者，聞聲爭開門而待，足下通行無所累。」沛公曰：「善。」【一九】乃以宛守爲殷侯，【二〇】封陳恢千户。引兵西，無不下者。至丹水，【二一】高武侯鰓、【二二】襄侯王陵降西陵。【二三】還攻胡陽，【二四】遇番君别將梅鋗，與皆，降析、酈。【二五】遣魏人甯昌使秦，使者未來。是時章邯已以軍降項羽於趙矣。

【一】集解 地理志河南有平陰縣，今河陰是也。

【二】正義 今洛州，夏禹所都。

【三】索隱 音犧。許慎以爲側鬶也。

【四】集解 地理志南陽有犨縣。

【五】正義 守音狩。宛，於元反。括地志云：「南陽縣故城在宛大城之南隅，其西南有二面，皆故宛城。」

【六】索隱 音犂。黎猶比也，謂比至天明也。漢書作「遲」，音值。值，待也，謂待天明，皆言早意也。

【七】索隱 按：楚漢春秋曰「上南攻宛，匿旌旗，人銜枚，馬束舌，雞未鳴，圍宛城三帀」也。

【八】索隱 李奇曰：「乘，守也。」韋昭曰：「乘，登也。」

【九】集解 徐廣曰：「七月也。」

【一〇】索隱韋昭曰：「在河內。」

【一一】索隱韋昭曰：「在河內。」正義括地志云：「故丹城在鄧州內鄉縣西南百三十里，南去丹水二百步。汲冢紀年云后稷放帝子丹朱于丹水是也。輿地志云秦爲丹水縣也。地理志云丹水縣屬弘農郡。抱朴子云『丹水出丹魚，先夏至十日，夜伺之，魚浮水側，光照如火，網而取之，割其血以塗足，可以步行水上，長居川中不溺』。」

【一二】集解蘇林曰：「鰓音『魚鰓』之『鰓』。」晉灼曰：「功臣表戚鰓也。」

【一三】集解韋昭曰：「漢封王陵爲安國侯，初起兵時在南陽，南陽有穰縣，疑『襄』當爲『穰』，而無『禾』，字省耳。今『邵公』或作『召』字，此類多矣。」瓚曰：「時韓成封穰侯，江夏有襄，是陵所封。」索隱按：王陵封安國侯，是定天下爲丞相時封耳。此言襄侯，當如臣瓚解，蓋初封江夏之襄也。

【一四】集解一云「陵」。索隱韋昭曰：「南陽縣。」

【一五】集解如淳曰：「持益反。」索隱酈誕生音錫。酈音歷，蘇林、如淳音擲。析屬弘農，酈屬南陽，出地理志。而左傳云析一名白羽。顏師古云：析，今內鄉縣。酈，今菊潭縣。

初，項羽與宋義北救趙，及項羽殺宋義，代爲上將軍，諸將黥布皆屬，破秦將王離軍，降章邯，諸侯皆附。及趙高已殺二世，使人來，欲約分王關中。沛公以爲詐，乃用張良計，使酈生、陸賈往說秦將，啗以利，因襲攻武關，【一】破之。又與秦軍戰於藍田南，益張疑兵旗幟，諸所過毋得掠鹵，【二】秦人憙，秦軍解，因大破之。又戰其北，大破之。乘勝，遂破之。

【一】索隱 左傳云楚司馬起豐、析以臨上雒〔三五〕，謂晉人曰「將通於少習」，杜預以爲商縣武關也。又太康地理志武關當冠軍縣西，嶢關在武關西也。

【二】集解 應劭曰：「鹵與『虜』同。」

漢元年十月，【一】沛公兵遂先諸侯至霸上。【二】秦王子嬰素車白馬，係頸以組，封皇帝璽、符、節，【三】降軹道旁。【四】諸將或言誅秦王。【五】沛公曰：「始懷王遣我，固以能寬容；且人已服降，又殺之，不祥。」乃以秦王屬吏，【六】遂西入咸陽。欲止宮休舍，【七】樊噲、張良諫，乃封秦重寶財物府庫，還軍霸上。召諸縣父老豪桀曰：「父老苦秦苛法久矣，誹謗【八】者族，偶語者弃市。【九】吾與諸侯約，先入關者王之，吾當王關中。與父老約法三章耳：【一〇】殺人者死，傷人及盜抵罪。【一一】餘悉除去秦法。諸吏人皆案堵如故。【一二】凡吾所以來，爲父老除害，非有所侵暴，無恐！且吾所以還軍霸上，待諸侯至而定約束耳。」乃使人與秦吏行縣鄉邑，告諭之。秦人大喜，爭持牛羊酒食獻饗軍士。沛公又讓不受，曰：「倉粟多，非乏，不欲費人。」人又益喜，唯恐沛公不爲秦王。

【一】集解 如淳曰：「張蒼傳云以高祖十月至霸上，故因秦以十月爲歲首。」正義 沛公乙未年十月至霸上〔二六〕。項羽封十八諸侯，沛公封漢王，後劉項五年戰鬭，漢遂滅楚，天下歸漢，故卻書初至霸上之月。

【二】正義故霸陵在雍州萬年縣東北二十五里。漢霸陵，文帝之陵邑也，東南去霸陵十里。地理志云：「霸陵故芷陽，文帝更名。」三秦記云：「霸城，秦穆公築爲宫，因名霸城。漢於此置霸陵。」廟記云：「霸城，漢文帝築。沛公入關，遂至霸上，即此也。」

【三】索隱韋昭云：「天子印稱璽，又獨以玉。符，發兵符也。節，使者所擁也。」説文云：「符，信也。漢制以竹，長六寸，分而相合。」釋名云：「節爲號令賞罰之節也。」又節毛上下相重，取象竹節。又漢官儀云：「子嬰上始皇璽，因服御之，代代傳受，號曰『漢傳國璽』也。」正義按：天子有六璽：皇帝行璽、皇帝之璽、皇帝信璽、天子行璽、天子之璽、天子信璽。皇帝信璽，凡事皆用之，璽令施行；天子信璽，以遷拜封王侯；天子之璽，以發兵。皆以武都紫泥封，青囊白素裹，兩端無縫。三秦記云紫泥水在今成州。輿地志云漢封詔璽用紫泥，則此水之泥也。

【四】索隱枳音只。漢宫殿疏云枳道亭東去霸城觀四里，觀東去霸水百步。蘇林云在長安東十三里也。正義軹音紙。括地志云：「軹道在雍州萬年縣東北十六里苑中。」

【五】索隱楚漢春秋曰：「樊噲請殺之。」

【六】正義屬，之欲反。屬，付也。

【七】正義休，息也。言欲居止宮殿中而息也。

【八】索隱劉伯莊、樂彥同音方未反。

【九】集解應劭曰：「秦禁民聚語。偶，對也。」瓚曰：「始皇本紀曰『偶語經書者弃市〔二七〕』。」

索隱按：禮云「刑人於市，與衆弃之」，故今律謂絞刑爲「弃市」是也。

【一〇】索隱殺人、傷人及盜。

【一一】集解應劭曰：「抵，至也，又當也。除秦酷政，但至於罪也。」李斐曰〔二八〕：「傷人有曲直，盜臧有多少，罪名不可豫定，故凡言抵罪，未知抵何罪也。」張晏曰：「秦法，一人犯罪，舉家及鄰伍坐之，今但當其身坐，合於康誥『父子兄弟罪不相及』也。」索隱韋昭云：「抵，當也。謂使各當其罪。」今按：秦法有三族之刑，漢但約法三章耳，殺人者死，傷人及盜者使之抵罪，餘並不論其辜，以言省刑也。則抵訓爲至，殺人以外，唯傷人及盜使至罪名耳。

【一二】集解應劭曰：「案，案次第；堵，牆堵也。」

或說沛公【一】曰：「秦富十倍天下，地形彊。今聞章邯降項羽，項羽乃號爲雍王，王關中。今則來，沛公恐不得有此。可急使兵守函谷關，【二】無内諸侯軍，稍徵關中兵以自益，距之。」沛公然其計，從之。十一月中，項羽果率諸侯兵西，欲入關，關門閉。聞沛公已定關中，大怒，使黥布等攻破函谷關。十二月中，遂至戲。【三】沛公左司馬曹無傷聞項王怒，欲攻沛公，使人言項羽曰：「沛公欲王關中，令子嬰爲相，珍寶盡有之。」欲以求封。【四】亞父勸項羽擊沛公。【五】方饗士，旦日合戰。是時項羽兵四十萬，號百萬。沛公兵十萬，號二十萬，力不敵。會項伯欲活張良，夜往見良，因以文諭項羽，【六】項羽乃止。沛公從百餘騎，驅之鴻門，【七】見謝項羽。項羽曰：「此沛公左司馬曹無傷言之。不然，籍何以生此！」沛公以樊噲、張良故，得解歸。歸，立誅曹無傷。

【一】索隱按：楚漢春秋云解先生云「遣守函谷，無内項王」，而張良系家云「鯫生説我」，則鯫生是小生，即解生。

【二】正義顔師古曰：「今桃林南有洪溜澗，古函谷也。其水北流入河，西岸猶有舊關餘跡〔三九〕。」西征記云：「道形如函也。其水山原壁立數十仞，谷中容一車。」

【三】正義許宜反。

【四】正義曹無傷欲就項羽求封。

【五】索隱范增也。項羽得范增，號曰亞父，言尊之亞於父。猶管仲，齊謂仲父。父並音甫也。

【六】正義項羽本紀云項伯曰「沛公不先破關中，公豈敢入乎？今人有大功，擊之不義」。此以文諭之。

【七】索隱按：姚察云在新豐古城東，未至戲水，道南有斷原、南北洞門是也。

項羽遂西，屠燒咸陽秦宮室，所過無不殘破。秦人大失望，然恐，不敢不服耳。

項羽使人還報懷王。懷王曰：「如約。」項羽怨懷王不肯令與沛公俱西入關，而北救趙，後天下約。【一】乃曰：「懷王者，吾家項梁所立耳，非有功伐，何以得主約！本定天下，諸將及籍也。」乃詳尊懷王爲義帝，實不用其命。

【一】正義 懷王初約先入咸陽者王之，令羽北救趙，故失約在後也。

正月，【一】項羽自立爲西楚霸王，王梁、楚地九郡，都彭城。負約，更立沛公爲漢王，【二】王巴、蜀、漢中，【三】都南鄭。三分關中，立秦三將：章邯爲雍王，【四】都廢丘；司馬欣爲塞王，【五】都櫟陽；【六】董翳爲翟王，【七】都高奴。楚將瑕丘申陽爲河南王，【八】都洛陽。趙將司馬卬爲殷王，【九】都朝歌。趙王歇徙王代。趙相張耳爲常山王，都襄國。當陽【一〇】君黥布爲九江王，都六。【一一】懷王柱國共敖爲臨江王，【一二】都江陵。番君吳芮爲衡山王，都邾。【一三】燕將臧荼爲燕王，都薊。故燕王韓廣徙王遼東。廣不聽，臧荼攻殺之無終。封成安君陳餘河間三縣，居南皮。封梅鋗十萬户。

【一】正義 崔浩云：「史官以正月紀四時，故書正月也。」荀悦云：「先春後正月也。」顏師古云：「凡此諸月號，皆太初正曆之後記事者追改之，非當時本稱也。以十月爲歲首，即以十月爲正月。

今此正月，當時謂之四月也。他皆放此。」

【二】正義 梁州本漢中郡，以漢水爲名。

【三】集解 徐廣曰：「三十二縣〔三〇〕。」

【四】正義 以岐州雍縣爲名。

【五】正義 塞，先代反。韋昭云：「在長安東，名桃林塞。」按：桃林塞，今華州潼關也。顏師古云「取河華之固爲阸塞耳，非桃林」。

【六】索隱 因葬太上皇，改曰萬年。

【七】正義 文穎云：「本上郡，秦所置，項羽以董翳爲王，更名曰翟也。」

【八】正義 在黃河之南，故曰河南，即今河南府。

【九】正義 以商帝盤庚國殷中之地，改商爲殷，在相州安陽縣，即北蒙殷墟，南去朝歌百三十六里，故號殷王，都朝歌。

【一〇】索隱 韋昭云：「南郡縣名。」

【一一】索隱 地理志云六縣屬六安國。

【一二】正義 孟康云「本南郡，改爲臨江國」是也。

【一三】索隱 太康地理志云：「楚滅郲，遷其人於江南，因名縣也。」

四月，兵罷戲下，【一】諸侯各就國。漢王之國，項王使卒三萬人從，楚與諸侯之慕從者數萬人，從杜南【二】入蝕中。【三】去輒燒絶棧道，【四】以備諸侯盜兵襲之，亦示項羽無東意。至南鄭，諸將及士卒多道亡歸，士卒皆歌思東歸。韓信說漢王曰：【五】「項羽王諸將之有功者，而王獨居南鄭，是遷也。【六】軍吏士卒皆山東之人也，日夜跂而望歸，【七】及其鋒而用之，可以有大功。天下已定，人皆自寧，不可復用。不如決策東鄉，爭權天下。」

【一】正義戲音麾。許慎注淮南子云：「戲，大旗也。」

【二】正義韋昭云：「杜，今陵邑。」括地志云：「杜陵故城在雍州萬年縣東南十五里。漢杜陵縣，宣帝陵邑也，北去宣帝陵五里。廟記云故杜伯國。」

【三】集解李奇曰：「蝕音力，在杜南。」如淳曰：「蝕，入漢中道川谷名。」索隱李奇音力，孟康音食。王劭按：說文作「鐍」，器名也。地形似器，故名之。音力也。

【四】索隱按系家，是用張良計也。棧道，閣道也。音士諫反。包愷音士版反。崔浩云：「險絶之處，傍鑿山巖，而施版梁爲閣。」

【五】集解徐廣曰：「韓王信，非淮陰侯信也。」

【六】集解韋昭曰：「若有罪見遷徙。」

【七】正義跂音丘賜反。說文云：「跂，舉踵也。」司馬彪云：「跂，望也。」

項羽出關，使人徙義帝。曰：「古之帝者地方千里，必居上游。」【一】乃使使徙義帝長沙郴縣，趣義帝行，【二】羣臣稍倍叛之，乃陰令衡山王、臨江王擊之，殺義帝江南。項羽怨田榮，立齊將田都爲齊王。田榮怒，因自立爲齊王，殺田都而反楚；予彭越將軍印，令反梁地。楚令蕭公角擊彭越，彭越大破之。陳餘怨項羽之弗王己也，令夏説説【三】田榮，請兵擊張耳。齊予陳餘兵，擊破常山王張耳，張耳亡歸漢。迎趙王歇於代，復立爲趙王。趙王因立陳餘爲代王。項羽大怒，北擊齊。

【一】正義音流。

【二】正義趣音促。

【三】正義上音悦，下音稅。

八月，漢王用韓信之計，從故道【一】還，襲雍王章邯。邯迎擊漢陳倉，【二】雍兵敗，還走；止戰好時，【三】又復敗，走廢丘。漢王遂定雍地。東至咸陽，引兵圍雍王廢丘，【四】而遣諸將略定隴西、北地、上郡。令將軍薛歐、【五】王吸【六】出武關，因王陵兵南陽，【七】以迎太公、吕后於沛。楚聞之，發兵距之陽夏，【八】不得前。令故吴令鄭昌爲韓王，距漢兵。

【一】集解地理志武都有故道縣。

【二】正義今岐州縣也。

【三】集解孟康曰：「時音止，神靈之所在也〔三二〕。縣名，屬右扶風。」

【四】索隱按荀悦漢紀，令樊噲圍之。

【五】集解音惡后反。　索隱按表，歐以舍人從，爲將軍，封廣平侯也。

【六】索隱按表，吸以中涓從，爲將軍，封清陽侯。

【七】集解如淳曰：「王陵亦聚黨數千人，居南陽。」　正義括地志云：「王陵故城在商州上洛陽南三十一里。荆州記云昔漢高祖入秦，王陵起兵丹水以應之。此城王陵所築，因名。」

【八】索隱韋昭云：「縣名，屬淮陽，後屬陳。夏音更雅反。」

二年，漢王東略地，塞王欣、翟王翳、河南王申陽皆降。韓王昌不聽，使韓信擊破之。於是置隴西、北地、上郡、渭南、【一】河上、【二】中地郡；【三】關外置河南郡。【四】更立韓太尉信爲韓王。諸將以萬人若以一郡降者，封萬户。繕治河上塞。【五】諸故秦苑囿園池，皆令人得田之。正月，虜雍王弟章平。大赦罪人。

【一】集解徐廣曰：「後曰京兆。」

【二】集解徐廣曰：「馮翊。」

【三】集解徐廣曰：「扶風。」

【四】集解徐廣曰：「十月，漢王至陝。」

【五】集解晉灼曰：「晁錯傳秦時北攻胡，築河上塞。」

漢王之出關至陝，撫關外父老，還，張耳來見，漢王厚遇之。

二月，令除秦社稷，更立漢社稷。

三月，漢王從臨晉渡，魏王豹將兵從。下河内，虜殷王，置河内郡。南渡平陰津，至雒陽。新城【一】三老董公遮説漢王【二】以義帝死故。漢王聞之，袒而大哭。【三】遂爲義帝發喪，臨三日。發使者告諸侯曰：「天下共立義帝，北面事之。今項羽放殺義帝於江南，大逆無道。寡人親爲發喪，諸侯皆縞素。悉發關内兵，收三河士，【四】南浮江漢以下，【五】願從諸侯王擊楚之殺義帝者。」

【一】正義括地志云：「洛州伊闕縣在州南七十里，本漢新城也。隋文帝改新城爲伊闕，取伊闕山爲名也。」

【二】正義百官表云：「十里一亭，亭有長。十亭一鄉，鄉有三老，三老掌教化。」皆秦制也。又欒產云〔三〕：「橫道自言曰遮。」楚漢春秋云：「董公八十二，遂封爲成侯。」

【三】集解如淳曰：「袒亦如禮袒踊。」

【四】集解韋昭曰：「河南、河東、河内。」

【五】正義南收三河士，發關內兵，從雍州入子午道，至漢中，歷漢水而下，從是東行，至徐州，擊楚。

是時項王北擊齊，田榮與戰城陽。田榮敗，走平原，【一】平原民殺之。齊皆降楚。楚因焚燒其城郭，係虜其子女。齊人叛之。田榮弟橫立榮子廣爲齊王，齊王反楚城陽。項羽雖聞漢東，既已連齊兵，欲遂破之而擊漢。漢王以故得劫五諸侯兵，遂入彭城。項羽聞之，乃引兵去齊，從魯【二】出胡陵，【三】至蕭，【四】與漢大戰彭城靈壁東【五】睢水上，大破漢軍，多殺士卒，睢水爲之不流。乃取漢王父母妻子於沛，置之軍中以爲質。當是時，諸侯見楚彊漢敗還，皆去漢復爲楚。塞王欣亡入楚。

【一】正義德州平原縣是。

【二】正義兗州曲阜也。

【三】正義地理志云胡陵在山陽郡。

【四】正義徐州蕭縣。

【五】正義在徐州符離縣西北九十里。

呂后兄周呂侯爲漢將兵，居下邑。【一】漢王從之，稍收士卒，軍碭。漢王乃西過梁地，至虞。【二】使謁者隨何之九江王布所，曰：「公能令布舉兵叛楚，項羽必留擊之。得留數月，吾取天下必矣。」隨何往説九江王布，布果背楚。楚使龍且往擊之。

【一】集解徐廣曰：「在梁。」

【二】集解徐廣曰：「在梁。」

漢王之敗彭城而西，行使人求家室，家室亦亡，不相得。敗後乃獨得孝惠，六月，立爲太子，大赦罪人。令太子守櫟陽，諸侯子在關中者皆集櫟陽爲衞。引水灌廢丘，廢丘降，章邯自殺。更名廢丘爲槐里。於是令祠官祀天地四方上帝山川，以時祀之。興關内卒乘塞。【一】

【一】集解李奇曰：「乘，守也。」

是時九江王布與龍且戰，不勝，與隨何閒行歸漢。漢王稍收士卒，與諸將及關中卒益出，是以兵大振滎陽，破楚京、索閒。

三年，魏王豹謁歸視親疾，至即絶河津，反爲楚。漢王使酈生説豹，豹不聽。漢王遣將軍韓信擊，大破之，虜豹。遂定魏地，置三郡，曰河東、【一】太原、【二】上黨。【三】漢王乃令張耳與韓信遂東下井陘擊趙，斬陳餘、趙王歇。其明年，立張耳爲趙王。

【一】正義今蒲州也。

【二】正義今并州。

【三】正義今潞州。

漢王軍滎陽南，築甬道【一】屬之河，以取敖倉。【二】與項羽相距歲餘。項羽數侵奪漢甬道，漢軍乏食，遂圍漢王。漢王請和，割滎陽以西者爲漢。項王不聽。漢王患之，乃用陳平之計，予陳平金四萬斤，以閒疏楚君臣。於是項羽乃疑亞父。亞父是時勸項羽遂下滎陽，及其見疑，乃怒，辭老，願賜骸骨歸卒伍，未至彭城而死。

【一】正義甬音勇。韋昭云：「起土築牆，中閒爲道。」應劭云：「恐敵抄輜重，故築垣牆如街巷。」

【二】正義孟康云：「敖，地名，在滎陽西北，山上臨河有大倉。」太康地理志云：「秦建敖倉於成皋。」

漢軍絕食，乃夜出女子東門二千餘人，被甲，楚因四面擊之。將軍紀信乃乘王駕，詐爲漢王，誑楚，楚皆呼萬歲，之城東觀，以故漢王得與數十騎出西門遁。令御史大夫周苛、魏豹、樅公守滎陽。諸將卒不能從者，盡在城中。周苛、樅公相謂曰：「反國之王，難與守城。」因殺魏豹。【一】

【一】集解徐廣曰：「案月表，三年七月，王出滎陽。八月，殺魏豹。而又云四年三月，周苛死。四月，魏豹死。二者不同。項羽殺紀信、周苛、樅公，皆是三年中。」

漢王之出滎陽，入關收兵，欲復東。袁生說漢王曰：「漢與楚相距滎陽數歲，漢常困。願君王出武關，項羽必引兵南走，王深壁，令滎陽成皋閒且得休。使韓信等輯河北趙地，連燕齊，君王乃復走滎陽，未晚也。如此，則楚所備者多，力分，漢得休，復與之戰，破楚必矣。」漢王從其計，出軍宛葉閒，〔一〕與黥布行收兵。

〔一〕正義宛，於元反。葉，式涉反。宛，鄧州縣也。葉，汝州縣〔三三〕。水經注云：「本楚惠王封諸梁子兼〔三四〕，號曰葉城，即子高之故邑也。」

項羽聞漢王在宛，果引兵南。漢王堅壁不與戰。是時彭越渡睢水，與項聲、薛公戰下邳，彭越大破楚軍。項羽乃引兵東擊彭越。漢王亦引兵北軍成皋。項羽已破走彭越，聞漢王復軍成皋，乃復引兵西，拔滎陽，誅周苛、樅公，而虜韓王信，遂圍成皋。

漢王跳，〔一〕獨與滕公〔二〕共車出成皋玉門，〔三〕北渡河，馳宿脩武。自稱使者，晨馳入張耳、韓信壁，而奪之軍。乃使張耳北益收兵趙地，使韓信東擊齊。漢王得韓信軍，則復振。引兵臨河，南饗軍小脩武南，〔四〕欲復戰。郎中鄭忠乃說止漢王，使高壘深塹，勿與戰。漢王聽其計，使盧綰、〔五〕劉賈將卒二萬人，騎數百，渡白馬津，〔六〕入楚地，與彭越復擊破楚軍燕郭西，〔七〕遂復下梁地十餘城。

【一】集解徐廣曰：「音逃。」索隱如淳曰：「跳，走也。」晉灼按：劉澤傳「跳驅至長安」。說文音徒調反。通俗文云「超通爲跳」。

【二】索隱夏侯嬰爲滕令，故曰滕公也。

【三】集解徐廣曰：「項羽紀云『北門』，名玉門。」

【四】集解晉灼曰：「在大脩武城東。」

【五】集解蘇林曰：「絹音以繩絹結物之『絹』。」

【六】索隱即黎陽津也。南界東郡白馬縣。

【七】索隱故南燕國也。在東郡，秦以爲縣。

淮陰已受命東，未渡平原。漢王使酈生往説齊王田廣，廣叛楚，與漢和，共擊項羽。韓信用蒯通計，遂襲破齊。齊王烹酈生，東走高密。項羽聞韓信已舉河北兵破齊、趙，且欲擊楚，則使龍且、周蘭【一】往擊之。韓信與戰，騎將灌嬰擊，大破楚軍，殺龍且。齊王廣犇彭越。當此時，彭越將兵居梁地，往來苦楚兵，絕其糧食。

【一】集解徐廣曰：「一作『簡』。」

四年，項羽乃謂海春侯大司馬曹咎曰：「謹守成皋。若漢挑戰，【二】慎勿與戰，無令得東而已。我十五日必定梁地，復從將軍。」乃行擊陳留、外黄、睢陽，下之。漢果數挑楚軍，楚軍不出，使人辱之五六日，大司馬怒，度兵汜水。【二】士卒半渡，漢擊之，大破楚軍，盡得楚國金玉貨賂。大司馬咎、長史欣皆自剄汜水上。項羽至睢陽，聞海春侯破，乃引兵還。漢軍方圍鍾離眛於滎陽東，項羽至，盡走險阻。

【一】正義 挑，田弔反。下同。

【二】正義 汜音祀，在成皋故城東。

韓信已破齊，使人言曰：「齊邊楚，【一】權輕，不爲假王，恐不能安齊。」漢王欲攻之。留侯曰：「不如因而立之，使自爲守。」乃遣張良操印綬立韓信爲齊王。【二】

【一】集解 文穎曰：「邊，近也。」

【二】集解 徐廣曰：「三月。」

項羽聞龍且軍破，則恐，使盱台人武涉往説韓信。韓信不聽。楚漢久相持未決，丁壯苦軍旅，老弱罷轉饟。漢王項羽相與臨廣武之閒而語。項羽欲與漢王獨身挑戰。漢王數項羽曰：「始與項羽俱受命懷王，曰先入定關中者王之，項羽負約，【一】王我於蜀漢，罪一。項羽矯殺卿子冠軍而自尊，罪二。【二】項羽已救趙，當還報，而擅劫諸侯兵入關，罪三。懷王約入秦無暴掠，項羽燒秦宮室，掘始皇帝冢，私收其財物，罪四。又彊殺秦降王子嬰，罪五。詐阬秦子弟新安二十萬，王其將，罪六。項羽皆王諸將善地，【三】而徙逐故主，【四】令臣下爭叛逆，罪七。項羽出逐義帝彭城，自都之，奪韓王地，并王梁楚，多自予，罪八。項羽使人陰弒義帝江南，罪九。夫爲人臣而弒其主，殺已降，爲政不平，主約不信，天下所不容，大逆無道，罪十也。吾以義兵從諸侯誅殘賊，使刑餘罪人擊殺項羽，何苦乃與公挑戰！」項羽大怒，伏弩射中漢王。漢王傷匈，乃捫足【五】曰：「虜中吾指！」漢王病創臥，張良彊請漢王起行勞軍，以安士卒，毋令楚乘勝於漢。漢王出行軍，【六】病甚，【七】因馳入成皋。

【一】索隱負音佩也。

【二】集解徐廣曰：「卿，一作『慶』。」索隱韋昭云：「宋義之號。」如淳曰：「卿者，大夫之尊；子者，子男之爵；冠軍，人之首也。尊宋義，故加此號。」

【三】索隱謂章邯等。

【四】索隱謂田市、趙歇、韓廣之屬。

【五】索隱捫，摸也。中匈而捫足者，蓋以矢初中痛悶，不知所在故爾。或者中匈而捫足，權以安士卒之心也。

【六】正義行，寒孟反。

【七】索隱按：三輔故事曰「楚漢相距於京索閒六年，身被大創十二，矢石通中過者有四」。言漢王病創也。

病愈，西入關，至櫟陽，存問父老，置酒，梟故塞王欣頭櫟陽市。【一】留四日，復如軍，軍廣武。關中兵益出。

【一】索隱梟，縣首於木也。欣自剄於汜水上，令梟之於櫟陽者，以舊都，故梟以示之也。

當此時，彭越將兵居梁地，往來苦楚兵，絕其糧食。田橫往從之。項羽數擊彭越等，齊王信又進擊楚。項羽恐，乃與漢王約，中分天下，割鴻溝而西者爲漢，鴻溝而東者爲楚。【一】項王歸漢王父母妻子，軍中皆呼萬歲，乃歸而別去。

【一】索隱應劭云：「在滎陽東南二十里〔三五〕，蓋引河東南入淮泗也。」張華云：「一渠東南流，經浚儀，是始皇所鑿，引河灌大梁，謂之鴻溝。一渠東經陽武南，爲官渡水。」北征記云中牟臺下臨汴水，是爲官渡水也。

項羽解而東歸。漢王欲引而西歸，用留侯、陳平計，乃進兵追項羽，至陽夏南止軍，與齊王信、建成侯彭越期會而擊楚軍。至固陵，不會。楚擊漢軍，大破之。漢王復入壁，深塹而守之。用張良計，於是韓信、彭越皆往。及劉賈入楚地，圍壽春，【一】漢王敗固陵，【二】乃使使者召大司馬周殷舉九江兵而迎【三】武王〔三六〕，行屠城父，【四】隨劉賈〔三七〕、齊梁諸侯皆大會垓下。【五】立武王布爲淮南王。

【一】正義今壽州。

【二】集解晉灼曰：「即固始。」

【三】集解徐廣曰：「周殷以兵隨劉賈。」

【四】正義父音甫。今亳州縣。

【五】集解徐廣曰：「七月。」

五年，高祖與諸侯兵共擊楚軍，與項羽決勝垓下。淮陰侯將三十萬自當之，孔將軍居左，費將軍居右，皇帝在後，絳侯、柴將軍在皇帝後。項羽之卒可十萬。淮陰先合，不利，卻。孔將軍、費將軍縱，【一】楚兵不利，淮陰侯復乘之，【二】大敗垓下。項羽卒聞漢軍之楚歌，【三】以爲漢盡得楚地，項羽乃敗而走，是以兵大敗。使騎將灌嬰追殺項羽東城，【四】斬首八萬，遂略定楚地。魯爲楚堅守不下。漢王引諸侯兵北，示魯父老項羽頭，魯乃降。遂以魯公號葬項羽穀城。還至定陶，馳入齊王壁，奪其軍。

【一】正義二人韓信將也。縱兵擊項羽也。以「縱」字爲絶句。孔將軍，蓼侯孔熙。費將軍，費侯陳賀也。

【二】正義復，扶富反。乘猶登也，進也。

【三】索隱應劭云：「今雞鳴歌也。」顔遊秦云：「楚歌，猶吴謳也。」按：高祖令戚夫人楚舞，自爲楚歌，是楚人之歌聲也。

【四】集解徐廣曰：「十二月。」

正月，諸侯及將相相與共請尊漢王爲皇帝。漢王曰：「吾聞帝賢者有也，空言虚語，非所守也，吾不敢當帝位。」羣臣皆曰：「大王起微細，誅暴逆，平定四海，有功者輒裂地而封爲王侯。大王不尊號，皆疑不信。臣等以死守之。」漢王三讓，不得已，曰：「諸君必以爲便，便國家。」甲午，【一】乃即皇帝位氾水之陽。【二】

【一】集解徐廣曰：「二月甲午。」

【二】集解蔡邕曰：「上古天子稱皇，其次稱帝，其次稱王。秦承三王之末，爲漢驅除，自以德兼三皇、五帝，故并以爲號。漢高祖受命，功德宜之，因而不改。」正義氾音敷劍反。括地志云：「高祖即位壇在曹州濟陰縣界。」張晏曰：「氾水在濟陰界，取其氾愛弘大而潤下。」

皇帝曰義帝無後，齊王韓信習楚風俗，徙爲楚王，都下邳。【一】立建成侯彭越爲梁王，都定陶。【二】故韓王信爲韓王，都陽翟。【三】徙衡山王吳芮爲長沙王，都臨湘。【四】番君之將梅鋗有功，從入武關，故德番君。淮南王布、燕王臧荼、趙王敖皆如故。

【一】正義 音被悲反。泗州下邳縣是，楚王韓信之都。

【二】正義 曹州濟陰縣城是，梁王彭越之都。

【三】正義 洛州陽翟縣是，韓王信之都。

【四】正義 括地志云：「潭州長沙縣，本漢臨湘縣，長沙王吳芮都之。芮墓在長沙縣北四里。」

天下大定。高祖都雒陽，諸侯皆臣屬。故臨江王驩【一】爲項羽叛漢，令盧綰、劉賈圍之，不下。數月而降，殺之雒陽。

【一】集解 徐廣曰：「一作『尉』。」

五月，兵皆罷歸家。諸侯子在關中者復之十二歲，其歸者復之六歲，食之【一】一歲。

【一】正義 食音寺。

高祖置酒雒陽南宮。【一】高祖曰：「列侯諸將無敢隱朕，皆言其情。吾所以有天下者何？項氏之所以失天下者何？」高起、王陵對曰：【二】「陛下慢而侮人，項羽仁而愛人。然陛下使人攻城略地，所降下者因以予之，與天下同利也。項羽妒賢嫉能，有功者害之，賢者疑之，戰勝而不予人功，得地而不予人利，此所以失天下也。」高祖曰：「公知其一，未知其二。夫運籌策帷帳之中，決勝於千里之外，吾不如子房。鎮國家，撫百姓，給餽饟，不絶糧道，吾不如蕭何。連百萬之軍，戰必勝，攻必取，吾不如韓信。此三者，皆人傑也，吾能用之，此吾所以取天下也。項羽有一范增而不能用，此其所以爲我擒也。」

【一】正義括地志云：「南宮在雒州雒陽縣東北二十六里洛陽故城中。輿地志云秦時已有南北宮。」

【二】集解孟康曰：「姓高，名起。」瓚曰：「漢帝年紀高帝時有信平侯臣陵、都武侯臣起。魏相丙吉奏事高帝時奏事有將軍臣陵、臣起。」

高祖欲長都雒陽，齊人劉敬說，及留侯勸上入都關中，高祖是日駕，入都關中。六月，大赦天下。

十月〔三八〕，燕王臧荼反，攻下代地。高祖自將擊之，得燕王臧荼。即立太尉盧綰爲燕王。使丞相噲將兵攻代。

其秋，利幾反，【一】高祖自將兵擊之，利幾走。利幾者，項氏之將。項氏敗，利幾爲陳公，不隨項羽，亡降高祖，高祖侯之潁川。高祖至雒陽，舉通侯籍召之，【二】而利幾恐，故反。

【一】正義幾音機。姓名也。項羽之將，爲陳縣令，降漢。高帝徵諸侯，利幾恐，故反。

【二】集解如淳曰：「得在通侯之籍。」

六年，高祖五日一朝太公，如家人父子禮。太公家令說太公曰：「天無二日，土無二王。今高祖雖子，人主也；太公雖父，人臣也。柰何令人主拜人臣！如此，則威重不行。」後高祖朝，太公擁篲，【一】迎門卻行。高祖大驚，下扶太公。太公曰：「帝，人主也，柰何以我亂天下法！」於是高祖乃尊太公爲太上皇。【二】心善家令言，【三】賜金五百斤。

【一】集解李奇曰：「爲恭也，如今卒持帚者也。」

【二】集解蔡邕曰：「不言帝，非天子也。」索隱按：蔡邕云「不言帝，非天子也」。又按：本紀秦始皇追尊莊襄王爲太上皇，已有故事矣。蓋太上者，無上也。皇者德大於帝，欲尊其父，故號曰太上皇也。

【三】索隱顧氏按〔三九〕：荀悦云「故雖天子必有尊也，無父猶設三老，况其存乎？家令之言過矣」。晉劉寶云「善其發悟己心，因得尊崇父號也」。

十二月，人有上變事告楚王信謀反，上問左右，左右爭欲擊之。用陳平計，乃僞遊雲夢，【一】會諸侯於陳，楚王信迎，即因執之。是日，大赦天下。田肯【二】賀，因說高祖曰：

「陛下得韓信，又治秦中。〔三〕秦，形勝之國，〔四〕帶河山之險，縣隔千里，持戟百萬，秦得百二焉。〔五〕地埶便利，其以下兵於諸侯，譬猶居高屋之上建瓴水也。〔六〕夫齊，東有琅邪、即墨之饒，南有泰山之固，西有濁河之限，〔七〕北有勃海之利。〔八〕地方二千里，持戟百萬，縣隔千里之外，〔九〕齊得十二焉。〔一〇〕故此東西秦也。非親子弟，莫可使王齊矣。」高祖曰：「善。」賜黃金五百斤。

〔一〕集解韋昭曰：「在南郡華容縣。」

〔二〕索隱漢紀及漢書作「宵」，劉顯云相傳作「肯」也。

〔三〕集解如淳曰：「時山東人謂關中爲秦中。」

〔四〕集解張晏曰：「秦地帶山河，得形勢之勝便者。」索隱韋昭云：「地形險固，故能勝人也。」

〔五〕集解應劭曰：「河山之險，與諸侯相縣隔，地絶千里，所以能禽諸侯者，得天下之利百二也。」李斐曰：「河山之險，由地勢高，順流而下易，故天下於秦懸隔千里，持戟百萬，秦得百二焉。」蘇林曰：「得百中之二焉。秦地險固，二萬人足當諸侯百萬人也。」索隱服虔云：「謂函谷關去長安千里爲縣隔。」按：文以河山險固形勝，其勢如隔千里也。蘇林曰：「百二，百中之二，二萬人也〔四〇〕。」虞喜云：「百二者，得百之二。言諸侯持戟百萬，秦地險固，一倍於天下，故云得百二焉，言倍之也，蓋言秦兵當二百萬也。『齊得十二』亦如之，故爲東西秦，言勢相敵，但立文相避，故云十二。言餘諸侯十萬，齊地形勝亦倍於他國，當二十萬人也。」

【六】集解如淳曰：「瓴，盛水瓶也。居高屋之上而幡瓴水，言其向下之勢易也。建音蹇。」晉灼曰：「許慎曰瓴，甕似瓶者。」

【七】集解晉灼曰：「齊西有平原。河水東北過高唐，高唐即平原也。孟津號黄河，故曰濁河。」

【八】索隱崔浩云：「勃，旁跌也。旁跌出者，横在濟北，故齊都賦云海旁出爲勃，名曰勃海郡。」

【九】索隱以言齊境闊不啻千里，故云「之外」也。

【一〇】集解應劭曰：「齊得十之二，故齊湣王稱東帝。後復歸之，卒爲秦所滅者，利鈍之勢異也。」李斐曰：「齊有山河之限，地方二千里，是與天下縣隔也。設有持戟百萬之衆，齊得十中之二焉。百萬十分之二，亦二十萬也，但文相避耳。故言東西秦，其勢亦敵也。」蘇林曰：「十二，得十中之二。二十萬人當百萬。言齊雖固，不如秦二萬乃當百萬。」

後十餘日，封韓信爲淮陰侯，分其地爲二國。高祖曰將軍劉賈數有功，以爲荆王，【一】王淮東。弟交爲楚王，王淮西。子肥爲齊王，王七十餘城，民能齊言者皆屬齊。【二】乃論功，與諸列侯剖符行封。徙韓王信太原。【三】

【一】索隱乃王吴地，在淮東也。姚察按：虞喜云「總言吴，别言荆者，以山命國也。今西南有荆山，在陽羨界。賈封吴地而號荆王，指取此義」。太康地理志陽羨縣本名荆溪。

【二】集解漢書音義曰：「此言時民流移，故使齊言者還齊也。」正義按：言齊國形勝次於秦中，故封子肥七十餘城，近齊城邑，能齊言者咸割屬齊。親子，故大其都也。孟説恐非。

【三】索隱信初都陽翟也。

七年，匈奴攻韓王信馬邑，【一】信因與謀反太原。白土【二】曼丘臣、王黄立故趙將趙利爲王以反，高祖自往擊之。會天寒，士卒墮指者什二三，遂至平城。【三】匈奴圍我平城，七日而後罷去。令樊噲止定代地。立兄劉仲爲代王。

【一】正義搜神記云：「昔秦人築城於武周塞以備胡，城將成而崩者數矣。有馬馳走，周旋反覆，父老異之，因依以築城，乃不崩，遂名馬邑。」括地志云：「朔州城，漢鴈門，即馬邑縣城也。攻韓信於馬邑，即此城。」

【二】集解徐廣曰：「在上郡。」

【三】正義括地志云：「朔州定襄縣，本漢平城縣。縣東北三十里有白登山，山上有臺，名曰白登臺。漢書匈奴傳云冒頓圍高帝於白登七日〔四二〕，即此也。服虔云『白登，臺名，去平城七里』。李穆叔趙記云『平城東七里有土山，高百餘尺，方十餘里』。亦謂此也。」

二月，高祖自平城過趙、雒陽，至長安。長樂宮成，丞相已下徙治長安。【一】

【一】索隱按：漢儀注高祖六年，更名咸陽曰長安。三輔舊事扶風渭城，本咸陽地，高帝爲新城，七年屬長安也。

八年，高祖東擊韓王信餘反寇於東垣。〔一〕

〔一〕集解地理志：東垣，高帝更名曰真定。

蕭丞相營作未央宮，〔一〕立東闕、北闕、〔二〕前殿、武庫、太倉。高祖還，見宮闕壯甚，怒，謂蕭何曰：「天下匈匈苦戰數歲，成敗未可知，是何治宮室過度也？」蕭何曰：「天下方未定，故可因遂就宮室。且夫天子以四海爲家，非壯麗無以重威，且無令後世有以加也。」高祖乃說。

〔一〕正義括地志云：「未央宮在雍州長安縣西北十里長安故城中。」顏師古云：「未央殿雖南嚮，而當上書奏事謁見之徒皆詣北闕，公車司馬亦在北焉。是則以北闕爲正門，而又有東門、東闕，至於西南兩面，無門闕矣。蕭何初立未央宮，以厭勝之術理宜然乎？」按：北闕爲正者，蓋象秦作前殿，渡渭水屬之咸陽，以象天極閣道絕漢抵營室。

〔二〕集解關中記曰：「東有蒼龍闕，北有玄武闕。玄武所謂北闕。」索隱東闕名蒼龍，北闕名玄武，無西南二闕者，蓋蕭何以厭勝之法故不立也。說文云「闕，門觀也」。高三十丈。秦家舊處皆在渭北，而立東闕北闕，蓋取其便也。

高祖之東垣，過柏人，〔一〕趙相貫高等謀弒高祖，高祖心動，因不留。代王劉仲弃國亡，自歸雒陽，廢以爲合陽侯。〔二〕

【一】正義括地志云：「柏人故城在邢州柏人縣西北十二里。漢柏人屬趙國。」

【二】正義括地志云：「郃陽故城在同州河西縣南三里〔四二〕。魏文侯十七年，攻秦至鄭而還築，在郃水之陽也。」

九年，趙相貫高等事發覺，夷三族。廢趙王敖爲宣平侯。是歲，徙貴族楚昭、屈、景、懷、齊田氏關中。

未央宮成。高祖大朝諸侯羣臣，置酒未央前殿。高祖奉玉卮，【一】起爲太上皇壽，曰：「始大人常以臣無賴，【二】不能治產業，不如仲力。今某之業所就孰與仲多？」殿上羣臣皆呼萬歲，大笑爲樂。

【一】集解應劭曰：「鄉飲酒禮器也〔四三〕，受四升。」

【二】集解晉灼曰：「許慎曰『賴，利也』。無利入於家也。或曰江淮之閒謂小兒多詐狡猾爲『無賴』。」

十年十月，淮南王黥布、梁王彭越、燕王盧綰、荆王劉賈、楚王劉交、齊王劉肥、長沙王吳芮皆來朝長樂宮。【一】春夏無事。

【一】正義括地志云：「秦櫟陽故宮在雍州櫟陽縣北三十五里，秦獻公所造。三輔黃圖云高祖都長安，未有宮室，居櫟陽宮也。」

七月，太上皇崩櫟陽宮。楚王、梁王皆來送葬。【一】赦櫟陽囚。更命酈邑曰新豐。【二】

【一】集解漢書云：「葬萬年。」

【二】正義麗邑，麗音力知反。括地志云：「新豐故城在雍州新豐縣西南四里，漢新豐宮也。太上皇時悽愴不樂，高祖竊因左右問故，答以平生所好皆屠販少年，酤酒賣餅，鬬雞蹴踘，以此爲歡，今皆無此，故不樂。高祖乃作新豐，徙諸故人實之。太上皇乃悦。」按：前于麗邑築城寺，徙其民實之，未改其名，太上皇崩後，命曰新豐。

八月，趙相國陳豨【一】反代地。上曰：「豨嘗爲吾使，甚有信。代地吾所急也，故封豨爲列侯，【二】以相國守代，今乃與王黃等劫掠代地！代地吏民非有罪也，其赦代吏民。」九月，上自東往擊之。至邯鄲，上喜曰：「豨不南據邯鄲而阻漳水，吾知其無能爲也。」聞豨將皆故賈人也，上曰：「吾知所以與之。」乃多以金啗豨將，豨將多降者。

【一】集解鄧展曰：「東海人名豬曰豨。」

【二】集解徐廣曰：「豨攻定臧荼有功，封陽夏侯。」

十一年，高祖在邯鄲誅豨等未畢，豨將侯敞將萬餘人游行，王黄軍曲逆，【一】張春渡河【二】擊聊城。【三】漢使將軍郭蒙與齊將擊，大破之。太尉周勃【四】道太原入，【五】定代地。至馬邑，馬邑不下，即攻殘之。

【一】集解文穎曰：「今中山蒲陰是。」

【二】正義陳豨將也。又劉伯莊云「彼時聊城在黄河之東，王莽時乾，今濁河西北也」。今在博州西北。深丘道里記云「王莽元城人，居近河側，祖父墳墓爲水所衝，引河入深川，此王莽河因枯也」。

【三】集解徐廣曰：「在平原。」正義括地志云：「故聊城在博州聊城縣西二十里。春秋時齊之西界。聊，攝也。戰國時亦爲齊地。秦漢皆爲東郡之聊城也。」

【四】集解漢書百官表曰：「太尉，秦官。」應劭曰：「自上安下曰尉，武官悉以爲稱。」

【五】集解韋昭曰：「道猶從。」

豨將趙利守東垣，高祖攻之，不下。月餘，卒罵高祖，高祖怒。城降，令出罵者斬之，不罵者原之。於是乃分趙山北，立子恒以爲代王，都晉陽。【一】

【一】集解如淳曰：「文紀言都中都。又文帝過太原，復晉陽、中都二歲，似遷都於中都也。」

春，淮陰侯韓信謀反關中，夷三族。

夏，梁王彭越謀反，廢遷蜀；復欲反，遂夷三族。立子恢爲梁王，子友爲淮陽王。秋七月，淮南王黥布反，東并荆王劉賈地，北渡淮，楚王交走入薛。高祖自往擊之。立子長爲淮南王。

十二年十月，高祖已擊布軍會甀，【一】布走，令別將追之。

【一】集解徐廣曰：「在蘄縣西。」駰案：漢書音義曰「會音儈保，邑名。甀音直僞反」。索隱上音鱠，下音丈僞反，地名也。漢書作「缶」，音作保，非也。

高祖還歸，過沛，留。置酒沛宮，【二】悉召故人父老子弟縱酒，發沛中兒得百二十人，教之歌。酒酣，【三】高祖擊筑，自爲歌詩曰：「大風起兮雲飛揚，威加海内兮歸故鄉，安得猛士兮守四方！」令兒皆和習之。高祖乃起舞，慷慨傷懷，泣數行下。謂沛父兄曰：「游子悲故鄉。吾雖都關中，萬歲後吾魂魄猶樂思沛。且朕自沛公以誅暴逆，遂有天下，其以沛【四】爲朕湯沐邑，復其民，世世無有所與。」沛父兄諸母故人日樂飲極驩，道舊故爲笑樂。十餘日，高祖欲去，沛父兄固請留高祖。高祖曰：「吾人衆多，父兄不能給。」乃去。沛中空縣皆之邑西獻。【五】高祖復留止，張【六】飲三日。沛父兄皆頓首曰：「沛幸得復，豐未復，唯陛下哀憐之。」高祖曰：「豐吾所生長，極不忘耳，吾特爲其以雍齒故反我爲魏。」

沛父兄固請，乃并復豐，比沛。於是拜沛侯劉濞【七】爲吴王。

【一】正義括地志云：「沛宫故地在徐州沛縣東南二十里一步。」

【二】集解應劭曰：「不醒不醉曰酣。一曰酣，洽也。」

【三】集解韋昭曰：「筑，古樂，有弦，擊之不鼓。」正義音竹。應劭云：「狀似瑟而大〔四四〕，頭安弦，以竹擊之，故名曰筑。」顔師古云：「今筑形似瑟而小，細項。」

【四】集解風俗通義曰：「漢書注，沛人語初發聲皆言『其』。其者，楚言也。高祖始登帝位，教令言『其』，後以爲常耳。」

【五】集解如淳曰：「獻牛酒。」

【六】集解張晏曰：「張，帷帳。」正義音張亮反。

【七】集解服虔曰：「濞音帔。」

漢將别擊布軍洮水南北〔四五〕，【一】皆大破之，追得斬布鄱陽。

【一】集解徐廣曰：「洮音道，在江淮閒。」

樊噲别將兵定代，斬陳豨當城。【一】

【一】索隱代之縣名也。正義括地志云：「當城在朔州定襄縣界。土地十三州記云『當城在高柳東八十里。縣當常山，故曰當城』。」

十一月，高祖自布軍至長安。十二月，高祖曰：「秦始皇帝、楚隱王【一】陳涉、魏安釐王、【二】齊緡王、【三】趙悼襄王【四】皆絶無後，予守冢各十家，秦皇帝二十家，魏公子無忌五家。」赦代地吏民，爲陳豨、趙利所劫掠者皆赦之。陳豨降將言豨反時，燕王盧綰使人之豨所，與陰謀。上使辟陽侯迎綰，【五】綰稱病。辟陽侯歸，具言綰反有端矣。二月，使樊噲、周勃將兵擊燕王綰。赦燕吏民與反者。立皇子建爲燕王。

【一】索隱系家作「幽王」，名擇，負芻之兄。

【二】索隱史闕名。昭王之子，王假之祖也。

【三】索隱名地，宣王子，王建祖。

【四】索隱名偃，孝成王丹之子，幽王遷之父也。

【五】正義審食其也。括地志云：「辟陽故城在冀州信都縣西三十五里，漢舊縣。」

高祖擊布時，爲流矢所中，行道病。病甚，呂后迎良醫。醫入見，高祖問醫。醫曰：「病可治。」於是高祖嫚罵之曰：「吾以布衣提三尺劍取天下，此非天命乎？命乃在天，雖扁鵲何益！」遂不使治病，賜金五十斤罷之。已而呂后問：「陛下百歲後，蕭相國即死，令誰代之？」上曰：「曹參可。」問其次，上曰：「王陵可。然陵少戇，陳平可以助之。陳平智有餘，然難以獨任。周勃重厚少文，然安劉氏者必勃也，可令爲太尉。」呂后復問其次，上曰：「此後亦非而所知也。」

盧綰與數千騎居塞下候伺，幸上病愈自入謝。

四月甲辰，高祖崩長樂宮。【一】四日不發喪。呂后與審食其謀曰：「諸將與帝爲編户民，今北面爲臣，此常怏怏，今乃事少主，非盡族是，天下不安。」人或聞之，語酈將軍。【二】酈將軍往見審食其，曰：「吾聞帝已崩，四日不發喪，欲誅諸將。誠如此，天下危矣。陳平、灌嬰將十萬守滎陽，樊噲、周勃將二十萬定燕、代，此聞帝崩，諸將皆誅，必連兵還鄉以攻關中。大臣内叛，諸侯外反，亡可翹足而待也。」審食其入言之，乃以丁未發喪，大赦天下。

【一】集解皇甫謐曰：「高祖以秦昭王五十一年生，至漢十二年，年六十二。」

【二】集解漢書曰酈商。

盧綰聞高祖崩，遂亡入匈奴。

丙寅，葬。【一】己巳，立太子，【二】至太上皇廟。【三】羣臣皆曰：「高祖起微細，撥亂世反之正，平定天下，爲漢太祖，功最高。」上尊號爲高皇帝。太子襲號爲皇帝，孝惠帝也。令郡國諸侯各立高祖廟，以歲時祠。

【一】集解徐廣曰五月。

【二】正義丙寅葬，後四日至己巳，即立太子爲帝。有本脱「己」字者，妄引漢書云「已下」者，非。

【三】正義三輔黄圖云：「太上皇廟在長安城香室南，馮翊府北。」括地志云：「漢太上皇廟在雍州長安縣西北長安故城中酒池之北，高帝廟北。高帝廟亦在故城中也。」

及孝惠五年，思高祖之悲樂沛，以沛宫爲高祖原廟。【一】高祖所教歌兒百二十人，皆令爲吹樂，後有缺，輒補之。

【一】集解徐廣曰：「光武紀云『上幸豐，祠高祖於原廟』。」駰案：謂「原」者，再也。先既已立廟，今又再立，故謂之原廟。

高帝八男：長庶齊悼惠王肥；次孝惠，吕后子；次戚夫人子趙隱王如意；次代王恒，已立爲孝文帝，薄太后子；次梁王恢，吕太后時徙爲趙共王；次淮陽王友，吕太后時徙爲趙幽王；次淮南厲王長；次燕王建。

太史公曰：夏之政忠，忠之敝，小人以野，【一】故殷人承之以敬。敬之敝，小人以鬼，【二】故周人承之以文。文之敝，小人以僿，【三】故救僿莫若以忠。【四】三王之道若循環，終而復始。周秦之閒，可謂文敝矣。秦政不改，反酷刑法，豈不繆乎？故漢興，承敝易變，使人不倦，得天統矣。朝以十月。車服黄屋左纛。葬長陵。【五】

【一】集解鄭玄曰：「忠，質厚也。野，少禮節也。」

【二】集解鄭玄曰：「多威儀，如事鬼神。」

【三】集解徐廣曰：「一作『薄』。」駰案：史記音隱曰「僿音西志反」。鄭玄曰「文，尊卑之差也。薄，苟習文法，無悃誠也」。索隱鄭音先代反，鄒本作「薄」，音扶各反，本一作「僿」，而徐廣云一作「薄」，是本互不同也。然此語本出子思子，見今禮表記，作「薄」，故鄭玄注云「文，尊卑之差也。薄，苟習文法，不悃誠也」。裴又引音隱云「僿音先志反」，僿塞聲相近故也。蓋僿猶薄之義也〔四六〕。

【四】集解鄭玄曰：「復反始。」

【五】集解皇甫謐曰：「長陵山東西廣百二十步，高十三丈，在渭水北，去長安城三十五里。」正義括地志云：「長陵在雍州咸陽縣東三十里。」

【索隱述贊】高祖初起，始自徒中。言從泗上，即號沛公。嘯命豪傑，奮發材雄。彤雲鬱碭，素靈告豐。龍變星聚，蛇分徑空。項氏主命，負約弃功。王我巴蜀，實憤于衷。三秦既北，五兵遂東。汜水即位，咸陽築宮。威加四海，還歌大風。

校勘記

〔一〕灑濯　「濯」原作「躍」，據黄本、彭本、柯本改。按：後漢書卷三章帝紀「遣使者祠昭靈后於小黄園」李賢注引陳留風俗傳作「洒濯」，卷三三虞延傳「高帝母昭靈后園陵在焉」李賢注引作「洗濯」。

〔二〕李斐云準鼻也　耿本、黄本、彭本、柯本、凌本、殿本無。

〔三〕文穎曰高祖感龍而生　「曰」，耿本、黄本、彭本、柯本、凌本、殿本作「説是」。

〔四〕口角　疑當作「日角」。按：後漢書卷四〇上班彪傳上「俯協河圖之靈」李賢注引河圖作「日角」。後漢書卷一上光武帝紀上云「身長七尺三寸，美須眉，大口，隆準，日角」，正與漢高帝相貌相類。

〔五〕樂産　耿本、黄本、彭本、柯本、凌本、殿本作「樂彦」。

〔六〕錢數　原作「錢穀」，據索隱本改。按：漢書卷一上高帝紀上「賀錢萬」顔師古注：「爲謁者，書刺自言爵里，若今參見尊貴而通名也。蓋當時自陳姓名，并列賀錢數耳。」

〔七〕且從而求疾也　耿本、黄本、彭本、柯本、凌本、殿本作「且從小徑」。

〔八〕秦襄公自以居西戎　漢書卷一上高帝紀上「白帝子也」顔師古注引應劭無「戎」字，通鑑卷七秦紀二二世皇帝元年胡三省注引同。按：西，謂西縣，漢書卷二八下地理志下在隴西郡。

〔九〕京房易飛候云　「易飛候」，原作「易兆候」。張文虎札記卷一：「隋書經籍志周易飛候九卷，又六卷，並京房撰。類聚一、御覽八並引易飛候云『視四方常有大雲，五色俱，其下賢人隱』，正與此文合，『兆』當爲『飛』之誤。」今據改。按：後漢書卷三〇下郎顗傳：「臣伏案飛候，參察衆政。」李賢注：「京房作易飛候。」

〔一〇〕師曰　原作「顔師古曰」。張文虎札記卷一：「水經睢水注作『師曰』，此衍。」今據改。按：御覽卷四〇二引京房易飛候亦作「師曰」。京房漢人，無由引顔師古語。

〔一一〕今注引發作交及割皆誤也　耿本、黄本、彭本、柯本、凌本、殿本無「及割皆」三字，景祐本眉批索隱亦無此三字。

〔一二〕周市來攻方與　張文虎札記卷一：「六字疑衍。」

〔一三〕二世二年八月武臣自立爲趙王　「二年」，疑當作「元年」。按：漢書卷一上高帝紀上、本書卷一六秦楚之際月表武臣自立爲趙王皆在二世元年八月。

〔一四〕田儋自立爲齊王　「田儋」上疑脱「九月」二字。按：漢書卷一上高帝紀上田儋自立爲齊王、韓廣自立爲燕王、魏咎自立爲魏王皆在九月。

〔一五〕陵人秦嘉　「陵」上原有「廣」字，據日本宫内廳書陵部藏鈔本删。按：漢書卷一上高帝紀上「東陽甯君、秦嘉立景駒爲楚王」顔師古注引臣瓚無「廣」字，通鑑卷八秦紀三二世皇帝二年胡三省注引同。漢書卷三一陳涉傳作「淩人秦嘉」，本書卷四八陳涉世家作「陵人秦嘉」。

〔一六〕潁川　原作「穎川」，據耿本、黄本、彭本、柯本、凌本、殿本、會注本改。

〔一七〕收敗卒自振迅而復起也　「敗卒」，漢書卷一上高帝紀上「章邯復振」顏師古注引如淳作「散卒」，通鑑卷八秦紀三二世皇帝二年胡三省注引同。

〔一八〕上陳留縣　殿本史記考證：「『上』字衍。外黃縣屬陳留郡，蓋云陳留之縣耳。或『上』字係『在』字之訛，下『縣』字衍。」

〔一九〕青封信陽侯　「信陽」，疑當作「新陽」。按：本書卷一八高祖功臣侯者年表作「新陽」，索隱：「縣名，屬汝南。」漢書卷二八上地理志上汝南郡有新陽，無信陽。

〔二〇〕僄悍猾賊　梁玉繩志疑卷六：「猾字不似羽之爲人，蓋『禍』字之譌。漢書作『禍賊』，師古曰『好爲禍害而殘賊也』。」

〔二一〕破魏二軍　張文虎札記卷一云：「『魏』字誤，史詮云當作『秦』。」沈家本諸史瑣言云：「按『魏』字未必誤也。是時楚懷王予魏豹數千人復徇魏地，或先與沛公俱，爲秦所破。秦破魏軍，故下接云『楚軍出兵擊』也。如依漢書作『其』，則下『楚軍』二字贅矣。」按：漢書卷一上高帝紀上云「攻秦軍壁，破其二軍」。通鑑卷八秦本紀二世皇帝三年：「沛公道碭，至陽城與杠里，攻秦壁，破其二軍。」

〔二二〕潁川　原作「穎川」，據黃本、柯本、凌本、會注本改。

〔二三〕酈食其爲監門　「爲」，原作「謂」。漢書卷一上高帝紀上作「爲」，本書卷九七酈生陸賈列傳云「爲里監門吏」。今據改。

〔二四〕洗足　「足」字疑衍。按：漢書卷一上高帝紀上無「足」字。説文水部：「洗，洒足也。」

〔二五〕楚司馬起豐析　「豐析」，原作「營所」。左傳哀公四年：「司馬起豐、析與狄戎，以臨上雒。」今據改。

〔二六〕沛公乙未年十月至霸上　「乙未」，原作「己未」。本書卷一六秦楚之際月表秦王子嬰元年十月集解引徐廣曰：「歲在乙未。」今據改。

〔二七〕經書　本書卷六秦始皇本紀作「詩書」，通鑑卷七秦紀二始皇帝三十四年同。

〔二八〕李斐　漢書卷一上高帝紀上「傷人及盗抵罪」顔師古注作「李奇」，通鑑卷九漢紀一高帝元年胡三省注引同。

〔二九〕西岸猶有舊關餘跡　「西岸」，漢書卷一上高帝紀上「可急使守函谷關」顔師古注作「夾河之岸」，通鑑卷二周紀二顯王三十六年胡三省注引同。

〔三〇〕三十二縣　張文虎札記卷一：「舊刻作『四十二縣』，漢書云『四十一縣』，漢紀同。據漢志，漢中郡十二縣，蜀郡十五縣，巴郡十一縣，則共三十八縣。」

〔三一〕神靈之所在也　「在」，疑當作「止」。按：漢書卷一上高帝紀上「戰好畤」顔師古注引孟康作「止」，通鑑卷九漢紀一高帝元年胡三省注引同。本書卷一二孝武本紀「郊見五畤」正義引括地志：「孟康云：『畤者，神靈之所止。』」

〔三二〕樂産　殿本作「樂彦」。

〔二三〕葉汝州縣　「汝州」，疑當作「許州」。按：本書卷七五孟嘗君列傳「取宛、葉以北」正義、卷九二淮陰侯列傳「之宛、葉閒」正義皆云「葉在許州」。卷四一越王句踐世家「則葉、陽翟危」正義：「葉，今許州葉縣。」

〔二四〕諸梁子兼　疑當作「諸梁子高」。按：水經注卷二一汝水：「楚惠王以封諸梁子高，號曰葉公城。」左傳哀公十六年「葉公曰」杜預注：「葉公子高，沈諸梁也。」本書卷六六伍子胥列傳正義引杜預云：「子高，沈諸梁。」

〔二五〕三十里　耿本、黄本、彭本、柯本、凌本、殿本作「二十里」。

〔二六〕迎武王　「迎」下原有「之」字。本書卷五一荆燕世家：「周殷反楚，佐劉賈舉九江，迎武王黥布兵。」漢書卷一下高帝紀下：「殷畔楚，以舒屠六，舉九江兵迎黥布。」卷三一項籍傳：「大司馬周殷叛楚，舉九江兵隨劉賈，迎黥布。」卷三五荆燕吴傳：「周殷反楚，佐賈舉九江，迎英布兵。」按：周殷所迎武王，即黥布，於文義不當有「之」字。今據删。

〔二七〕隨劉賈　「隨」下原有「何」字。梁玉繩志疑卷六以爲「何」字衍。按：集解引徐廣曰：「周殷以兵隨劉賈。」本書卷七項羽本紀：「隨劉賈、彭越皆會垓下。」今據删。

〔二八〕十月　梁玉繩志疑卷六：「『十月』乃『七月』之誤。」按：漢書卷一下高帝紀下：「秋七月，燕王臧荼反，上自將征之。九月，虜荼。」本書卷一六秦楚之際月表云「八月，帝自將誅燕」。卷九五樊酈滕灌列傳、漢書卷四一樊噲傳臧荼反皆在是年秋。高祖時用秦正，以十月爲歲首，若在十月，不當書於「六年」之前。

〔三九〕顧氏　原作「顔氏」，據耿本、黄本、彭本、柯本、凌本、殿本改。按：漢書卷一下高帝紀下「於是上心善家令言」顔師古注：「晉太子庶子劉寶云：善其發悟己心，因得尊崇父號，非善其令父敬己。」索隱先引顧氏，復引顔説，「顧」「顔」相近，因而致混。索隱引顔師古説稱「小顔」，引其叔父顔游秦説，則稱「大顔」，或徑稱其名，以資區別。索隱引「顧氏」説凡三十，稱顧氏。

〔四〇〕二萬人也　「二」下原有「十」字。集解引蘇林曰「二萬人足當諸侯百萬人也」，與漢書卷一下高帝紀下「秦得百二焉」顔師古注合。下文「齊得十二焉」集解引蘇林曰：「十二，得十中之二，二十萬人當百萬。言齊雖固，不如秦二萬乃當百萬。」亦可證「十」爲衍文。今據删。

〔四一〕冒頓　原作「蹋頓」。漢書卷九四上匈奴傳上：「高帝先至平城，步兵未盡到，冒頓縱精兵三十餘萬騎圍高帝於白登，七日，漢兵中外不得相救餉。」本書卷一一〇匈奴列傳亦作「冒頓」。今據改。

〔四二〕同州河西縣南三里　「南」字原無，據本書卷四四魏世家「築雒陰、合陽」正義引括地志補。按：本書卷一〇六吴王濞列傳「廢以爲郃陽侯」正義：「郃陽故城在同州河西縣南三十里。」

〔四三〕鄉飲酒禮器也　漢書卷一下高帝紀下「上奉玉卮」顔師古注引應劭無「鄉」字。

〔四四〕狀似瑟而大　「瑟」，漢書卷一下高帝紀下「上擊筑」顔師古注引應劭作「琴」，文選卷二八易水歌李善注引同。

〔四五〕漢將別擊布軍洮水南北　「將別」，漢書卷一下高帝紀下作「別將」，通鑑卷一二漢紀四高帝十二年同。

〔四六〕子思子見今禮表記作薄故鄭玄注云文尊卑之差也薄苟習文法不悃誠也裴又引音隱云僿音先志反僿塞聲相近故也蓋僿猶薄之義也　耿本、黄本、彭本、柯本、凌本作「禮表記作其民之敝利而巧文而不慚賊而蔽也裴又引音隱云僿音先志者蔽僿聲相近故以蔽爲僿耳」。殿本文相近。

史記卷九

呂太后本紀第九

索隱呂太后本以女主臨朝，自孝惠崩後立少帝而始稱制，正合附惠紀而論之，不然，或別爲呂后本紀，豈得全没孝惠而獨稱呂后本紀？合依班氏，分爲二紀焉〔一〕。

呂太后者，【一】高祖微時妃也，【二】生孝惠帝、【三】女魯元太后。及高祖爲漢王，得定陶戚姬，【四】愛幸，生趙隱王如意。孝惠爲人仁弱，高祖以爲不類我，常欲廢太子，立戚姬子如意，如意類我。戚姬幸，常從上之關東，日夜啼泣，欲立其子代太子。呂后年長，常留守，希見上，益疏。如意立爲趙王後，幾代【五】太子者數矣，賴大臣【六】爭之，及留侯策，【七】太子得毋廢。

【一】集解徐廣曰：「呂后父呂公，漢元年爲臨泗侯，四年卒，高后元年追謚曰呂宣王。」

【二】集解漢書音義曰：「諱雉。」索隱諱雉，字娥姁也。

【三】集解漢書音義曰：「諱盈。」

【四】集解如淳曰：「姬音怡，衆妾之總稱也。漢官儀曰『姬妾數百』。」蘇林曰：「清河國有妃里，而題門作『姬』。」瓚曰：「漢秩禄令及茂陵書姬，内官也，秩比二千石，位次倢伃下，在七子、八子之上。」索隱如淳音怡，非也。茂陵書曰「姬是内官」，是矣。然官號及婦人通稱姬者，姬，周之姓，所以左傳稱伯姬、叔姬，以言天子之宗女，貴於他姓，故遂以姬爲婦人美號。故詩曰「雖有姬姜，不弃顦顇」是也。

【五】索隱上其紀反，又音祈也。

【六】索隱張良、叔孫通等。

【七】索隱令太子卑詞安車，以迎四皓也。

呂后爲人剛毅，佐高祖定天下，所誅大臣多呂后力。呂后兄二人，皆爲將。長兄周呂侯【一】死事，封其子呂台【二】爲酈侯，【三】子産爲交侯；【四】次兄呂釋之爲建成侯。【五】

【一】集解徐廣曰：「名澤，高祖八年卒，謚令武侯〔二〕，追謚曰悼武王。」

【二】索隱鄭氏、鄒誕並音怡，蘇林音胎。

【三】集解徐廣曰：「酈，一作『鄜』。」

【四】集解徐廣曰：「台弟也。」

【五】集解徐廣曰：「惠帝二年卒，謚康王。」

高祖十二年四月甲辰，崩長樂宮，太子襲號爲帝。是時高祖八子：長男肥，孝惠兄也，異母，【一】肥爲齊王；餘皆孝惠弟，戚姬子如意爲趙王，薄夫人子恒爲代王，諸姬子子恢爲梁王，子友爲淮陽王，子長爲淮南王，子建爲燕王。高祖弟交爲楚王，兄子濞爲吳王。非劉氏功臣番君吳芮子臣爲長沙王。

【一】索隱母曰曹姬也。

呂后最怨戚夫人及其子趙王，迺令永巷【一】囚戚夫人，而召趙王。使者三反，趙相建平侯周昌謂使者曰：「高帝屬臣趙王，趙王年少。竊聞太后怨戚夫人，欲召趙王并誅之，臣不敢遣王。王且亦病，不能奉詔。」呂后大怒，迺使人召趙相。趙相徵至長安，迺使人復召趙王。王來，未到。孝惠帝慈仁，知太后怒，自迎趙王霸上，與入宮，自挾與趙王起居飲食。太后欲殺之，不得閒。孝惠元年十二月，帝晨出射。趙王少，不能蚤起。太后聞其獨居，使人持酖飲之。【二】犂明，孝惠還，【三】趙王已死。於是迺徙淮陽王友爲趙王。夏，詔賜酈侯父追謚爲令武侯。【四】太后遂斷戚夫人手足，去眼，煇耳，飲瘖藥，使居廁中，命曰「人彘」。居數日，迺召孝惠帝觀人彘。孝惠見，問，迺知其戚夫人，迺大哭，因病，歲餘不能起。使人請太后曰：「此非人所爲。臣爲太后子，終不能治天下。」孝惠以此日飲爲淫樂，不聽政，故有病也。

【一】集解如淳曰「列女傳云周宣王姜后脱簪珥待罪永巷」，後改爲掖庭。索隱永巷，别宫名，有長巷，故名之也。後改爲掖庭。按：韋昭云以爲在掖門内，故謂之掖庭也。

【二】集解應劭曰：「酖鳥食蝮，以其羽畫酒中，飲之立死。」

【三】集解徐廣曰：「犂猶比也。諸言犂明者，將明之時。」

【四】索隱令音齡〔三〕。

二年，楚元王、齊悼惠王皆來朝。十月，孝惠與齊王燕飲太后前，孝惠以爲齊王兄，置上坐，如家人之禮。太后怒，迺令酌兩卮酖，置前，令齊王起爲壽。齊王起，孝惠亦起，取卮欲俱爲壽。太后迺恐，自起泛【一】孝惠卮。齊王怪之，因不敢飲，詳醉去。問，知其酖，齊王恐，自以爲不得脱長安，憂。齊内史士【二】説王曰：「太后獨有孝惠與魯元公主。【三】今王有七十餘城，而公主迺食數城。王誠以一郡上太后，爲公主湯沐邑，太后必喜，王必無憂。」於是齊王迺上城陽之郡，尊公主爲王太后。【四】吕后喜，許之。迺置酒齊邸，【五】樂飲，罷，歸齊王。三年，方築長安城，四年就半，五年六年城就。【六】諸侯來會。十月朝賀。

【一】索隱音捧，泛也。

【二】集解徐廣曰：「一作『出』。」

【三】集解如淳曰：「公羊傳曰『天子嫁女於諸侯，必使諸侯同姓者主之』，故謂之公主。百官表『列侯所食曰國，皇后、公主所食曰邑』，諸侯王女曰翁主〔四〕。」蘇林曰〔五〕：「公，五等尊爵也。春秋聽臣子以稱君父，婦人稱主，有『主孟啗我』之比，故云公主。」瓚曰：「天子之女雖食湯沐之邑，不君其民。」索隱啗音徒濫反。按：主是謂里克妻，即優施之語，事見國語。孟者，且也，言且啗我物，我教汝婦事夫之道。此即婦人稱主之意耳。比音必二反。

【四】集解如淳曰：「張敖子偃爲魯王，故公主得爲太后。」

【五】正義漢法，諸侯各起邸第於京師。

【六】索隱按：漢宮闕疏「四年，築東面；五年，築北面」。漢舊儀「城方六十三里，經緯各十二里」。三輔舊事云「城形似北斗」也。

七年秋八月戊寅，孝惠帝崩。【一】發喪，太后哭，泣不下。留侯子張辟彊爲侍中，【二】年十五，謂丞相曰：「太后獨有孝惠，今崩，哭不悲，君知其解乎？」【三】丞相曰：「何解？」辟彊曰：「帝毋壯子，【四】太后畏君等。君今請拜呂台、呂產、呂祿爲將，將兵居南北軍，及諸呂皆入宮，居中用事，如此則太后心安，君等幸得脫禍矣。」丞相迺如辟彊計。太后說，其哭迺哀。呂氏權由此起。迺大赦天下。九月辛丑，葬。【五】太子即位爲帝，謁高廟。元年，號令一出太后。

【一】集解皇甫謐曰：「帝以秦始皇三十七年生，崩時年二十三。」

【二】集解應劭曰：「入侍天子，故曰侍中。」

【三】正義解，紀賣反。言哭解惰，有所思也。又音户賣反。解，節解也。又紀買反，謂解説也。

【四】正義毋音無。

【五】集解漢書云：「葬安陵。」皇覽曰：「山高三十二丈，廣袤百二十步，居地六十畝。」皇甫謐曰：「去長陵十里，在長安北三十五里。」

太后稱制，議欲立諸呂爲王，問右丞相王陵。王陵曰：「高帝刑白馬盟曰『非劉氏而王，天下共擊之』。今王呂氏，非約也。」太后不說。問左丞相陳平、絳侯周勃。勃等對曰：「高帝定天下，王子弟，今太后稱制，王昆弟諸呂，無所不可。」太后喜，罷朝。王陵讓陳平、絳侯曰：「始與高帝啑血盟，【一】諸君不在邪？今高帝崩，太后女主，欲王呂氏，諸君從欲阿意背約，何面目見高帝地下？」陳平、絳侯曰：「於今面折廷爭，臣不如君；夫全社稷，定劉氏之後，君亦不如臣。」王陵無以應之。十一月，太后欲廢王陵，乃拜爲帝太傅，【二】奪之相權。王陵遂病免歸。迺以左丞相平爲右丞相，以辟陽侯【三】審食其爲左丞相。左丞相不治事，令監宮中，如郎中令。食其故得幸太后，常用事，公卿皆因而決事。迺追尊酈侯父爲悼武王，欲以王諸呂爲漸。

【一】索隱 唓，鄒音使接反。又云或作「哂」，音丁牒反。

【二】集解 應劭曰：「古官。傅者，覆也。」瓚曰：「大戴禮云『傅之德義』。」

【三】索隱 按：韋昭云信都之縣名。

四月，太后欲侯諸呂，迺先封高祖之功臣郎中令無擇【一】爲博城侯。【二】魯元公主薨，賜謚爲魯元太后。子偃爲魯王。魯王父，宣平侯張敖也。封齊悼惠王子章爲朱虛侯，【三】以呂祿女妻之。齊丞相壽爲平定侯。【四】少府延爲梧侯。【五】乃封呂種爲沛侯，【六】呂平爲扶柳侯，【七】張買爲南宮侯。【八】

【一】集解 徐廣曰：「姓馮。」

【二】正義 括地志云：「兗州博城，本漢博城縣城〔六〕。」

【三】索隱 虛音墟，琅邪縣也。正義 括地志云：「朱虛故城在青州臨朐縣東六十里，漢朱虛也。十三州志云丹朱遊故虛，故云朱虛也。」虛猶丘也，朱猶丹也。

【四】集解 徐廣曰：「姓齊。」

【五】集解徐廣曰：「姓陽成也。延以軍匠起，作宮築城也。」

【六】集解徐廣曰：「釋之之子也。」正義括地志云：「徐州沛縣古城也。」

【七】集解徐廣曰：「呂后姊子也。母字長姁。」正義括地志云：「扶柳故城在冀州信都縣西三十里，漢扶柳縣也。有澤，澤中多柳，故曰扶柳。」

【八】集解徐廣曰：「其父越人，爲高祖騎將。」

太后欲王呂氏，先立孝惠後宮子彊爲淮陽王，【一】子不疑爲常山王，【二】子山爲襄城侯，【三】子朝爲軹侯，【四】子武爲壺關侯。太后風大臣，大臣請立酈侯呂台爲呂王，【五】太后許之。建成康侯釋之卒，嗣子有罪，廢，立其弟呂祿【六】爲胡陵侯，【七】續康侯後。二年，常山王薨，以其弟襄城侯山爲常山王，更名義。十一月，呂王台薨，謚爲肅王，太子嘉代立爲王。三年，無事。【八】四年，封呂嬃爲臨光侯，呂他爲俞侯，【九】呂更始爲贅其侯，【一〇】呂忿爲呂城侯，【一一】及諸侯丞相五人。【一二】

【一】集解韋昭曰：「今陳留郡。」

【二】正義括地志云：「常山故城在恒州真定縣南八里，本漢東垣邑也。」

【三】索隱按：下文更名義，又改名弘。漢書襄城侯唯云名弘，蓋史省文耳。按志，襄城屬潁川也。

【四】索隱按：韋昭云河内有軹縣，音紙也。正義括地志云：「故軹城在懷州濟源縣東南十三里，七國時魏邑。」

【五】正義初呂台爲呂王，後呂産王梁，更名梁曰呂。

【六】集解徐廣曰：「釋之少子。」

【七】正義胡陵，縣名，屬山陽，章帝改曰胡陸。

【八】集解漢書云：「秋，星晝見。」

【九】索隱他音陁。俞音輸。正義括地志云：「故鄃城在德州平原縣西南三十里，本漢鄃縣，呂他邑也。」

【一〇】集解徐廣曰：「表云呂后昆弟子淮陽丞相呂勝爲贅其侯。」索隱按表贅其在臨淮〔七〕。

【一一】正義括地志云：「故呂城在鄧州南陽縣西三十里，呂尚先祖封。」

【一二】集解徐廣曰：「中邑侯朱通、山都侯王恬開、松茲侯徐厲、滕侯呂更始、醴陵侯越。」

宣平侯女爲孝惠皇后時，無子，詳爲有身，取美人子名之，【一】殺其母，立所名子爲太子。孝惠崩，太子立爲帝。帝壯，或聞其母死，非真皇后子，迺出言曰：「后安能殺吾母而名我？我未壯，壯即爲變。」太后聞而患之，恐其爲亂，迺幽之永巷中，言帝病甚，左右莫得見。太后曰：「凡有天下治爲萬民命【二】者，蓋之如天，容之如地，上有歡心以安百姓，百姓欣然以事其上，驩欣交通而天下治。今皇帝病久不已，迺失惑惛亂，不能繼嗣奉宗廟祭祀，不可屬天下，其代之。」羣臣皆頓首言：「皇太后爲天下齊民計所以安宗廟社稷甚深，羣臣頓首奉詔。」帝廢位，太后幽殺之。五月丙辰，立常山王義爲帝，更名曰弘。不稱元年者，以太后制天下事也。以軹侯朝爲常山王。置太尉官，絳侯勃爲太尉。五年八月，淮陽王薨〔八〕，以弟壺關侯武爲淮陽王。六年十月，太后曰呂王嘉居處驕恣，廢之，以肅王台弟呂產爲呂王。夏，赦天下。封齊悼惠王子興居爲東牟侯。【三】

【一】正義劉伯莊云：「諸美人元幸呂氏，懷身而入宮生子。」

【二】集解徐廣曰：「一無此字。」

【三】索隱韋昭云：「東萊縣。」

七年正月，太后召趙王友。友以諸呂女爲后，弗愛，愛他姬，諸呂女妒，怒去，讒之於太后，誣以罪過，曰「呂氏安得王！太后百歲後，吾必擊之」。太后怒，以故召趙王。趙王至，置邸不見，令衞圍守之，弗與食。其羣臣或竊饋，輒捕論之。趙王餓，乃歌曰：「諸呂用事兮劉氏危，迫脅王侯兮彊授我妃。我妃既妒兮誣我以惡，讒女亂國兮上曾不寤。我無忠臣兮何故弃國？自決中野兮蒼天舉直！【一】于嗟不可悔兮寧蚤自財。爲王而餓死兮誰者憐之！呂氏絶理兮託天報仇。」丁丑，趙王幽死，以民禮葬之長安民冢次。

【一】集解徐廣曰：「舉，一作『與』。」

己丑，日食，晝晦。太后惡之，心不樂，乃謂左右曰：「此爲我也。」

二月，徙梁王恢爲趙王。呂王產徙爲梁王，梁王不之國，爲帝太傅。立皇子昌平侯太爲呂王〔九〕。更名梁曰呂，呂曰濟川。太后女弟呂嬃【一】有女爲營陵侯劉澤妻，澤爲大將軍。太后王諸呂，恐即崩後劉將軍爲害，迺以劉澤爲琅邪王，以慰其心。

【一】索隱韋昭云：「樊噲妻，封林光侯。」

梁王恢之徙王趙，心懷不樂。太后以呂產女爲趙王后。王后從官皆諸呂，擅權，微伺趙王，趙王不得自恣。王有所愛姬，王后使人酖殺之。王乃爲歌詩四章，令樂人歌之。王悲，六月即自殺。太后聞之，以爲王用婦人弃宗廟禮，廢其嗣。

宣平侯張敖卒，以子偃爲魯王，敖賜謚爲魯元王。

秋，太后使使告代王，欲徙王趙。代王謝，願守代邊。

太傅產、丞相平等言，武信侯呂禄【一】上侯，位次第一，【二】請立爲趙王。太后許之，追尊禄父康侯爲趙昭王。九月，燕靈王建薨，有美人子，太后使人殺之，無後，國除。八年十月，立吕肅王子東平侯吕通爲燕王，封通弟吕莊爲東平侯。

【一】集解徐廣曰：「吕后兄子也。前封胡陵侯，蓋號曰武信。」

【二】集解如淳曰：「功大者位在上，功臣侯表有第一、第二之次也。」

三月中，吕后祓，還【一】過軹道，見物如蒼犬，據【二】高后掖，忽弗復見。卜之，云趙王如意爲祟。高后遂病掖傷。

【一】正義祓，芳弗反，又音廢。後同。

【二】集解徐廣曰：「音戟。」

高后爲外孫魯元王偃年少，蚤失父母，孤弱，迺封張敖前姬兩子，侈爲新都侯，壽爲樂昌侯，【一】以輔魯元王偃。及封中大謁者張釋爲建陵侯，【二】吕榮爲祝茲侯。【三】諸中宦者令丞皆爲關内侯〔一〇〕，食邑五百户。【四】

【一】集解徐廣曰：「食細陽之池陽鄉。」

【二】集解徐廣曰：「一云張釋卿。」駰案：如淳曰「百官表『謁者掌賓贊受事』。灌嬰爲中謁者。後常以奄人爲之，諸官加『中』者多奄人也」。

【三】集解徐廣曰：「吕后昆弟子。」

【四】集解如淳曰：「列侯出關就國，關内侯但爵其身，有加異者，與關内之邑，食其租税也。風俗通義曰『秦時六國未平，將帥皆家關中，故稱關内侯』。」

七月中，高后病甚，迺令趙王呂禄爲上將軍，軍北軍〔一〕；呂王産居南軍。呂太后誡産、禄曰：「高帝已定天下，與大臣約，曰『非劉氏王者，天下共擊之』。今呂氏王，大臣弗平。我即崩，帝年少，大臣恐爲變。必據兵衛宫，慎毋送喪，毋爲人所制。」辛巳，高后崩，遺詔賜諸侯王各千金，〔二〕將相列侯郎吏皆以秩賜金。大赦天下。以呂王産爲相國，以呂禄女爲帝后。

【二】集解蔡邕曰：「皇子封爲王者，其實古諸侯也。加號稱王，故謂之諸侯王。王子弟封爲侯者，謂之諸侯。」

高后已葬，〔一〕以左丞相審食其爲帝太傅。

【一】集解皇甫謐曰：「合葬長陵。」皇覽曰：「高帝、呂后，山各一所也。」

朱虚侯劉章有氣力，東牟侯興居其弟也，皆齊哀王弟，居長安。當是時，諸呂用事擅權，欲爲亂，畏高帝故大臣絳、灌等，未敢發。朱虚侯婦，呂禄女，陰知其謀。恐見誅，迺陰令人告其兄齊王，欲令發兵西，誅諸呂而立。朱虚侯欲從中與大臣爲應。齊王欲發兵，其相弗聽。八月丙午，齊王欲使人誅相，相召平迺反，舉兵欲圍王，王因殺其相，遂發兵東，詐奪琅邪王兵，并將之而西。語在齊王語中。

齊王迺遺諸侯王書曰：「高帝平定天下，王諸子弟，悼惠王王齊。悼惠王薨，孝惠帝使留侯良立臣爲齊王。孝惠崩，高后用事，春秋高，聽諸呂，擅廢帝更立，又比殺三趙王，【一】滅梁、趙、燕以王諸呂，分齊爲四。忠臣進諫，上惑亂弗聽。今高后崩，而帝春秋富，未能治天下，固恃大臣諸侯。而諸呂又擅自尊官，聚兵嚴威，劫列侯忠臣，矯制以令天下，宗廟所以危。寡人率兵入誅不當爲王者。」漢聞之，相國呂產等迺遣潁陰侯灌嬰將兵擊之。灌嬰至滎陽，迺謀曰：「諸呂擁兵關中【二】，欲危劉氏而自立。今我破齊還報，此益呂氏之資也。」迺留屯滎陽，使使諭齊王及諸侯，與連和，以待呂氏變，共誅之。齊王聞之，迺還兵西界待約。

【一】索隱比音如字。比猶頻也。趙隱王如意、趙幽王友、趙王恢，是三趙王也。

呂祿、呂產欲發亂關中，內憚絳侯、朱虛等，外畏齊、楚兵，又恐灌嬰畔之，欲待灌嬰兵與齊合而發，猶豫未決。【一】當是時，濟川王太、淮陽王武、常山王朝名爲少帝弟，及魯元王呂后外孫，皆年少未之國，居長安。趙王祿、梁王產各將兵居南北軍，皆呂氏之人。列侯羣臣莫自堅其命。

【一】索隱 猶，鄒音以獸反。與音預，又作「豫」。崔浩云「猶，蝯類也。卬鼻，長尾，性多疑」。又說文云猶，獸名，多疑，故比之也。按：狐性亦多疑，度冰而聽水聲，故云「狐疑」也。今解者又引老子「與兮若冬涉川，猶兮若畏四鄰」，故以爲「猶與」是常語。且按狐聽冰，而此云「若冬涉川」，則與是狐類不疑。「猶兮若畏四鄰」，則猶定是獸，自不保同類，故云「畏四鄰」也。

太尉絳侯勃不得入軍中主兵。曲周侯酈商老病，其子寄與呂禄善。絳侯迺與丞相陳平謀，使人劫酈商，令其子寄往紿説呂禄曰：「高帝與呂后共定天下，劉氏所立九王，【一】呂氏所立三王，【二】皆大臣之議，事已布告諸侯，諸侯皆以爲宜。今太后崩，帝少，而足下佩趙王印，不急之國守藩，迺爲上將，將兵留此，爲大臣諸侯所疑。足下何不歸將印，以兵屬太尉，請梁王歸相國印，與大臣盟而之國？齊兵必罷，大臣得安，足下高枕而王千里，此萬世之利也。」呂禄信然其計，欲歸將印，以兵屬太尉。使人報呂産及諸呂老人，或以爲便，或曰不便，計猶豫未有所決。呂禄信酈寄，時與出游獵。過其姑呂嬃，嬃大怒，曰：「若爲將而弃軍，呂氏今無處矣。」【三】迺悉出珠玉寶器散堂下，曰：「毋爲他人守也。」

【一】索隱 吴、楚、齊、淮南、琅邪、代、常山王朝、淮陽王武、濟川王太，是九也。

【二】索隱 梁王産、趙王禄、燕王通也。

【三】索隱顔師古以爲言見誅滅，無處所也。

左丞相食其免。

八月庚申旦，平陽侯窋行御史大夫事，見相國産計事。郎中令賈壽使從齊來，因數産曰：「王不蚤之國，今雖欲行，尚可得邪？」具以灌嬰與齊楚合從欲誅諸吕告産，迺趣産急入宫。平陽侯頗聞其語，迺馳告丞相、太尉。太尉欲入北軍，不得入。襄平侯通尚符節，【一】迺令持節矯内太尉北軍。太尉復令酈寄與典客劉揭【二】先説吕禄曰：「帝使太尉守北軍，欲足下之國，急歸將印辭去，不然，禍且起。」吕禄以爲酈兄【三】不欺己，遂解印屬典客，而以兵授太尉。太尉將之入軍門，行令軍中曰：「爲吕氏右襢，爲劉氏左襢。」軍中皆左襢爲劉氏。太尉行至，將軍吕禄亦已解上將印去，太尉遂將北軍。

【一】集解徐廣曰：「姓紀。」張晏曰：「紀信子也。尚，主也。今符節令。」索隱張晏云：「紀信子。」又晉灼云：「信被焚死〔一三〕，不見有後。」按功臣表襄平侯紀通，父成以將軍定三秦，死事，子侯。則通非信子，張説誤矣。

【二】集解漢書百官表曰：「典客，秦官也，掌諸侯、歸義蠻夷也。」

【三】集解徐廣曰：「音況，字也。名寄。」

然尚有南軍。平陽侯聞之，以吕産謀告丞相平，丞相平迺召朱虚侯佐太尉。太尉令朱虛侯監軍門。令平陽侯告衞尉：「毋入相國産殿門。」呂産不知呂禄已去北軍，迺入未央宮，欲爲亂，殿門弗得入，裴回往來。平陽侯恐弗勝，馳語太尉。太尉尚恐不勝諸呂，未敢訟言誅之，【一】迺遣朱虛侯謂曰：「急入宮衞帝。」朱虛侯請卒，太尉予卒千餘人。入未央宮門，遂見産廷中。日餔時，遂擊産。産走。天風大起，以故其從官亂，莫敢鬭。逐産，殺之郎中府吏廁中。【二】

【一】集解徐廣曰：「訟，一作『公』。」駰按：韋昭曰「訟猶公也」。索隱按：韋昭以訟爲公，徐廣又云一作「公」，蓋公爲得。然公言猶明言也。又解者云訟，誦説也。

【二】集解如淳曰：「百官表郎中令掌宮殿門户，故其府在宮中，後轉爲光禄勳也。」

朱虛侯已殺産，帝命謁者持節勞朱虛侯。朱虛侯欲奪節信，謁者不肯，朱虛侯則從與載，因節信馳走，斬長樂衞尉呂更始。還，馳入北軍，報太尉。太尉起，拜賀朱虛侯曰：「所患獨呂産，今已誅，天下定矣。」遂遣人分部悉捕諸呂男女，無少長皆斬之。辛酉，捕斬呂禄，而笞殺呂嬃。使人誅燕王呂通，而廢魯王偃。壬戌，以帝太傅食其復爲左丞相。戊辰，徙濟川王王梁，立趙幽王子遂爲趙王。遣朱虛侯章以誅諸呂氏事告齊王，令罷兵。灌嬰兵亦罷滎陽而歸。

諸大臣相與陰謀曰：「少帝及梁、淮陽、常山王，皆非真孝惠子也。呂后以計詐名他人子，殺其母，養後宮，令孝惠子之，立以爲後及諸王，以彊呂氏。今皆已夷滅諸呂，而置所立，即長用事，吾屬無類矣。不如視諸王最賢者立之。」或言「齊悼惠王高帝長子，今其適子爲齊王，推本言之，高帝適長孫，可立也」。大臣皆曰：「呂氏以外家惡而幾危宗廟，亂功臣。今齊王母家駟鈞，惡人也〔一四〕，即立齊王，則復爲呂氏。」欲立淮南王，以爲少，母家又惡。迺曰：「代王方今高帝見子最長，仁孝寬厚。太后家薄氏謹良。且立長故順，以仁孝聞於天下，便。」迺相與共陰使人召代王。代王使人辭謝。再反，然後乘六乘傳。〔一〕後九月〔二〕晦日己酉，至長安，舍代邸。大臣皆往謁，奉天子璽上代王，共尊立爲天子。代王數讓，羣臣固請，然後聽。

〔一〕集解張晏曰：「備漢朝有變，欲馳還也。或曰傳車六乘。」

〔二〕集解文穎曰：「即閏九月也。時律曆廢，不知閏，謂之『後九月』也。以十月爲歲首，至九月則歲終，後九月則閏月〔一五〕。」

東牟侯興居曰：「誅呂氏吾無功，請得除宮。」迺與太僕汝陰侯滕公入宮，前謂少帝曰：「足下非劉氏，不當立。」乃顧麾左右執戟者掊兵罷去。〔一〕有數人不肯去兵，宦者令張澤諭告，亦去兵。滕公迺召乘輿車載少帝出。〔二〕少帝曰：「欲將我安之乎？」滕公曰：「出就舍。」舍少府。迺奉天子法駕，【三】迎代王於邸。報曰：「宮謹除。」代王即夕入未央宮。有謁者十人持戟衛端門，曰：「天子在也，足下何爲者而入？」代王迺謂太尉。太尉往諭，謁者十人皆掊兵而去。代王遂入而聽政。夜，有司分部誅滅梁、淮陽、常山王及少帝於邸。

【一】集解徐廣曰：「掊音仆。」

【二】集解蔡邕曰：「律曰『敢盜乘輿服御物』。天子至尊，不敢渫瀆言之，故託於乘輿也。乘猶載也，輿猶車也。天子以天下爲家，不以京師宮室爲常處，則當乘車輿以行天下，故羣臣託乘輿以言之也，故或謂之『車駕』。」

【三】集解蔡邕曰：「天子有大駕、小駕、法駕。法駕上所乘，曰金根車，駕六馬，有五時副車，皆駕四馬，侍中參乘，屬車三十六乘。」

代王立爲天子。二十三年崩，謚爲孝文皇帝〔一六〕。

太史公曰：孝惠皇帝、高后之時，黎民得離戰國之苦，君臣俱欲休息乎無爲，故惠帝垂拱，高后女主稱制，政不出房户，天下晏然。刑罰罕用，罪人是希。民務稼穡，衣食滋殖。

【索隱述贊】高祖猶微，呂氏作妃。及正軒掖，潛用福威〔一七〕。志懷安忍，性挾猜疑。置鴆齊悼，殘彘戚姬。孝惠崩殞，其哭不悲。諸呂用事，天下示私。大臣葅醢，支孽芟夷。禍盈斯驗，蒼狗爲菑。

校勘記

〔一〕此條索隱原無，據耿本、黄本、彭本、索隱本、柯本、凌本、殿本、會注本補。

〔二〕徐廣曰名澤高祖八年卒謚令武侯　索隱本此下有索隱「令武令音齡」。參見下條。

〔三〕索隱本此注在「長兄周呂侯」集解之下，爲注集解之文，後人移於此，不合索隱體例。

〔四〕諸侯王女曰翁主　「翁主」，原作「公主」，據毛利本、景祐本、紹興本改。按：漢書卷一下高帝紀下「女子公主」顔師古注引如淳作「翁主」，師古曰：「天子不親主婚，故謂之公主。諸王即自主婚，故其女曰翁主。翁者，父也，言父主其婚也。」

〔五〕蘇林　毛利本作「王楙」。按：漢書卷一下高帝紀下「女子公主」顔師古注：「臣瓚、王楙或云公者比於上爵，或云主者婦人尊稱，皆失之。」

〔六〕本漢博城縣城　上「城」字疑衍。按：唐博城縣，本漢之博縣。參見元和志卷一〇河南道六兗州乾封縣。漢書卷二八上地理志上、後漢書志第二十一郡國志三博縣皆屬泰山郡。

〔七〕按表贅其在臨淮　原作「按表作臨淮也」，據耿本、黄本、彭本、柯本、淩本、殿本改。按：本書卷一九惠景閒侯者年表「贅其」索隱：「縣名，屬臨淮。」

〔八〕淮陽王薨　毛利本作「淮陽懷王薨」。本書卷一七漢興以來諸侯王年表淮陽懷王名强。

〔九〕昌平侯太　「昌平」，原作「平昌」，據毛利本改。按：本書卷一九惠景閒侯者年表云太封昌平侯，索隱：「縣名，屬上谷。」漢書卷一八外戚恩澤侯表亦作「昌平」。漢書卷二八下地理志下上谷郡有「昌平」，無「平昌」。

〔一〇〕諸中宦者令丞皆爲關内侯　漢書卷三高后紀「中」下有「官」字。顔師古注：「諸中官，凡閹人給事於中者皆是也。宦者令丞，宦者署之令丞。」

〔一一〕軍北軍　張文虎札記卷一：「上『軍』字當作『居』，漢書正作『居北軍』，通鑑同。」

〔一二〕諸吕擁兵關中　「擁」，原作「權」，據毛利本改。按：通鑑卷一三漢紀五高后八年亦作「擁」。

〔一三〕信被焚死　「焚」，原作「楚燒」，耿本、黄本、彭本、柯本、淩本、殿本作「焚」，毛利本眉批索隱同，今據改。按：漢書卷三高后紀「襄平侯紀通尚符節」顔師古注引晉灼作「紀信焚死」，通鑑卷一三漢紀五高后八年胡三省注引同。

〔一四〕今齊王母家駟鈞惡人也　「駟鈞」二字原重，據毛利本删。按：本書卷五二齊悼惠王世家：「齊王母家駟鈞，惡戾，虎而冠者也。」又云：「代王母家薄氏，君子長者。」文例皆相類。

〔一五〕以十月爲歲首至九月則歲終後九月則閏月　此上疑脱「如淳曰時因秦」六字。按：漢書卷一上高帝紀上「後九月」顔師古注：「文穎曰：『即閏九月也。時律曆廢，不知閏，謂之後九月。』如淳曰：『時因秦以十月爲歲首，至九月則歲終。後九月即閏月。』」

〔一六〕二十三年崩謚爲孝文皇帝　張文虎札記卷一：「此後人妄增。」

〔一七〕潛用福威　黄本、彭本、索隱本、殿本作「尚私食其」。

史記卷十

孝文本紀第十

孝文皇帝，〔一〕高祖中子也。高祖十一年春，已破陳豨軍，定代地，立爲代王，都中都。〔二〕太后薄氏子。即位十七年，高后八年七月，高后崩。九月，諸呂呂産等欲爲亂，以危劉氏，大臣共誅之，謀召立代王，事在呂后語中。

〔一〕集解漢書音義曰：「諱恒。」

〔二〕正義括地志云：「中都故城在汾州平遥縣西南十二里〔一〕，秦屬太原郡也。」

丞相陳平、太尉周勃等使人迎代王。代王問左右郎中令張武等。張武等議曰：「漢大臣皆故高帝時大將，習兵，多謀詐，此其屬意非止此也，特畏高帝、呂太后威耳。今已誅諸呂，新啑血〔一〕京師，〔二〕此以迎大王爲名，實不可信。願大王稱疾毋往，以觀其變。」中尉宋昌進曰：〔三〕「羣臣之議皆非也。夫秦失其政，諸侯豪桀並起，人人自以爲得之者以萬數，然卒踐天子之位者，劉氏也，天下絶望，一矣。高帝封王子弟，地犬牙相制，【四】此所謂盤石之宗也，【五】天下服其彊，二矣。漢興，除秦苛政，約法令，施德惠，人人自安，難動搖，三矣。夫以呂太后之嚴，立諸呂爲三王，擅權專制，然而太尉以一節入北軍，【六】一呼士皆左袒，爲劉氏，叛諸呂，卒以滅之。此乃天授，非人力也。今大臣雖欲爲變，百姓弗爲使，其黨寧能專一邪？方今内有朱虚、東牟之親，外畏吴、楚、淮南、琅邪、齊、代之彊。方今高帝子獨淮南王與大王，大王又長，賢聖仁孝，聞於天下，故大臣因天下之心而欲迎立大王，大王勿疑也。」代王報太后計之，猶與未定。卜之龜，卦兆得大横。【七】占曰：「大横庚庚，余爲天王，夏啓以光。」【八】代王曰：「寡人固已爲王矣，又何王？」卜人曰：「所謂天王者乃天子。」於是代王乃遣太后弟薄昭往見絳侯，絳侯等具爲昭言所以迎立王意。薄昭還報曰：「信矣，毋可疑者。」代王乃笑謂宋昌曰：「果如公言。」乃命宋昌參乘，張武等六人乘六乘傳詣長安〔一〕。至高陵休止，【九】而使宋昌先馳之長安觀變。

【一】索隱 啑，漢書作「喋」，音跕，丁牒反。漢書陳湯、杜業皆言「喋血」，無盟歃事。廣雅云「蹀，履也」，謂履涉之。

【二】集解 公羊傳曰：「京，大；師，衆也。天子之居，必以衆大之辭言也。」

【三】索隱 東觀漢記宋楊傳宋義後有宋昌。又會稽典録昌，宋義孫也。

【四】索隱言封子弟境土交接，若犬之牙不正相當而相銜入也。

【五】索隱言其固如盤石。此語見太公六韜也。

【六】索隱即紀通所矯帝之節。

【七】集解應劭曰：「以荆灼龜，文正横。」

【八】集解服虔曰：「庚庚，横貌也。」李奇曰：「庚庚，其繇文也。」張晏曰：「横謂無思不服〔三〕。庚，更也。言去諸侯而即帝位也。先是五帝官天下，老則禪賢，至啓始傳父爵〔四〕，乃能光治先君之基業〔五〕。文帝亦襲父迹，言似夏啓者也。」索隱荀悦云：「大横，龜兆横理也。」按：庚庚猶「更更」，言以諸侯更帝位也。荀悦云「繇，抽也，所以抽出吉凶之情也」。杜預云「繇，兆辭也」。音胄也。注「五帝官天下」〔六〕。按：漢書蓋寬饒云「五帝官天下，三王家天下，官以傳賢人，家以傳子孫」。官猶公也，謂不私也。

【九】正義括地志云：「高陵故城在雍州高陵縣西南一里，本名横橋，架渭水上。三輔舊事云秦於渭南有興樂宮，渭北有咸陽宮。秦昭王欲通二宮之間，造横橋，長三百八十步，橋北壘石水中〔七〕，舊有忖留神象。此神曾與魯班語，班令其出，留曰『我貌醜，卿善圖物容，不出』。班於是拱手與語曰『出頭見我』。留乃出首。班以脚畫地，忖留覺之，便没水。故置其像於水上〔八〕，唯有腰以上。魏太祖馬見而驚，命移下之。」

昌至渭橋，【一〇】丞相以下皆迎。宋昌還報。代王馳至渭橋，羣臣拜謁稱臣。代王下車拜。太尉勃進曰：「願請閒言。」【二】宋昌曰：「所言公，公言之。所言私，王者不受私。」太尉乃跪上天子璽符。代王謝曰：「至代邸而議之。」【三】遂馳入代邸。羣臣從至。丞相陳平、太尉周勃、大將軍陳武、御史大夫張蒼、宗正劉郢、【四】朱虛侯劉章、東牟侯劉興居、典客劉揭皆再拜言曰：「子弘等皆非孝惠帝子，不當奉宗廟。臣謹請陰安侯〔九〕【五】列侯頃王后〔一〇〕【六】與琅邪王〔一一〕、宗室、大臣、列侯、吏二千石議曰：『大王高帝長子，宜爲高帝嗣。』願大王即天子位。」代王曰：「奉高帝宗廟，重事也。寡人不佞，不足以稱宗廟。願請楚王計宜者，【七】寡人不敢當。」羣臣皆伏固請。代王西鄉讓者三，南鄉讓者再。【八】丞相平等皆曰：「臣伏計之，大王奉高帝宗廟最宜稱，雖天下諸侯萬民以爲宜。臣等爲宗廟社稷計，不敢忽。願大王幸聽臣等。臣謹奉天子璽符再拜上。」代王曰：「宗室將相王列侯以爲莫宜寡人，寡人不敢辭。」遂即天子位。

【一】集解蘇林曰：「在長安北三里。」索隱三輔故事：「咸陽宮在渭北，興樂宮在渭南，秦昭王通兩宮之閒，作渭橋，長三百八十步。」又關中記云石柱以北屬扶風，石柱以南屬京兆也。

【二】索隱包愷音閑，言欲向空閒處語。顏師古云：「閒，容也，猶言中閒。請容暇之頃，當有所陳，不欲即公論也〔一二〕。」

【三】索隱說文：「邸，屬國舍。」

【四】集解漢書百官表曰：「宗正，秦官。」應劭曰：「周成王時，彤伯入爲宗正。」

【五】集解蘇林曰：「高帝兄伯妻羹頡侯信母，丘嫂也。」

【六】集解徐廣曰：「代頃王劉仲之妻。」駰按：蘇林曰「仲子濞爲吴王，故追謚爲頃王」也。如淳曰：「頃王后封陰安侯，時吕嬃爲林光侯，蕭何夫人亦爲酇侯。又宗室表此時無陰安侯〔一三〕，知其爲頃王后也。」索隱按：蘇林、徐廣、韋昭以爲二人封號，而樂産引如淳〔一四〕，以頃王后别封陰安侯，與漢祠令相會。今以陰安是别人封爵，非也。頃王后是代王后，文帝之伯母。代王降爲郃陽侯，故云「列侯頃王后」。韋昭曰「陰安屬魏郡」也。

【七】集解蘇林曰：「楚王名交，高帝弟。」索隱楚王交，高帝弟，最尊。言更請楚王計宜者，故下云「皆爲宜」也。

【八】集解如淳曰：「讓羣臣也。或曰賓主位東西面，君臣位南北面，故西向坐，三讓不受，羣臣猶稱宜，乃更迴坐〔一五〕，示變即君位之漸也。」

羣臣以禮次侍。乃使太僕嬰與東牟侯興居清宮，【一】奉天子法駕，【二】迎于代邸。皇帝即日夕入未央宮。乃夜拜宋昌爲衞將軍，鎮撫南北軍。以張武爲郎中令，行殿中。還坐前殿。於是夜下詔書曰：「閒者諸吕用事擅權，謀爲大逆，欲以危劉氏宗廟，賴將相列侯宗室大臣誅之，皆伏其辜。朕初即位，其赦天下，賜民爵一級，女子百户牛酒，【三】酺五

日。」【四】

【一】集解應劭曰：「舊典，天子行幸，所至必遣靜宮令先案行清靜殿中〔一六〕，以虞非常。」索隱按：漢儀云「皇帝起居，索室清宮而後行」。

【二】索隱漢官儀云：「天子鹵簿有大駕、法駕〔一七〕。大駕公卿奉引，大將軍參乘，屬車八十一乘。法駕公卿不在鹵簿中，惟京兆尹、執金吾、長安令奉引，侍中參乘，屬車三十六乘也。」

【三】集解蘇林曰：「男賜爵，女子賜牛酒。」索隱按：封禪書云「百戶牛一頭，酒十石」。樂產云「婦人無夫或無子不霑爵，故賜之也」。

【四】集解文穎曰：「漢律三人已上無故羣飲，罰金四兩。今詔橫賜得令會聚飲食五日。」索隱說文云「酺，王者布德，大飲酒也」。出錢爲醵，出食爲酺。又按：趙武靈王滅中山，酺五日，是其所起也〔一八〕。

孝文皇帝元年十月庚戌，徙立故琅邪王澤爲燕王。

辛亥，皇帝即阼，【一】謁高廟。右丞相平徙爲左丞相，【二】太尉勃爲右丞相，大將軍灌嬰爲太尉。諸呂所奪齊楚故地，皆復與之。

【一】正義主人階也。

【二】正義此時尚右。

壬子，遣車騎將軍薄昭迎皇太后于代。皇帝曰：「呂產自置爲相國，呂祿爲上將軍，擅矯遣灌將軍嬰將兵擊齊，欲代劉氏，嬰留滎陽弗擊，與諸侯合謀以誅呂氏。呂產欲爲不善，丞相陳平與太尉周勃謀奪呂產等軍。朱虛侯劉章首先捕呂產等。太尉身率襄平侯通持節承詔入北軍。典客劉揭身奪趙王呂祿印。益封太尉勃萬户，賜金五千斤。丞相陳平、灌將軍嬰邑各三千户，金二千斤。朱虛侯劉章、襄平侯通、東牟侯劉興居邑各二千户，金千斤。【一】封典客揭爲陽信侯，【二】賜金千斤。」

【一】集解徐廣曰：「十一月辛丑。」

【二】索隱韋昭云勃海縣。正義括地志云：「陽信故城在滄州無棣縣東南三十里，漢陽信縣。」

十二月，上曰：「法者，治之正也，所以禁暴而率善人也。今犯法已論，而使毋罪之父母妻子同產坐之，及爲收帑，朕甚不取。其議之。」有司皆曰：「民不能自治，故爲法以禁之。相坐坐收，所以累其心，使重犯法，所從來遠矣。如故便。」上曰：「朕聞法正則民慤，罪當則民從。且夫牧民而導之善者，吏也。其既不能導，又以不正之法罪之，是反害於民爲暴者也。何以禁之？朕未見其便，其孰計之。」有司皆曰：「陛下加大惠，德甚盛，非臣等所及也。請奉詔書，除收帑諸相坐律令。」【一】

【一】集解應劭曰：「帑，子也。秦法一人有罪，并坐其家室。今除此律。」

正月，有司言曰：「蚤建太子，所以尊宗廟。請立太子。」上曰：「朕既不德，上帝神明未歆享，天下人民未有嗛志。【一】今縱不能博求天下賢聖有德之人而禪天下焉，而曰豫建太子，是重吾不德也。謂天下何？【二】其安之。」【三】有司曰：「豫建太子，所以重宗廟社稷，不忘天下也。」上曰：「楚王，季父也，春秋高，閱天下之義理多矣，【四】明於國家之大體。吳王於朕，兄也，惠仁以好德。淮南王，弟也，秉德以陪朕。【五】豈爲不豫哉！諸侯王宗室昆弟有功臣，多賢及有德義者，若舉有德以陪朕之不能終，是社稷之靈，天下之福也。今不選舉焉，而曰必子，人其以朕爲忘賢有德者而專於子，非所以憂天下也。朕甚不取也。」有司皆固請曰：「古者殷周有國，治安皆千餘歲，古之有天下者莫長焉，用此道也。【六】立嗣必子，所從來遠矣。高帝親率士大夫，始平天下，建諸侯，爲帝者太祖。諸侯王及列侯始受國者皆亦爲其國祖。子孫繼嗣，世世弗絕，天下之大義也，故高帝設之以撫海内。今釋宜建而更選於諸侯及宗室，非高帝之志也。更議不宜。【七】子某最長，純厚慈仁，請建以爲太子。」上乃許之。因賜天下民當代父後者爵各一級。【八】封將軍薄昭爲軹侯。【九】

【一】索隱按：嗛者，滿之意也〔一九〕。未有嗛志，言天下皆志不滿也。漢書作「慊志」，安也。

【二】索隱言何以謂於天下也。

【三】索隱其，發聲也。安者，徐也。言徐徐且待也。

【四】集解如淳曰：「閱，猶言多所更歷也。」

【五】集解文穎曰：「陪，輔也。」

【六】索隱言古之有天下者，無長於立子，故云「莫長焉」。用此道者，用殷周立子之道，故安治千有餘歲也。

【七】索隱言不宜更別議也。

【八】集解韋昭曰：「文帝以立子爲後，不欲獨饗其福，故賜天下爲父後者爵。」

【九】集解徐廣曰：「正月乙巳也。」

三月，有司請立皇后。薄太后曰：「諸侯皆同姓，立太子母爲皇后。」【一】皇后姓竇氏。上爲立后故，賜天下鰥寡孤獨窮困及年八十已上、孤兒九歲已下布帛米肉各有數。上從代來，初即位，施德惠天下，填撫諸侯四夷皆洽驩，乃循從代來功臣〔二〇〕。上曰：「方大臣之誅諸呂迎朕，朕狐疑，皆止朕，唯中尉宋昌勸朕，朕以得保奉宗廟。已尊昌爲衞將軍，其封昌爲壯武侯。【二】諸從朕六人，官皆至九卿。」【三】

【一】索隱謂帝之子爲諸侯王，皆同姓。姓，生也。言皆同母生，故立太子母也。

【二】集解徐廣曰：「四月辛亥封，封三十四年，景帝中四年奪侯，國除。」索隱韋昭云膠東縣。

【正義】括地志云：「壯武故城在萊州即墨縣西六十里，古萊夷國，有漢壯武縣故城。」

【三】【正義】漢置九卿，一曰太常，二曰光禄，三曰衞尉，四曰太僕，五曰廷尉，六曰大鴻臚，七曰宗正，八曰大司農，九曰少府，是爲九卿也。

上曰：「列侯從高帝入蜀、漢中者六十八人皆益封各三百户，故吏二千石以上從高帝潁川守尊等十人食邑六百户，淮陽守申徒嘉等十人五百户，衞尉定等十人四百户〔三〕。封淮南王舅父趙兼爲周陽侯，【一】齊王舅父駟鈞爲清郭侯。」【二】秋，封故常山丞相蔡兼爲樊侯。【三】

【一】【正義】括地志云：「周陽故城在絳州聞喜縣東二十九里。」

【二】【集解】如淳曰：「邑名，六國時齊有清郭君。清音靜。」【索隱】按表，駟鈞封鄔侯。不同者，蓋後徙封於鄔。鄔屬鉅鹿郡。

【三】【索隱】韋昭云：「樊，東平之縣。」【正義】括地志云：「漢樊縣城在兗州瑕丘西南二十五里。地理志云樊縣古樊國，仲山甫所封。」

人或説右丞相曰：「君本誅諸吕，迎代王，今又矜其功，受上賞，處尊位，禍且及身。」右丞相勃乃謝病免罷，左丞相平專爲丞相。【一】

【一】【集解】徐廣曰：「八月中。」

二年十月，丞相平卒，復以絳侯勃爲丞相。上曰：「朕聞古者諸侯建國千餘〔三二〕，各守其地，以時入貢，民不勞苦，上下驩欣，靡有遺德〔三三〕。今列侯多居長安，邑遠，吏卒給輸費苦，而列侯亦無由教馴其民。【一】其令列侯之國，爲吏及詔所止者，遣太子。」【二】

【一】正義 馴，古「訓」字。

【二】集解 張晏曰：「爲吏，謂以卿大夫爲兼官者。詔所止，特以恩愛見留者。」

十一月晦，日有食之。【一】十二月望，日又食。【二】上曰：「朕聞之，天生蒸民，爲之置君以養治之。人主不德，布政不均，則天示之以菑，以誡不治。乃十一月晦，日有食之，適見于天，菑孰大焉！朕獲保宗廟，以微眇之身託于兆民君王之上，天下治亂，在朕一人，唯二三執政猶吾股肱也。朕下不能理育羣生，上以累三光之明，其不德大矣。令至，其悉思朕之過失，及知見思之所不及，匄以告朕。及舉賢良方正能直言極諫者，以匡朕之不逮。因各飭其任職，務省繇費以便民。朕既不能遠德，故憪然念外人之有非，【三】是以設備未息。今縱不能罷邊屯戍，而又飭兵厚衞，其罷衞將軍軍。太僕見馬遺財足，【四】餘皆以給傳置〔三四〕。」【五】

【一】正義 按：說文云日蝕則朔，月蝕則望。而云晦日食之，恐曆錯誤。

【二】集解徐廣曰：「此云望日又食。按：漢書及五行志無此日食文也。一本作『月食』，然史書不紀月食。」

【三】集解漢書音義曰：「憪然猶介然也。非，姦非也。」索隱蘇林云「憪，寢視不安之貌」，蓋近其意。餘説皆疏。憪音下板反。

【四】索隱遺猶留也。財，古字與「纔」同。言太僕見在之馬，今留纔足充事而已也。

【五】索隱按：廣雅云「置，驛也」。續漢書云「驛馬三十里一置」。故樂產亦云傳置一也。言乘傳者以傳次受名，乘置者以馬取匹。傳音丁戀反。如淳云「律，四馬高足爲傳置，四馬中足爲馳置，下足爲乘置，一馬二馬爲軺置(二五)，如置急者乘一馬曰乘也」。

正月，上曰：「農，天下之本，其開籍田，【一】朕親率耕，以給宗廟粢盛。」【二】

【一】集解應劭曰：「古者天子耕籍田千畝，爲天下先。籍者，帝王典籍之常。」韋昭曰：「籍，借也。借民力以治之，以奉宗廟，且以勸率天下，使務農也。」瓚曰：「景帝詔曰『朕親耕，后親桑，爲天下先』。本以躬親爲義，不得以假借爲稱也。籍，蹈籍也。」

【二】集解應劭曰：「黍稷曰粢，在器中曰盛。」

三月，有司請立皇子爲諸侯王。上曰：「趙幽王幽死，朕甚憐之，已立其長子遂爲趙王。遂弟辟彊及齊悼惠王子朱虛侯章、東牟侯興居有功，可王。」乃立趙幽王少子辟彊爲河閒王，以齊劇郡立朱虛侯爲城陽王，立東牟侯爲濟北王，皇子武爲代王，子參爲太原王，子揖爲梁王。

上曰：「古之治天下，朝有進善之旌，【一】誹謗之木，【二】所以通治道而來諫者。今法有誹謗妖言之罪，是使衆臣不敢盡情，而上無由聞過失也。將何以來遠方之賢良？其除之。民或祝詛上以相約結而後相謾，【三】吏以爲大逆，其有他言，而吏又以爲誹謗。此細民之愚無知抵死，朕甚不取。自今以來，有犯此者勿聽治。」

【一】集解應劭曰：「旌，幡也。堯設之五達之道，令民進善也。」如淳曰：「欲有進善者，立於旌下言之。」

【二】集解服虔曰：「堯作之，橋梁交午柱頭。」應劭曰：「橋梁邊板，所以書政治之愆失也。至秦去之，今乃復施也。」索隱按：尸子云「堯立誹謗之木」。誹音非，亦音沸。韋昭云「慮政有闕失，使書於木，此堯時然也，後代因以爲飾。今宮外橋梁頭四植木是也」。注「交午柱」〔二六〕。鄭玄注禮云「一縱一橫爲午」，謂以木貫表柱四出，即今之華表。崔浩以爲木貫表柱四出名「桓」，陳楚俗桓聲近和，又云「和表」，則「華」與「和」又相訛耳。

【三】集解漢書音義曰：「民相結共祝詛上也。謾者，而後謾而止之〔二七〕，不畢祝詛也。」索隱韋昭云：「謾，相抵讕也。」說文云：「謾，欺也。」謂初相約共行祝〔二八〕，後相欺誑，中道而止之也。

九月，初與郡國守相爲銅虎符、竹使符。【一】

【一】集解應劭曰：「銅虎符第一至第五，國家當發兵，遣使者至郡合符，符合，乃聽受之。竹使符皆以竹箭五枚，長五寸，鐫刻篆書，第一至第五。」張晏曰：「符以代古之珪璋，從簡易也。」索隱漢舊儀銅虎符發兵，長六寸。竹使符出入徵發。説文云分符而合之。小顔云「右留京師，左與之」。古今注云「銅虎符銀錯書之」。張晏云「銅取其同心也」。

三年十月丁酉晦，日有食之。十一月，上曰：「前日詔遣列侯之國〔二九〕，或辭未行。丞相朕之所重，其爲朕率列侯之國。」絳侯勃免丞相就國，以太尉潁陰侯嬰爲丞相。罷太尉官，屬丞相。四月，城陽王章薨。淮南王長與從者魏敬殺辟陽侯審食其。

五月，匈奴入北地，居河南爲寇。帝初幸甘泉。【一】六月，帝曰：「漢與匈奴約爲昆弟，毋使害邊境，所以輸遺匈奴甚厚。今右賢王離其國，將衆居河南降地，非常故，往來近塞，捕殺吏卒，驅保塞蠻夷，令不得居其故，陵轢邊吏，入盜，甚敖無道，非約也。其發邊吏騎八萬五千詣高奴，遣丞相潁陰侯灌嬰擊匈奴。」匈奴去，發中尉【二】材官屬衛將軍軍長安。

【一】集解蔡邕曰：「天子車駕所至，民臣以爲僥倖，故曰幸。至見令長三老官屬，親臨軒，作樂，賜食帛越巾刀佩帶，民爵有級數，或賜田租之半，故因是謂之幸。」索隱應劭云：「宮名，在雲陽。一名林光。」臣瓚云：「甘泉，山名。林光，秦離宮名。」又顧氏按：邢承宗西征賦注云「甘泉，水名」。今按：蓋因地有甘泉以名山，則山水皆通也。宮名謬爾。

【三】集解漢書百官表曰：「中尉，秦官。」

辛卯，帝自甘泉之高奴，因幸太原，見故羣臣，皆賜之。舉功行賞，諸民里賜牛酒。復晉陽、中都【一】民三歲。留游太原十餘日。

【一】正義故城在汾州平遥縣西南十三里。

濟北王興居聞帝之代，欲往擊胡，乃反，發兵欲襲滎陽。於是詔罷丞相兵，遣棘蒲侯陳武爲大將軍，將十萬往擊之。祁侯賀【一】爲將軍，軍滎陽。七月辛亥，帝自太原至長安。迺詔有司曰：「濟北王背德反上，詿誤吏民，爲大逆。濟北吏民兵未至先自定，及以軍地邑降者，皆赦之，復官爵。與王興居去來，亦赦之。」【二】八月，破濟北軍，虜其王。赦濟北諸吏民與王反者。

【一】集解徐廣曰：「姓繒，以文帝十一年卒，謚曰敬。」索隱漢書音義祁音遲。賀姓繒。繒，古國，夏同姓也。正義括地志云：「并州祁縣城，晉大夫祁奚之邑。」

【二】集解徐廣曰：「乍去乍來也。」駰案：張晏曰「雖始與興居反，今降，赦之」。

六年，有司言淮南王長廢先帝法，不聽天子詔，居處毋度，出入擬於天子，擅爲法令，與棘蒲侯太子奇謀反，遣人使閩越及匈奴，發其兵，欲以危宗廟社稷。羣臣議，皆曰「長當弃市」。帝不忍致法於王，赦其罪，廢勿王。羣臣請處王蜀嚴道、邛都，【一】帝許之。長未到處所，行病死，上憐之。後十六年，追尊淮南王長謚爲厲王，立其子三人爲淮南王、【二】衡山王、【三】廬江王。【四】

【一】集解徐廣曰：「漢書或作『郵』字，或直云『邛僰』。邛都乃本是西南夷，爾時未通，嚴道有邛僰山〔三〇〕。」正義邛，其恭反。括地志云：「嚴道今爲縣，即邛州所理縣也。縣有蠻夷曰道，故曰嚴道。邛都縣本邛都國，漢爲縣，今嶲州也。西南夷傳云『滇池以北君長以十數，邛都最大』是也。」按：羣臣請處淮南王長蜀之嚴道，不爾，更遠邛都西有邛僰山也。邛僰山在雅州榮經縣界。榮經，武德年閒置，本秦嚴道地。華陽國志云：「邛筰山故邛人、筰人界也。山巖峭峻，曲回九折乃至，上下有凝冰。按即王尊登者也〔三一〕。今從九折西南行至嶲州，山多雨少晴，俗呼名爲漏天。」

【二】索隱名安，阜陵侯也。

【三】索隱名勃，安陽侯也。

【四】索隱名賜，周陽侯也。

十三年夏，上曰：「蓋聞天道禍自怨起而福繇德興。百官之非，宜由朕躬。今祕祝之官移過于下，【一】以彰吾之不德，朕甚不取。其除之。」

【一】集解應劭曰：「祕祝之官移過于下，國家諱之，故曰祕。」

五月，齊太倉令淳于公【一】有罪當刑，詔獄逮徙繫長安。太倉公無男，有女五人。太倉公將行會逮，罵其女曰：「生子不生男，有緩急非有益也！」其少女緹縈【二】自傷泣，乃隨其父至長安，上書曰：「妾父爲吏，齊中皆稱其廉平，今坐法當刑。妾傷夫死者不可復生，刑者不可復屬，雖復欲改過自新，其道無由也。妾願没入爲官婢，贖父刑罪，使得自新。」書奏天子，天子憐悲其意，乃下詔曰：「蓋聞有虞氏之時，畫衣冠異章服以爲僇，【三】而民不犯。何則？至治也。今法有肉刑三，【四】而姦不止，其咎安在？非乃朕德薄而教不明歟？吾甚自愧。故夫馴道不純而愚民陷焉。詩曰『愷悌君子，民之父母』。今人有過，教未施而刑加焉，或欲改行爲善而道毋由也。朕甚憐之。夫刑至斷支體，刻肌膚，終身不息，何其楚痛而不德也，豈稱爲民父母之意哉！其除肉刑。」

【一】索隱名意，爲齊太倉令，故謂之倉公也。

【二】索隱緹音啼。鄒氏音體，非。

【三】正義晉書刑法志云：「三皇設言而民不違，五帝畫衣冠而民知禁。犯黥者皁其巾，犯劓者丹其服，犯臏者墨其體，犯宫者雜其屨，大辟之罪，殊刑之極，布其衣裾而無領緣，投之於市，與衆弃之。」

【四】集解李奇曰：「約法三章無肉刑，文帝則有肉刑。」孟康曰：「黥、劓二，左右趾合一，凡三。」索隱韋昭云：「斷趾、黥、劓之屬。」崔浩漢律序云：「文帝除肉刑而宫不易。」張斐注云：「以淫亂人族序〔三三〕，故不易之也。」

上曰：「農，天下之本，務莫大焉。今勤身從事而有租稅之賦，是爲本末者毋以異，【一】其於勸農之道未備。其除田之租稅。」

【一】集解李奇曰：「本，農也。末，賈也。言農與賈俱出租無異也，故除田租。」

十四年冬，匈奴謀入邊爲寇，攻朝那塞，殺北地都尉卬。【一】上乃遣三將軍軍隴西、北地、上郡，中尉周舍爲衞將軍，郎中令張武爲車騎將軍，軍渭北，車千乘，騎卒十萬。帝親自勞軍，勒兵申教令，賜軍吏卒。帝欲自將擊匈奴，羣臣諫，皆不聽。皇太后固要帝，【二】帝乃止。於是以東陽侯張相如爲大將軍，成侯赤【三】爲内史，樂布爲將軍〔三三〕，擊匈奴。匈奴遁走。

【一】集解徐廣曰：「姓孫。封其子單爲缾侯。匈奴所殺。」

【二】集解如淳曰：「必不得自征也。」

【三】集解徐廣曰：「姓董也。」

春，上曰：「朕獲執犧牲珪幣以事上帝宗廟，十四年于今，歷日縣長〔三四〕，以不敏不明而久撫臨天下，朕甚自愧。其廣增諸祀墠場珪幣。昔先王遠施不求其報，望祀不祈其福，右賢左戚，【一】先民後己，至明之極也。今吾聞祠官祝釐，【二】皆歸福朕躬，不爲百姓，朕甚愧之。夫以朕不德，而躬享獨美其福，百姓不與焉，是重吾不德。其令祠官致敬，毋有所祈。」

【一】集解韋昭曰：「右猶高，左猶下也。」索隱劉德云：「先賢後親也。」

【二】集解如淳曰：「釐，福也。賈誼傳『受釐坐宣室』。」索隱音禧，福也。

是時北平侯張蒼爲丞相，方明律曆。魯人公孫臣上書陳終始傳五德事，【一】言方今土德時，土德應黃龍見，當改正朔服色制度。天子下其事與丞相議。丞相推以爲今水德，始明正十月上黑事，以爲其言非是，請罷之。

【一】索隱五行之德，帝王相承傳易，終而復始，故云「終始傳五德之事」。傳音轉也。

十五年，黄龍見成紀，【一】天子乃復召魯公孫臣，以爲博士，申明土德事。於是上乃下詔曰：「有異物之神見于成紀，無害於民，歲以有年。朕親郊祀上帝諸神。禮官議，毋諱以勞朕。」【二】有司禮官皆曰：「古者天子夏躬親禮祀上帝於郊，故曰郊。」於是天子始幸雍，郊見五帝，以孟夏四月答禮焉。趙人新垣平以望氣見，因説上設立渭陽五廟。【三】欲出周鼎，當有玉英見。【四】

【一】集解韋昭曰：「成紀縣屬天水。」

【二】集解漢書音義曰：「言無所諱，勿以朕爲勞。」

【三】集解韋昭曰：「在渭城。」

【四】集解瑞應圖云：「玉英，五常並修則見。」

十六年，上親郊見渭陽五帝廟，亦以夏答禮而尚赤。

十七年，得玉杯，【一】刻曰「人主延壽」。於是天子始更爲元年，【二】令天下大酺。其歲，新垣平事覺，夷三族。

【一】集解應劭曰：「新垣平詐令人獻之。」

【二】索隱按：秦本紀惠文王十四年更爲元年。又汲冢竹書魏惠王亦有後元，當取法於此。又按：封禪書以新垣平候日再中，故改元也。

後二年，上曰：「朕既不明，不能遠德，是以使方外之國或不寧息。夫四荒之外不安其生，【一】封畿之内勤勞不處，二者之咎，皆自於朕之德薄而不能遠達也。閒者累年匈奴並暴邊境，多殺吏民，邊臣兵吏又不能諭吾内志，以重吾不德也。夫久結難連兵，中外之國將何以自寧？今朕夙興夜寐，勤勞天下，憂苦萬民，爲之怛惕不安，未嘗一日忘於心，故遣使者冠蓋相望，結軼於道，【二】以諭朕意於單于。今單于反古之道，計社稷之安，便萬民之利，親與朕俱弃細過，偕之大道，結兄弟之義，以全天下元元之民。【三】和親已定，始于今年。」

【一】索隱顧胤按：爾雅孤竹、北户、西王母、日下謂之四荒也。

【二】集解韋昭曰：「使車往還，故轍如結也。」索隱鄒氏軼音逸，又音轍。漢書作「轍」。顧氏按：司馬彪云「結謂車轍回旋錯結之也」。

【三】索隱戰國策云：「制海内，子元元，非兵不可。」高誘注云：「元元，善也。」又按：姚察云「古者謂人云善，言善人也。因善爲元，故云黎元。其言元元者，非一人也」。顧野王又云「元元猶喁喁，可憐愛貌」。未安其説，聊記異也。

後六年冬，匈奴三萬人入上郡，三萬人入雲中。以中大夫令勉〔一〕爲車騎將軍，軍飛狐；〔二〕故楚相蘇意爲將軍，軍句注；〔三〕將軍張武屯北地；河內守周亞夫爲將軍，居細柳；〔四〕宗正劉禮爲將軍，居霸上；祝茲侯〔五〕軍棘門；〔六〕以備胡。數月，胡人去，亦罷。

〔一〕集解徐廣曰：「衛尉改名也。」駰案：漢書百官表景帝初改衛尉爲中大夫令，非此年也。索隱裴駰按表景帝改衛尉爲中大夫令，則中大夫令是官號，勉其名。後此官改爲光祿勳。虞世南以此稱中大夫令，是史家追書耳。顏遊秦以令是姓，勉是名，爲中大夫。據風俗通，令姓令尹子文之後也。

〔二〕集解如淳曰：「在代郡。」蘇林曰：「在上黨。」

〔三〕集解應劭曰：「山險名也，在鴈門陰館。」索隱句，伏儼音俱，包愷音鉤。

〔四〕集解徐廣曰：「在長安西。」駰按：如淳曰「長安圖細柳倉在渭北，近石徼」。張揖曰「在昆明池南，今有柳市是也」。索隱按：三輔故事細柳在直城門外阿房宮西北維。又匈奴傳云「長安西細柳」，則如淳云在渭北，非也。

〔五〕集解徐廣曰：「表作松茲侯，姓徐，名悍。」

〔六〕集解徐廣曰：「在渭北。」駰案：孟康曰「在長安北，秦時宮門也」。如淳曰「三輔黃圖棘門在橫門外」。

天下旱，蝗。帝加惠：令諸侯毋入貢，弛山澤，〔一〕減諸服御狗馬，損郎吏員，發倉庾〔二〕以振貧民，民得賣爵。〔三〕

〔一〕集解韋昭曰：「弛，廢也。廢其常禁以利民。」

〔二〕集解應劭曰：「水漕倉曰庾。」胡公曰：「在邑曰倉，在野曰庾。」索隱郭璞注三蒼云：「庾，倉無屋也。」胡公名廣，後漢太尉，作漢官解詁也。

〔三〕索隱崔浩云：「富人欲爵，貧人欲錢，故聽買賣也。」

孝文帝從代來，即位二十三年，宮室苑囿狗馬服御無所增益，有不便，輒弛以利民。嘗欲作露臺，〔一〕召匠計之，直百金。上曰：「百金中民十家之産，吾奉先帝宮室，常恐羞之，何以臺爲！」上常衣綈衣，〔二〕所幸慎夫人，令衣不得曳地，幃帳不得文繡，以示敦朴，爲天下先。治霸陵皆以瓦器，不得以金銀銅錫爲飾，不治墳，欲爲省，毋煩民。南越王尉佗自立爲武帝，然上召貴尉佗兄弟，以德報之，佗遂去帝稱臣。與匈奴和親，匈奴背約入盜，然令邊備守，不發兵深入，惡煩苦百姓。吳王詐病不朝，就賜几杖。羣臣如袁盎等稱説雖切，常假借用之。〔三〕羣臣如張武等受賂遺金錢，覺，上乃發御府金錢賜之，以愧其心，弗下吏。專務以德化民，是以海内殷富，興於禮義。

【一】集解徐廣曰：「露，一作『靈』。」索隱顧氏按：新豐南驪山上猶有臺之舊址也。

【二】集解如淳曰：「賈誼云『身衣皁綈』。」

【三】集解蘇林曰：「假音休假。借音以物借人。」

後七年六月己亥，帝崩於未央宮。【一】遺詔曰：「朕聞蓋天下萬物之萌生，靡不有死。死者天地之理，物之自然者，奚可甚哀！當今之時，世咸嘉生而惡死，厚葬以破業，重服以傷生，吾甚不取。且朕既不德，無以佐百姓；今崩，又使重服久臨，以離寒暑之數，哀人之父子，傷長幼之志，損其飲食，絶鬼神之祭祀，以重吾不德也，謂天下何！朕獲保宗廟，以眇眇之身託于天下君王之上，二十有餘年矣。賴天地之靈，社稷之福，方内安寧，【二】靡有兵革。【三】朕既不敏，常畏過行，以羞先帝之遺德；維年之久長，懼于不終。今乃幸以天年，得復供養于高廟，朕之不明與嘉之，【四】其奚哀悲之有！其令天下吏民，令到出臨三日，皆釋服。毋禁取婦嫁女祠祀飲酒食肉者。自當給喪事服臨者，皆無踐。【五】經帶無過三寸，毋布車及兵器，【六】毋發民男女哭臨宮殿。宮殿中當臨者，皆以旦夕各十五舉聲，禮畢罷。非旦夕臨時，禁毋得擅哭。已下，【七】服大紅十五日，小紅十四日，纖七日，釋服。【八】佗不在令中者，皆以此令比率從事。布告天下，使明知朕意。霸陵山川因其故，【九】毋有所改。歸夫人以下至少使。」【一〇】令中尉亞夫爲車騎將軍，屬國悍【一一】爲將屯將軍，【一二】郎中令武爲復土將軍，【一三】發近縣見卒萬六千人，發内史卒萬五千人，【一四】藏郭穿復土屬將軍武。

【一】集解徐廣曰：「年四十七。」

【二】集解瓚曰：「方，四方也。内，中也。猶云中外也。」

【三】集解徐廣曰：「一云『方内安，兵革息』。」

【四】集解如淳曰：「與，發聲也。得卒天年已善矣。」

【五】集解服虔曰〔三六〕：「踐，翦也。謂無斬衰也。」孟康曰：「踐，跣也。」晉灼曰：「漢語作『跣』。跣，徒跣也。」索隱漢語是書名，荀爽所作也。

【六】集解應劭曰：「無以布衣車及兵器也。」服虔曰：「不施輕車介士也。」

【七】索隱謂柩已下於壙。

【八】集解服虔曰：「當言大功、小功布也。纖，細布衣也。」應劭曰：「紅者，中祥大祥以紅爲領緣也。纖者，禫也。凡三十六日而釋服。」索隱劉德云：「紅亦功也。男功非一，故以『工力』爲字。而女工唯在於絲，故以『糸工』爲字。三十六日，以日易月故也。」

【九】集解應劭曰：「因山爲藏，不復起墳，山下川流不遏絶也。就其水名以爲陵號。」索隱霸是水名。水徑於山，亦曰霸山，即芷陽地也。

【一〇】集解應劭曰：「夫人以下有美人、良人、八子、七子、長使、少使，凡七輩，皆遣歸家，重絶人類也。」

【一一】集解徐廣曰：「姓徐。」駰按：漢書百官表「典屬國，秦官，掌蠻夷降者」。

【一二】集解李奇曰：「馮奉世爲右將軍，以將屯將軍爲名，此監主諸屯也。」

【一三】集解如淳曰：「主穿壙填瘞事者。」索隱復音伏。謂穿壙出土，下棺已而填之，即以爲墳，故云復土。復，反還也。又音福。

【一四】索隱按：百官表云內史掌理京師之官也。景帝更名京兆尹也〔三七〕。

乙巳，【一】羣臣皆頓首上尊號曰孝文皇帝。

【一】集解漢書云：「乙巳，葬霸陵。」皇甫謐曰：「霸陵去長安七十里。」

太子即位于高廟。丁未，襲號曰皇帝。

孝景皇帝元年十月，制詔御史：「蓋聞古者祖有功而宗有德，【一】制禮樂各有由。聞歌者，所以發德也；舞者，所以明功也。高廟酎，【二】奏武德、文始、五行之舞。【三】孝惠廟酎，奏文始、五行之舞。孝文皇帝臨天下，通關梁，不異遠方。【四】除誹謗，去肉刑，賞賜長老，收恤孤獨，以育羣生。減嗜欲，不受獻，【五】不私其利也。罪人不帑，【六】不誅無罪。除肉刑〔三八〕，出美人，重絶人之世。朕既不敏，不能識。此皆上古之所不及，而孝文皇帝親行之。德厚侔天地，【七】利澤施四海，靡不獲福焉。明象乎日月，而廟樂不稱，朕甚懼焉。其爲孝文皇帝廟爲昭德之舞，【八】以明休德。然后祖宗之功德著於竹帛，施于萬世，永永無窮，朕甚嘉之。其與丞相、列侯、中二千石、禮官具爲禮儀奏。」丞相臣嘉等言：「陛下永思孝道，立昭德之舞以明孝文皇帝之盛德，皆臣嘉等愚所不及。臣謹議：世功莫大於高皇帝，德莫盛於孝文皇帝，高皇廟宜爲帝者太祖之廟，孝文皇帝廟宜爲帝者太宗之廟。天子宜世世獻祖宗之廟。郡國諸侯宜各爲孝文皇帝立太宗之廟。諸侯王列侯使者侍祠，天子歲獻祖宗之廟。【九】請著之竹帛，宣布天下。」制曰：「可。」

【一】集解應劭曰：「始取天下者爲祖，高帝稱高祖是也。始治天下者爲宗，文帝稱太宗是也。」

【二】集解張晏曰：「正月旦作酒，八月成，名曰酎。酎之言純也。至武帝時，因八月嘗酎會諸侯廟中，出金助祭，所謂『酎金』也。」

【三】集解孟康曰：「武德，高祖所作也。文始，舜舞也。五行，周舞也。武德者，其舞人執干戚。文始舞，執羽籥。五行舞，冠冕衣服法五行色。見禮樂志。」索隱應劭云：「禮樂志文始舞本舜韶舞，高祖更名文始，示不相襲。五行舞本周武舞，秦始皇更名五行舞。按：今言『奏武德、文始、五行之舞』者，其樂總象武王樂，言高祖以武定天下也。即示不相襲，其作樂之始，先奏文始，以羽籥衣文繡居先；次即奏五行，五行即武舞，執干戚而衣有五行之色也。」

【四】集解張晏曰：「孝文十二年，除關，不用傳，令遠近若一。」

【五】集解徐廣曰：「減，一作『滅』。」

【六】集解蘇林曰：「刑不及妻子。」

【七】集解李奇曰：「侔，齊等。」

【八】集解文穎曰：「景帝采高祖武德舞作昭德舞，舞之於文帝廟，見禮樂志。」

【九】集解張晏曰：「王及列侯歲時遣使詣京師，侍祠助祭也。」如淳曰：「若光武廟在章陵，南陽太守稱使者往祭是也。不使侯王祭者，諸侯不得祖天子也。凡臨祭祀宗廟，皆爲侍祭。」

太史公曰：孔子言「必世然後仁。【一】善人之治國百年，亦可以勝殘去殺」。【二】誠哉是言！漢興，至孝文四十有餘載，德至盛也。廩廩鄉改正服封禪矣，謙讓未成於今。嗚呼，豈不仁哉！

【一】集解孔安國曰：「三十年曰世。如有受命王者，必三十年仁政乃成。」

【二】集解王肅曰：「勝殘暴之人，使不爲惡。去殺，不用殺也。」

【索隱述贊】孝文在代，兆遇大横。宋昌建册，絳侯奉迎。南面而讓，天下歸誠。務農先籍，布德偃兵。除帑削謗，政簡刑清。綈衣率俗，露臺罷營。法寬張武，獄恤緹縈。霸陵如故，千年頌聲。

校勘記

〔一〕平遥縣西南十二里　本書卷五秦本紀、卷五八梁孝王世家正義引括地志皆無「南」字。元和志卷一三河東道二汾州平遥縣：「中都故城，在縣西十二里，屬太原郡，漢文帝爲代王都於此。」

〔二〕乘六乘傳　「六乘」二字原無，據東北本補。按：本書卷九呂太后本紀、卷一〇一袁盎鼂錯列傳、漢書卷四文帝紀、卷四九爰盎傳皆云代王「乘六乘傳」。

〔三〕横謂無思不服　「謂」，原作「行」，王先謙漢書補注卷四引宋祁：「江南本注文，張晏曰：『横謂無思不服。』」今據改。

〔四〕傳父爵　漢書卷四文帝紀「夏啓以光」顏師古注引張晏作「傳嗣」，通鑑卷一三漢紀五高后八年胡三省注引同。

〔五〕光治先君之基業　漢書卷四文帝紀「夏啓以光」顏師古注引張晏無「治」、「基」二字，通鑑卷一三漢紀五高后八年胡三省注引同。

〔六〕注五帝官天下　此六字原無，據索隱本補。

〔七〕橋北壘石水中　「壘」，原作「京」。張文虎札記卷一：「渭水注引作『橋之北首壘石水中』，長安志亦作『壘』，疑本作『絫』，因譌爲『京』。」今據改。

〔八〕故置其像於水上　水經注卷一九渭水無「上」字。

〔九〕臣謹請陰安侯　「請」下原有「與」字。漢書卷四文帝紀無此字，今據删。

〔一〇〕列侯頃王后　漢書卷四文帝紀無「列侯」二字，疑是。按：「列侯」二字與下文重。

〔一一〕與琅邪王　「與」，漢書卷四文帝紀無。

〔一二〕即公論　漢書卷四文帝紀顏師古注作「於衆顯論」，通鑑卷一三漢紀五高后八年胡三省注引作「於衆中顯論」。

〔一三〕此時無陰安侯　「侯」字原無，據東北本補。按：漢書卷四文帝紀顏師古注引如淳有「侯」字。

〔一四〕樂産　耿本、黄本、彭本、柯本、凌本、殿本作「樂彦」。下同。

〔一五〕迴坐　漢書卷四文帝紀顏師古注引如淳作「南鄉坐」，通鑑卷一三漢紀五高后八年胡三省注引同。

〔一六〕靜宮令　東北本作「靜室命」，疑當作「靜室令」。按：漢書卷四文帝紀顏師古注引應劭作

「靜室令」，通鑑卷一三漢紀五高后八年胡三省注引同。後漢書卷五四楊震傳「靜室而止」李賢注：「前書音義曰，漢有靜室令也。」

〔一七〕天子鹵簿有大駕法駕　耿本、黄本、彭本、柯本、凌本、殿本、東北本眉批索隱「法駕」下有「小駕」二字。按：通鑑卷一三漢紀五高后八年胡三省注引漢官儀亦有此二字。

〔一八〕是其所起也　「也」上耿本、黄本、彭本、柯本、凌本、殿本有「遠」字。

〔一九〕嗛者滿之意也　「滿」，原作「不滿」。梁玉繩志疑卷七：「『嗛』即『慊』，漢書作『慝志』，義同。應劭曰『滿也』。師古曰『快也』。索隱以爲『不滿之意』，非也。」今據删。

〔二〇〕乃循從代來功臣　「循」，東北本作「脩」，漢書卷四文帝紀同。

〔二一〕衛尉定　「定」，漢書卷四文帝紀、卷一九下百官公卿表下皆作「足」。

〔二二〕古者諸侯建國千餘　「餘」下原有「歲」字。漢書卷四文帝紀無「歲」字。王念孫雜志史記第一：「此言『千餘』者，謂千餘國，非謂千餘歲也。下文『各守其地』，即指千餘國而言。」今據删。

〔二三〕遺德　漢書卷四文帝紀作「違德」。

〔二四〕餘皆以給傳置　「傳置」，東北本、景祐本、紹興本、耿本、黄本、彭本、柯本、凌本、殿本作「置傳」。按：漢書卷一下高帝紀下「乘傳詣雒陽」顏師古注引如淳曰：「律，四馬高足爲置傳，四馬中足爲馳傳，四馬下足爲乘傳，一馬二馬爲軺傳。」通鑑卷一一漢紀三高帝五年胡三省注引如淳亦作「置傳」。

〔二五〕四馬高足爲傳置四馬中足爲馳置下足爲乘置一馬二馬爲軺置　「傳置」、「馳置」、「乘置」、「軺置」，漢書卷一下高帝紀下「乘傳詣雒陽」顔師古注引如淳作「置傳」、「馳傳」、「乘傳」、「軺傳」，通鑑卷一一漢紀三高帝五年胡三省注引同。參見上條。

〔二六〕注交午柱　此四字原無，據索隱本補。

〔二七〕謾者而後謾而止之　此處文意不通，疑有脱誤。按：漢書卷四文帝紀「以相約而後相謾」顔師古注：「初爲要約，共行祝詛，後相欺誑，中道而止，無實事也。」

〔二八〕謂初相約共行祝　「祝」下疑脱「詛」字。參見上條。

〔二九〕詔遣列侯之國　「詔」，原作「計」。張文虎札記卷一：「『計』，當依漢書作『詔』。中統、游本作『諸』，蓋『詔』字之誤。」按：本書卷五七絳侯周勃世家、漢書卷四〇周勃傳皆作「詔」。今據改。

〔三〇〕邛僰山　東北本作「邛來山」。按：漢書卷二八上地理志上蜀郡：「嚴道，邛來山，邛水所出。」

〔三一〕按即王尊登者也　「登者也」，通鑑卷一八漢紀十武帝元光五年胡三省注引正義作「叱馭處」，疑是。按：漢書卷七六王尊傳：「及尊爲刺史，至其阪，問吏曰：『此非王陽所畏道邪？』吏對曰：『是。』尊叱其馭曰：『驅之！』」

〔三二〕族序　耿本、黄本、彭本、柯本、凌本、殿本作「族類」。

〔三〕成侯赤爲内史欒布爲將軍　東北本無上「爲」字，疑是。按：本書卷一一〇匈奴列傳「大發車騎往擊胡」集解引徐廣曰：「内史欒布亦爲將軍。」漢書卷四文帝紀：「建成侯董赫、内史欒布皆爲將軍。」

〔四〕歷日縣長　王念孫雜志史記第一：「『縣』當爲『緜』，字之誤也。漢書作『歷日彌長』，彌亦緜也。」按：「縣」有「久遠」之義，荀子性惡：「今使塗之人伏術爲學，專心一志，思索孰察，加日縣久，積善而不息，則通於神明，參於天地矣。」縣久，謂久長。東北本作「懸」，亦可證作「縣」不誤。

〔五〕結軼還轅　「轅」，東北本、殿本作「轅」。按：本書卷一一七司馬相如列傳、漢書卷五七下司馬相如傳下皆作「轅」。

〔六〕服虔　東北本、會注本作「伏儼」，疑是。按：漢書卷四文帝紀「皆無踐」顏師古注引亦作「伏儼」。

〔七〕景帝更名京兆尹也　「景帝」，疑當作「武帝」。按：漢書卷一九上百官公卿表上：「景帝二年分置左、右内史。右内史武帝太初元年更名京兆尹。」

〔八〕除肉刑　張文虎札記卷一：「上文云『去肉刑』，此不當複出，當依漢書作『除宮刑』，與下『出美人』爲類，所謂重絶人之世也。志疑以其複出，疑上『去肉刑』爲『去田租』。」按：張校疑誤。漢書卷四文帝紀載孝文帝除肉刑而不言除宮刑，卷五景帝紀稱述文帝德政云「除宮刑」，殊覺突兀。史記全書無除宮刑之文，而去(除)肉刑之記載非止一處。

史記卷十一

孝景本紀第十一

孝景皇帝者，【一】孝文之中子也。母竇太后。孝文在代時，前后有三男，及竇太后得幸，前后死。及三子更死，故孝景得立。

【一】集解漢書音義曰：「諱啓。」正義謚法曰：「繇義而濟曰景。」

元年四月乙卯，赦天下。乙巳，賜民爵一級。五月，除田半租。爲孝文立太宗廟。令羣臣無朝賀。匈奴入代，與約和親。

二年春，封故相國蕭何孫係爲武陵侯〔一〕。【一】男子二十而得傅。【二】四月壬午，孝文太后崩。【三】廣川、長沙王皆之國。【四】丞相申屠嘉卒。八月，以御史大夫開封侯陶青爲丞相。彗星出東北。秋，衡山雨雹，【五】大者五寸，深者二尺。熒惑逆行，守北辰。月出北辰間。歲星逆行天廷中。置南陵及内史、祋祤爲縣。【六】

【一】索隱漢書亦作「係」，鄒誕生本作「傒」。又按：漢書功臣表及蕭何傳皆云封何孫嘉，疑其人有二名也〔二〕。

【二】索隱音附。荀悅云：「傅，正卒也。」小顏云舊法二十三而傅，今改也。

【三】索隱薄太后也。亦葬芷陽西，曰少陵也。

【四】索隱廣川王彭祖、長沙王發皆景帝子，遣就國也。

【五】正義雨，于付反。

【六】集解徐廣曰：「地理志云『文帝七年置』。」駰按：地理志、百官表南陵縣文帝置也。分内史爲左右，及祋祤爲縣，皆景帝二年，不得皆如徐所云。索隱鄒誕生祋音都會反，又音丁活反。祤音羽，又音詡。

三年正月乙巳，赦天下。長星出西方。天火【一】燔雒陽東宮大殿城室。【二】吴王濞、【三】楚王戊、【四】趙王遂、【五】膠西王卬、【六】濟南王辟光、【七】菑川王賢、【八】膠東王雄渠【九】反，發兵西鄉。天子爲誅晁錯，遣袁盎諭告，不止，遂西圍梁。【一〇】上乃遣大將軍竇嬰、太尉周亞夫將兵誅之。六月乙亥，赦亡軍及楚元王子蓺等【一一】與謀反者。封大將軍竇嬰爲魏其侯。【一二】立楚元王子平陸侯禮【一三】爲楚王。立皇子端爲膠西王，子勝爲中山王。徙濟北王志【一四】爲菑川王，淮陽王餘【一五】爲魯王，【一六】汝南王非【一七】爲江都王。【一八】齊王將廬、【一九】燕王嘉【二〇】皆薨。【二一】

【一】集解徐廣曰：「漢志無。」

【二】集解徐廣曰：「雒，一作『淮』。」索隱雒陽〔三〕，漢書作「淮陽」〔四〕。災，故徙王於魯也。

【三】正義音匹備反。高祖兄仲子，故漢高祖十二年封，三十三年反。年表云「都吳」，其實在江都也。

【四】正義高祖弟楚王交孫，嗣二十一年反，都彭城。

【五】正義高祖孫，幽王友子，嗣二十六年反，都邯鄲。

【六】正義卬，五郎反。高祖孫，齊悼惠王子，故平昌侯，十年反，都密州高密縣。

【七】正義辟音壁。高祖孫，齊悼惠王子，故朸侯〔五〕，立十一年反。括地志云：「濟南故城在淄州長山縣西北三十里〔六〕。」

【八】正義高祖孫，齊悼惠王子，故武城侯，立十一年反，都劇。括地志云：「菑州縣也。故劇城在青州壽光縣南三十一里，故紀國。」

【九】正義高祖孫，齊悼惠王子，故白石侯，立十一年反，都即墨。括地志云：「即墨故城在密州膠水縣東南六十里〔七〕，即膠東國也。」

【一〇】正義 梁孝王都睢陽，今宋州。

【一一】正義 蓺，魚曳反。字亦作「藝」，音同。

【一二】正義 地理志云魏其屬琅邪。

【一三】索隱 韋昭云：「平陸，西河縣。禮即向之從曾祖王父也。」正義 應劭云：「平陸，西河縣。」

【一四】正義 濟，子禮反。濟北國今濟州盧縣，即濟北王所都。

【一五】正義 淮陽國今陳州。

【一六】正義 魯今兗州曲阜縣。

【一七】正義 汝南國今豫州。

【一八】正義 江都國今揚州也。吳王濞所都，反，誅，景帝改爲江都國，封皇子非也。

【一九】索隱 悼惠王之孫，齊王襄之子。盧，漢書作「閭」。正義 齊國，青州臨淄也。將盧，齊悼惠王之孫，襄王之子，年表云。

【二〇】索隱 劉澤之子。

【二一】集解 徐廣曰：「表云五年薨。」

四年夏，立太子。立皇子徹爲膠東王。六月甲戌，赦天下。後九月，更以弋陽爲陽

陵〔八〕。【一】復置津關，用傳出入。【二】冬，以趙國爲邯鄲郡。【三】

【一】正義括地志云：「漢景帝陵也，在雍州咸陽縣東三十里〔九〕。」按：豫作壽陵也。

【二】集解應劭曰：「文帝十二年，除關，無用傳，至此復置傳，以七國新反，備非常也。」張晏曰：「傳，信也，若今過所也。」如淳曰：「傳音『檄傳』之『傳』，兩行書繒帛，分持其一，出入關，合之乃得過，謂之傳。」索隱傳音丁戀反。如今之過所。

【三】集解地理志趙國景帝以爲邯鄲郡。

五年三月，作陽陵、【一】渭橋。五月，募徙陽陵，予錢二十萬。江都大暴風從西方來，壞城十二丈。丁卯，封長公主子蟜爲隆慮侯。【二】徙廣川王爲趙王。

【一】索隱景帝豫作壽陵也。按：趙系家趙肅侯十五年起壽陵，後代遂因之也。

【二】索隱音林閭。避殤帝諱改之。

六年春，封中尉綰爲建陵侯〔一〇〕，【一】江都丞相嘉【二】爲建平侯，隴西太守渾邪爲平曲侯，【三】趙丞相嘉【四】爲江陵侯，故將軍布爲鄃侯。梁楚二王皆薨。後九月，伐馳道樹，殖蘭池。【五】

【一】正義括地志云：「建陵故縣在沂州承縣界。」
【二】集解徐廣曰：「姓程。」
【三】正義括地志云：「平曲縣故城在瀛州文安縣北七十里。」
【四】集解徐廣曰：「姓蘇。」
【五】集解徐廣曰：「殖，一作『塡』。」　正義按：馳道，天子道，秦始皇作之，三丈而樹。

七年冬，廢栗太子爲臨江王。【一】十一月晦〔一二〕，日有食之。春，免徒隸作陽陵者。丞相青免。二月乙巳，以太尉條侯【二】周亞夫爲丞相。四月乙巳，立膠東王太后爲皇后。【三】丁巳，立膠東王爲太子。名徹。

【一】正義臨江，忠州縣。雖王臨江而都江陵。
【二】正義條，田彫反。字亦作「蓨」，音同。
【三】索隱按系家，太后槐里人，父仲。兄信，封蓋侯。后故金氏妻，女弟姁兒也〔一三〕。

中元年，封故御史大夫周苛【一】孫平【二】爲繩侯〔一三〕，故御史大夫周昌子左車爲安陽侯〔一四〕。四月乙巳，赦天下，賜爵一級。除禁錮。地動。衡山原都雨雹，大者尺八寸。

【一】索隱周昌之兄。

【二】集解徐廣曰：「一作『應』。」

中二年二月，匈奴入燕，遂不和親。三月，召臨江王來，即死中尉府中。夏，立皇子越爲廣川王，子寄爲膠東王。封四侯。【一】九月甲戌，日食。

【一】集解文穎曰：「楚相張尚，太傅趙夷吾，趙相建德，內史王悍。此四人各諫其王，無使反，不聽，皆殺之，故封其子。」索隱注「故封其子」〔一五〕。韋昭云：「張尚子當居，趙夷吾子周，建德子橫，王悍子弃也。」

中三年冬，罷諸侯御史中丞。春，匈奴王二人率其徒來降，皆封爲列侯。【一】立皇子方乘爲清河王〔一六〕。三月，彗星出西北。丞相周亞夫免〔一七〕，以御史大夫桃侯劉舍爲丞相。四月，地動。九月戊戌晦，日食。軍東都門外。【二】

【一】正義漢書表云中三年，安陵侯子軍、桓侯賜、遒侯陸彊、容城侯徐盧、易侯僕黚、范陽侯代、翕侯邯鄲七人，以匈奴王降，皆封爲列侯。按：紀言二人者是匈奴二王爲首降。

【二】集解按：三輔黃圖東出北頭第一門曰宣平門，外曰東都門。索隱按：三輔黃圖云東出北第一門曰宣平門，外曰東都門。

中四年三月，置德陽宮。【一】大蝗。秋，赦徒作陽陵者。

【一】集解瓚曰：「是景帝廟也，帝自作之，諱不言廟，故言宮。西京故事云景帝廟爲德陽宮。」

中五年夏，立皇子舜爲常山王。封十侯。【一】六月丁巳，赦天下，賜爵一級。天下大潦。更命諸侯丞相曰相。秋，地動。

【一】正義惠景閒年表云亞谷侯盧他之、隆慮侯陳蟜、乘氏侯劉買、桓邑侯劉明、蓋侯王信。按：其五人是中元五年封，餘檢不獲。中元三年，匈奴王二人降，封爲列侯。惠景閒表云匈奴王降爲侯者有七人，疑其五人是十侯之數。

中六年二月己卯，行幸雍，郊見五帝。三月，雨雹。四月，梁孝王、【一】城陽共王、【二】汝南王皆薨。立梁孝王子明爲濟川王，【三】子彭離爲濟東王，【四】子定爲山陽王，【五】子不識爲濟陰王。【六】梁分爲五。封四侯。更命廷尉爲大理，將作少府爲將作大匠，主爵中尉爲都尉，【七】長信詹事【八】爲長信少府，【九】將行爲大長秋，【一〇】大行爲行人，【一一】奉常爲太常，【一二】典客爲大行，【一三】治粟內史爲大農。【一四】以大內爲二千石，【一五】置左右內官，屬大內。【一六】七月辛亥，日食。八月，匈奴入上郡。

【一】正義 都睢陽，今宋州。

【二】正義 城陽，今濮州雷澤縣，古城陽也。共音恭。謚法「嚴敬故事曰恭」。

【三】正義 表云分梁置也。

【四】正義 表云分梁置也。

【五】正義 地理志云「景帝中六年別爲山陽國」，屬兗州。

【六】正義 地理志云「景帝中六年別爲濟陰國」，屬兗州。按：今曹州是也。

【七】集解 漢書百官表曰：「主爵中尉，秦官，掌列侯。」

【八】集解 漢書百官表曰：「詹事，秦官，掌皇后、太子家。」應劭曰：「詹，省也，給也。」瓚曰：「茂陵書詹事秩二千石。」

【九】集解 張晏曰：「以太后所居宮爲名。長信宮則曰長信少府，長樂宮則曰長樂少府。」

【一〇】集解 漢書百官表曰：「將行，秦官。」應劭曰：「長秋，皇后卿。」

【一一】集解 服虔曰：「天子死未有謚，稱大行。」晉灼曰：「禮有大行、小行〔一八〕，主謚官，故以此名之。」如淳曰：「不反之辭也。」瓚曰：「大行是官名，掌九儀之制，以賓諸侯。」索隱 注「九儀」〔一九〕。按：鄭玄曰「命者五，謂公、侯、伯、子、男，爵者四，孤、卿、大夫、士，是九也」。

【一二】集解漢書百官表曰：「奉常，秦官，掌宗廟禮儀。」

【一三】索隱韋昭云：「大行，官名，秦時云典客，景帝初改云大行，後更名大鴻臚，武帝因而不改，故漢書景紀有大鴻臚。百官表又云武帝改名大鴻臚。鴻，聲也。臚，附皮。以言其掌四夷賓客，若皮臚之在外附於身也。復有大行令，故諸侯薨，大鴻臚奏謚，列侯薨，則大行奏誄。」按：此大行令即鴻臚之屬官也。

【一四】集解漢書百官表曰：「治粟內史，秦官，掌穀貨也。」

【一五】集解韋昭曰：「大內，京師府藏。」

【一六】索隱主天子之私財物曰少內。少內屬大內也。

後元年冬，更命中大夫令爲衛尉。【一】三月丁酉，赦天下，賜爵一級，中二千石、諸侯相爵右庶長。四月，大酺。五月丙戌，【二】地動，其蚤食時復動。上庸地動二十二日，壞城垣。七月乙巳，日食。丞相劉舍免。八月壬辰，以御史大夫綰【三】爲丞相，封爲建陵侯。

【一】正義漢書百官表云：「衛尉，秦官，掌宮闈門衛屯兵。景帝初，更命中大夫令，後元年，復爲衛尉。」

【二】集解徐廣曰：「丙，一作『甲』。」

【三】索隱姓衛也。

後二年正月，地一日三動。郅將軍擊匈奴。【一】酺五日。令內史郡不得食馬粟，沒入縣官。令徒隸衣七緵布。【二】止馬舂。【三】爲歲不登，禁天下食不造歲。省列侯遣之國。【四】三月，匈奴入鴈門。十月，租長陵田。大旱。衡山國、河東、雲中郡【五】民疫。

【一】正義郅，真栗反。郅都傳云匈奴刻木爲郅都而射，不中。

【二】索隱七緵，蓋今七升布，言其粗，故令衣之也。正義衣，於既反。緵，祖工反。緵，八十縷也，與布相似。七升布用五百六十縷。

【三】索隱止人爲馬舂粟，爲歲不登故也。

【四】集解晉灼曰：「文紀遣列侯之國，今又省之。」

【五】正義衡山國，今衡州。河東，今蒲州。雲中郡，今勝州。

後三年十月，日月皆食，赤五日〔二〇〕。十二月晦，雷。【一】日如紫。五星逆行守太微。月貫天廷中。【二】正月甲寅，皇太子冠。甲子，孝景皇帝崩。【三】遺詔賜諸侯王以下至民爲父後爵一級，天下户百錢。出宮人歸其家，復無所與。太子即位，是爲孝武皇帝。【四】三月，封皇太后弟蚡【五】爲武安侯，弟勝爲周陽侯。置陽陵。

【一】集解徐廣曰：「一作『雷』字，又作『圖』字，實所未詳。」
【二】索隱天廷即龍星右角也。按：石氏星傳曰「龍左角曰天田〔二二〕，右角曰天廷」。
【三】集解皇甫謐曰：「帝以孝惠七年生，年四十八。」
【四】集解漢書云：「二月癸酉，帝葬陽陵。」皇甫謐曰：「陽陵山方百二十步，高十四丈，去長安四十五里。」
【五】集解蘇林曰：「蚡音鼢。」索隱蚡音扶粉反。按：外戚世家皇太后母臧兒初嬪王氏〔二三〕，生子信而寡，更嫁長陵田氏，生蚡及勝也。

太史公曰：漢興，孝文施大德，天下懷安。至孝景，不復憂異姓，而晁錯刻削諸侯，遂使七國俱起，合從而西鄉，以諸侯太盛，而錯爲之不以漸也。及主父偃言之，而諸侯以弱，卒以安。【一】安危之機，豈不以謀哉？

【一】索隱主父偃上言，今天子下推恩之令，令諸侯各得分邑其子弟，於是遂弱，卒以安也。

【索隱述贊】景帝即位，因脩靜默。勉人於農，率下以德。制度斯創，禮法可則。一朝吳楚，乍起凶慝。提局成釁，拒輪致惑。晁錯雖誅，梁城未克。條侯出將，追奔逐北。坐見梟剠，立翦羊賊。如何太尉，後卒下獄。惜哉明君，斯功不録！

校勘記

〔一〕武陵侯　疑當作「武陽侯」。按：本書卷一八高祖功臣侯者年表、漢書卷一六高惠高后文功臣表、卷三九蕭何傳皆作「武陽侯」。

〔二〕此條索隱前原有集解：「徐廣曰：漢書亦作『係』，鄒誕生本作『傒』，音奚。」又按：漢書功臣表及蕭何傳皆云孫嘉，疑其人有二名。」據野村本刪。按：張文虎札記卷一：「鄒誕生南齊人，裴氏無由引，且其文全同索隱，此俗本兼采二注而誤入者。」

〔三〕雒陽　耿本、黄本、彭本、柯本、凌本、殿本無。

〔四〕漢書作淮陽　耿本、黄本、彭本、柯本、凌本、殿本此下有「王宫」二字。按：漢書卷五景帝紀云「淮陽王宫正殿災」。

〔五〕枸侯　原作「初侯」。本書卷一九惠景閒侯者年表「枸」集解：「音力。」卷二一建元已來王子侯者年表「枸」索隱：「音勒。枸縣，屬平原。」今據改。按：漢書卷二八上地理志上平原郡有枸縣。

〔六〕淄州長山縣西北三十里　「淄州」，原作「淄川」，據黄本、彭本、柯本、凌本改。按：本書卷五二齊悼惠王世家「濟南郡」、「膠西王卬」正義兩引括地志皆作「淄州」。又，「三十里」，本書卷五二齊悼惠王世家「濟南郡」正義引括地志作「二十五里」。

〔七〕即墨故城在密州膠水縣東南六十里　「密州」，疑當作「萊州」。按：舊唐書卷三八地理志一膠水、即墨皆屬萊州。本書卷七項羽本紀「徙齊王田市爲膠東王」正義引括地志作「萊州」。卷四六田敬仲完世家「自子之居即墨也」、卷八〇樂毅列傳「唯獨莒、即墨未服」正義並云即墨在萊州。又，「東南」，本書卷七項羽本紀「膠東王」正義引括地志作「南」，卷四六田敬仲完世家、卷八〇樂毅列傳正義同。

〔八〕更以弋陽爲陽陵　梁玉繩志疑卷七：「『弋陽』是『易陽』之誤，漢地理志可證。」按：梁説誤。各本皆作「弋陽」。漢書卷二八上地理志上左馮翊：「陽陵，故弋陽，景帝更名。」

〔九〕三十里　本書卷四九外戚世家「葬陽陵」正義引括地志作「四十里」。

〔一〇〕封中尉綰爲建陵侯　「綰」上原有「趙」字。梁玉繩志疑卷七：「盧學士云『此趙字是後人妄增，觀下江都丞相嘉、隴西太守渾邪、趙丞相嘉、故將軍布皆不書姓，知本無此一字』。蓋此乃衛綰非趙綰也，趙綰未嘗封侯，武帝建元二年以御史大夫坐請毋奏事太皇太后下獄自殺。而衛綰封侯，史、漢表昭然可據，乃妄誕之徒于此增一『趙』字。」今據删。按：此侯當是衛綰，非趙綰也。本書卷一九惠景閒侯者年表云建陵侯衛綰「以將軍擊吳、楚功，用中尉侯」，景帝六年四月丁卯封，卷一〇三萬石張叔列傳云「孝景前六年中封綰爲建陵侯」，卷一〇七魏其武安侯列傳云「用建陵侯衛綰爲丞相」。

〔一二〕十一月晦　「十一月」，原作「十二月」。張文虎札記卷一：「漢書景紀作『十一月庚寅晦』，五行志同。案：殷術十二月辛卯朔，顓頊術庚寅朔，則此文『二』字當作『一』。」今據改。

〔一三〕女弟姁兒也　「姁兒」，疑當作「兒姁」。按：本書卷四九外戚世家云「臧兒又入其少女兒姁，兒姁生四男」，「兒姁早卒」。外戚世家「與兩女」索隱：「即后及兒姁也。」卷五九五宗世家「王夫人兒姁」索隱：「兒姁，夫人名也。」漢書卷九七上外戚傳上亦作「兒姁」。

〔一三〕周苛孫平　漢書卷一六高惠高后文功臣表云所封爲周苛曾孫周應。

〔一四〕周昌子　本書卷一八高祖功臣侯者年表、漢書卷一六高惠高后文功臣表、卷四二周昌傳云所封爲周昌孫。

〔一五〕注故封其子　此五字原無，據索隱本補。

〔一六〕立皇子方乘爲清河王　野村本無「方」字，疑是。按：本書卷一七漢興以來諸侯王年表、卷五九五宗世家、漢書卷五景帝紀、卷六武帝紀皆云清河王名乘。

〔一七〕丞相周亞夫免　「免」，原作「死」。梁玉繩志疑卷七：「是年亞夫免相，非死也，將相表言『免』不誤。」今據改。按：本書卷五七絳侯周勃世家：「景帝中三年以病免相。」漢書卷一九下百官公卿表下：「丞相亞夫免。」

〔一八〕大行小行　漢書卷五景帝紀顏師古注引晉灼作「大行人」、「小行人」，通鑑卷一六漢紀八景帝前六年胡三省注引同。

〔一九〕注九儀　此三字原無，據索隱本補。

〔二〇〕日月皆食赤五日　梁玉繩志疑卷七：「史詮曰：『日食在朔，月食在望，蓋十月之朔日食，而望月食，非食在一日也。』或疑『食』字衍，當合下作『皆赤五日』，因漢書紀、志俱不言日食故也。」按：通鑑卷一六漢紀八景帝後三年：「冬十月，日月皆食，赤五日。」亦有「食」字。

〔二一〕龍左角曰天田　「左」上原有「在」字。張文虎札記卷一：「『在』字疑即『左』之譌衍。天官書索隱引無。」今據刪。按：通鑑卷一五漢紀七景帝前二年「歲星逆行天廷中」胡三省注：「石氏星傳曰：龍左角爲天田，右角爲天廷。」

〔二二〕皇太后母臧兒初嬪王氏　「臧兒」，原作「臧氏」，據耿本、黄本、彭本、柯本、凌本、殿本改。按：本書卷四九外戚世家作「臧兒」。又，「嬪」，本書卷四九外戚世家作「嫁」。

史記卷十二

孝武本紀第十二

集解太史公自序曰「作今上本紀」，又其述事皆云「今上」、「今天子」，或有言「孝武帝」者，悉後人所定也。張晏曰：「武紀，褚先生補作也。褚先生名少孫，漢博士也。」索隱按：褚先生補史記，合集武帝事以編年，今止取封禪書補之，信其才之薄也。又張晏云「褚先生潁川人，仕元成閒」。韋稜云「褚顗家傳褚少孫，梁相褚大弟之孫，宣帝代爲博士，寓居于沛，事大儒王式，號爲『先生』，續太史公書」。阮孝緒亦以爲然也。

孝武皇帝者，【一】孝景中子也。【二】母曰王太后。孝景四年，以皇子爲膠東王。孝景七年，栗太子廢爲臨江王，以膠東王爲太子。孝景十六年崩，太子即位，爲孝武皇帝。【三】孝武皇帝初即位，尤敬鬼神之祀。

【一】集解漢書音義曰：「諱徹。」索隱裴駰云：「太史公自序云『作今上本紀』，又其序事皆云

『今上』、『今天子』，今或言『孝武皇帝』者，悉後人所定也。」正義謚法云：「克定禍亂曰武。」

【二】索隱按：景十三王傳廣川王已上皆是武帝兄，自河間王德以至廣川，凡有八人，則武帝第九也。

【三】集解張晏曰：「武帝以景帝元年生，七歲爲太子，爲太子十歲而景帝崩，時年十六矣。」

元年，漢興已六十餘歲矣，【一】天下乂安，【二】薦紳【三】之屬皆望天子封禪改正度也。而上鄉儒術，招賢良，趙綰、王臧等以文學爲公卿，欲議古立明堂城南，【四】以朝諸侯。草巡狩封禪改曆服色事未就。會竇太后治黄老言，不好儒術，使人微得趙綰等姦利事，【五】召案綰、臧，綰、臧自殺，【六】諸所興爲者皆廢。

【一】集解徐廣曰：「六十七年，歲在辛丑。」

【二】正義乂音魚廢反。

【三】索隱上音搢。搢，挺也。言挺笏於紳帶之閒，事出禮内則。今作「薦」者，古字假借耳。漢書作「縉紳」，臣瓚云「縉，赤白色」，非也。

【四】索隱城南，長安城南門外也。案：關中記云明堂在長安城門外，杜門之西也。

【五】集解徐廣曰：「纖微伺察之。」

【六】正義漢書孝武帝二年，御史大夫趙綰坐請無奏事太皇太后，及郎中令王臧皆下獄，自殺。應劭云：「王臧儒者，欲立明堂、辟雍，太后素好黃老術，非薄五經，因欲絶奏事太后〔一〕，太后怒，故令殺〔二〕。」

後六年，竇太后崩。其明年，上徵文學之士公孫弘等。

明年，上初至雍，郊見五時。【一】後常三歲一郊。是時上求神君，【二】舍之上林中蹏氏觀。【三】神君者，長陵女子，以子死悲哀〔三〕，故見神於先後宛若。【四】宛若祠之其室，民多往祠。平原君【五】往祠，其後子孫以尊顯。及武帝即位，則厚禮置祠之內中，聞其言，不見其人云。

【一】正義時音止。括地志云：「漢五帝時在岐州雍縣南。孟康云『時者，神靈之所止〔四〕』。」案：五時者鄜時、密時、吳陽時、北時。先是文公作鄜時〔五〕，祭白帝；秦宣公作密時，祭青帝；秦靈公作吳陽上時、下時，祭赤帝、黃帝〔六〕；漢高祖作北時，祭黑帝，是五時也。

【二】正義漢武帝故事云：「起柏梁臺，以處神君，長陵女子也。先是嫁爲人妻，生一男，數歲死，女子悼痛之，歲中亦死，而靈，宛若祠之，遂聞言宛若爲生，民人多往請福，説家人小事有驗。平原君亦事之，至後子孫尊貴。及上即位，太后延於宮中祭之，聞其言，不見其人。至是神君求出局，營柏梁臺舍之。初，霍去病微時，自禱神君，及見其形，自脩飾，欲與去病交接，去病不肯，謂神君曰：『吾以神君精絜，故齋戒祈福，今欲婬，此非也。』自絶不復往。神君慙之，乃去也。」

【三】集解徐廣曰：「蹏音蹄。」　索隱徐廣音蹄，鄒誕音斯，又音蹄，觀名也。

【四】集解孟康曰：「産乳而死。兄弟妻相謂『先後』。宛若，字。」　索隱先後，鄒誕音二字並去聲，即今妯娌也。孟康以兄弟妻相謂也。韋昭云先謂姒，後謂娣也。宛音冤。

【五】集解徐廣曰：「武帝外祖母也。」駰案：蔡邕曰「異姓婦人以恩澤封者曰君，儀比長公主」。

索隱案：徐云武帝外祖母，則是臧兒也。

是時而李少君亦以祠竈、【一】穀道、【二】卻老方見上，上尊之。少君者，故深澤侯【三】入以主方〔七〕。【四】匿其年及所生長，常自謂七十，能使物，卻老。【五】其游以方徧諸侯。無妻子。人聞其能使物及不死，更饋遺之，常餘金錢帛衣食。人皆以爲不治産業而饒給，又不知其何所人，愈信，爭事之。少君資好方，善爲巧發奇中。【六】嘗從武安侯【七】飲，坐中有年九十餘老人，少君乃言與其大父游射處，老人爲兒時從其大父行，識其處，一坐盡驚。少君見上，上有故銅器，問少君。少君曰：「此器齊桓公十年陳於柏寢。」【八】已而案其刻，果齊桓公器。一宮盡駭，以少君爲神，數百歲人也。

【一】索隱如淳云：「祠竈可以致福。」案：禮竈者，老婦之祭，盛於盆，尊於瓶。說文周禮以竈祠祝融。淮南子炎帝作火官，死爲竈神。司馬彪注莊子云髻，竈神也，如美女，衣赤。李弘範音詰也。

【二】集解李奇曰：「食穀道引。或曰辟穀不食之道。」

【三】集解徐廣曰：「姓趙，景帝時絶封。」

【四】集解徐廣曰：「進納於天子而主方。一云侯人主方。」駰案：如淳曰「侯家人主方藥者也」。

【五】集解如淳曰：「物，鬼物也。」瓚曰：「物，藥物也。」

【六】集解如淳曰：「時時發言有所中也。」

【七】索隱服虔云：「田蚡也。」韋昭云：「武安屬魏郡也。」

【八】集解服虔曰：「地名，有臺也。」瓚曰：「晏子書柏寢，臺名也。」正義括地志云：「柏寢臺在青州千乘縣東北二十一里。」韓子云：「景公與晏子遊於少海，登柏寢之臺而望其國。公曰：『美哉堂乎，後代孰將有此？』晏子云：『其田氏乎？』公曰：『寡人有國而田氏家，奈何？』對曰：『奪之，則近賢遠不肖，治其煩亂，輕其刑罰，振窮乏，恤孤寡，行恩惠，崇節儉，雖十田氏，其如堂何〔八〕！』」即此也。

少君言於上曰：「祠竈則致物，致物而丹沙可化爲黄金，黄金成以爲飲食器則益壽，益壽而海中蓬萊僊者可見，見之以封禪則不死，黄帝是也。臣嘗游海上，見安期生，【一一】食臣棗，大如瓜。安期生僊者，通蓬萊中，合則見人，不合則隱。」於是天子始親祠竈，而遣方士入海求蓬萊安期生之屬，而事化丹沙諸藥齊爲黃金〔二〕矣。

〔一〕索隱 服虔曰：「古之真人。」案：列仙傳云安期生，琅邪人，賣藥東海邊，時人皆言千歲也。正義 列仙傳云：「安期生，琅邪阜鄉亭人也。賣藥海邊。秦始皇請語三夜，賜金數千萬，出，於阜鄉亭，皆置去，留書，以赤玉舄一量爲報，曰『後千歲求我於蓬萊山下』。」

〔二〕索隱 齊音劑。

居久之，李少君病死。〔一〕天子以爲化去不死也，而使黃錘〔二〕史寬舒〔三〕受其方。求蓬萊安期生莫能得，而海上燕齊怪迂之方士多相效，更言神事矣。

〔一〕正義 漢書起居云：「李少君將去，武帝夢與共登嵩高山，半道，有使乘龍時從雲中云『太一請少君』，帝謂左右『將舍我去矣』。數月而少君病死。又發棺看，唯衣冠在也。」

〔二〕集解 韋昭曰：「人姓名。」正義 音直僞反。

〔三〕集解 漢書音義曰：「二人皆方士。」正義 姓史，名寬舒。

亳人薄誘忌〔一〕奏祠泰一方，曰：「天神貴者泰一，〔二〕泰一佐曰五帝。〔三〕古者天子以春秋祭泰一東南郊，用太牢具，七日，〔四〕爲壇開八通之鬼道。」於是天子令太祝立其祠長安東南郊，常奉祠如忌方。其後人有上書，言「古者天子三年一用太牢具祠神三一：天一，地一，泰一」。天子許之，令太祝領祠之忌泰一壇上，如其方。後人復有上書，言「古者天子常以春秋解祠，祠黃帝用一梟破鏡；【五】冥羊【六】用羊；祠馬行【七】用一青牡馬；泰一、皋山山君、地長【八】用牛；武夷君【九】用乾魚；陰陽使者【一〇】以一牛」。令祠官領之如其方，而祠於忌泰一壇旁。

【一】集解徐廣曰：「一云亳人謬忌也。」索隱亳，山陽縣名。姓謬，名忌，居亳，故下稱薄忌。此文則衍「薄」字【九】，而「謬」又誤作「誘」矣。

【二】索隱天神貴者太一。案：樂汁微圖云「紫微宮北極，天一，太一」。宋均以爲天一、太一，北極之別名。春秋緯「紫宮，天皇曜魄寶之所理也【一〇】」。

【三】索隱其佐曰五帝。河圖云蒼帝神名靈威仰之屬也。正義五帝，五天帝也。國語云【一一】「蒼帝靈威仰，赤帝赤熛怒，白帝白招矩，黑帝叶光紀，黃帝含樞紐」。尚書帝命驗云「蒼帝名靈威仰，赤帝名文祖，黃帝名神斗，白帝名顯紀，黑帝名玄矩」。佐者，謂配祭也。

【四】集解徐廣曰：「一云日一太牢具，十日。」

【五】集解孟康曰：「梟，鳥名，食母。破鏡，獸名，食父。黃帝欲絶其類，使百物祠皆用之。破鏡如貙而虎眼。或云直用破鏡。」如淳曰：「漢使東郡送梟，五月五日爲梟羹以賜百官。以惡鳥，故食之。」

【六】集解服虔曰：「神名也。」

【七】正義神名也。

【八】正義丁丈反。三並神名。

【九】正義神名。

【一〇】集解漢書音義曰：「陰陽之神也。」

其後，天子苑有白鹿，以其皮爲幣，【一】以發瑞應，造白金焉。【二】

【一】索隱案：食貨志皮幣以白鹿皮方尺，緣以繢，以薦璧，得以黄金一斤代之。又漢律皮幣率鹿皮方尺，直黄金一斤。

【二】索隱案：食貨志白金三品，各有差也。正義白金三品，武帝所鑄也。如淳曰：「雜鑄銀錫爲白金也〔一二〕。」平準書云：「造銀錫爲白金。以爲天用莫如龍，地用莫如馬，人用莫如龜，故曰白金三品〔一三〕。其一曰重八兩，圓之，其文龍，名曰白選，直三千；二曰重差小，方之，其文馬，直五百；三曰復小，隋之，其文龜，直三百。」錢譜云：「白金第一，其形圓如錢，肉好圓，文爲一龍。白銀第二，其形方小長，肉好亦小長，好上下文爲二馬。白銀第三，其形似龜，肉好小，是文爲龜甲也。」

其明年，郊雍，獲一角獸，若麃然。【一】有司曰：「陛下肅祗郊祀，上帝報享，錫一角獸，蓋麟云。」【二】於是以薦五時，時加一牛以燎。【三】賜諸侯白金，以風符應合于天地。【四】

【一】集解韋昭曰：「楚人謂麋爲麃。」索隱麃音步交反。韋昭曰「體若麕而一角，春秋所謂『有麕而角』是也。楚人謂麋爲麃」。又周書王會云麃者若鹿。爾雅云：「麇，大鹿也〔一四〕，牛尾一角。」郭璞云：「漢武獲一角獸若麃，謂之麟是也。」

【二】正義漢書終軍傳云「從上雍，獲白麟」。一角戴肉，設武備而不爲害，所以爲仁。

【三】正義力召反，焚也。

【四】集解晉灼曰：「符瑞也。」瓚曰：「風示諸侯以此符瑞之應。」

於是濟北王以爲天子且封禪，乃上書獻泰山及其旁邑。天子受之，更以他縣償之。常山王有辠，遷，天子封其弟於真定，以續先王祀，而以常山爲郡。然后五嶽皆在天子之郡。

其明年，齊人少翁【一】以鬼神方見上。上有所幸王夫人，【二】夫人卒，少翁以方術蓋夜致王夫人及竈鬼之貌云，天子自帷中望見焉。於是乃拜少翁爲文成將軍，賞賜甚多，以客禮禮之。文成言曰：「上即欲與神通，宮室被服不象神，神物不至。」乃作畫雲氣車，及各以勝日【三】駕車辟惡鬼。又作甘泉宮，中爲臺室，畫天、地、泰一諸神，而置祭具以致天神。居歲餘，其方益衰，神不至。乃爲帛書以飯牛，【四】詳弗知也，言此牛腹中有奇。殺而視之，得書，書言甚怪，天子疑之。有識其手書，問之人，果爲書。於是誅文成將軍【五】而隱之。

【一】正義漢武故事云：「少翁年二百歲，色如童子。」

【二】集解徐廣曰：「齊懷王閎之母也。」駰案：桓譚新論云：「武帝有所愛幸姬王夫人，窈窕好容，質性嫚佞。」正義漢書作「李夫人」。

【三】集解漢書音義曰：「如火勝金，用丙與丁日，不用庚辛。」

【四】正義飯，房晚反。書絹帛上爲怪言語，以飼牛。

【五】正義漢武故事云：「文成誅月餘，有使者藉貨關東還，逢之於漕亭，還見言之，上乃疑，發其棺，無所見，唯有竹筒一枚，捕驗間無蹤跡也。」

其後則又作栢梁、【一】銅柱、承露僊人掌【二】之屬矣。

【一】索隱服虔云：「用梁百頭。」按：今字皆作「栢」。三輔故事云「臺高二十丈，用香栢爲殿〔一五〕，香聞十里」。

【二】集解蘇林曰：「仙人以手掌擎盤承甘露也。」索隱三輔故事曰「建章宮承露盤高三十丈〔一六〕，大七圍，以銅爲之。上有仙人掌承露，和玉屑飲之」。故張衡賦曰「立脩莖之仙掌，承雲表之清露」是也。

文成死明年，天子病鼎湖【一】甚，巫醫無所不致，不愈〔一七〕。游水發根【二】乃言曰：「上郡有巫，病而鬼下之。」上召置祠之甘泉。及病，使人問神君。【三】神君言曰：「天子毋憂病。病少愈，强與我會甘泉。」於是病愈，遂幸甘泉，病良已。【四】大赦天下，置壽宮神君。【五】神君最貴者太一〔一八〕，其佐曰大禁、司命之屬，皆從之。非可得見，聞其音，與人言等〔一九〕。時去時來，來則風肅然也。居室帷中。時晝言，然常以夜。天子祓，然后入。【六】因巫爲主人，關飲食。所欲者言行下。【七】又置壽宮、北宮，【八】張羽旗，設供具，以禮神君。神君所言，上使人受書其言，命之曰「畫法」。【九】其所語，世俗之所知也，毋絶殊者，而天子獨喜。其事祕，世莫知也。

【一】集解晉灼曰：「在湖縣。」韋昭曰：「地名，近宜春。」索隱案：湖，縣名〔二〇〕，屬京兆，後屬弘農。昔黄帝採首陽山銅鑄鼎於湖，曰鼎湖，即今之湖城縣也。韋昭以爲近宜春〔二一〕，亦甚疏也。

【二】集解服虔曰：「游水，縣名。發根，人名姓。」晉灼曰：「地理志游水，水名，在臨淮淮浦也。」索隱顔師古以游水姓，發根名。蓋或因水爲姓。服虔亦曰發根，人姓字。或曰發樹根者也。

【三】集解韋昭曰：「即病巫之神。」

【四】集解孟康曰：「良已，善已，謂愈也。」

【五】集解服虔曰：「立此便宮也。」瓚曰：「宮，奉神之宮也。楚辭曰『蹇將澹兮壽宮』。」

【六】集解漢書音義曰：「崇絜，自祓除然後入。」

【七】集解李奇曰：「神所欲言，上輒爲下之。」

【八】正義括地志云：「壽宮、北宮皆在雍州長安縣西北三十里長安故城中〔二二〕。漢書云武帝壽宮以處神君。」

【九】集解漢書音義曰：「或云策畫之法也。」正義畫音獲。案：畫一之法。

其後三年，有司言元宜以天瑞命，不宜以一二數。【一】一元曰建元〔二三〕，二元以長星曰元光〔二四〕，三元以郊得一角獸曰元狩云〔二五〕。【二】

【一】集解蘇林曰：「得黃龍鳳皇諸瑞，以名年。」正義孝景以前即位，以一二數年至其終。武帝即位，初有年號，改元以建元爲始。

【二】集解徐廣曰：「案諸紀元光後有元朔，元朔後得元狩。」

其明年冬，天子郊雍，議曰：「今上帝朕親郊，而后土毋祀，則禮不答也。」有司與太史公、【一】祠官寬舒等議：「天地牲角繭栗。今陛下親祀后土，后土宜於澤中圜丘爲五壇，壇一黄犢太牢具，已祠盡瘞，而從祠衣上黄。」於是天子遂東，始立后土祠汾陰脽上，【二】如寬舒等議。上親望拜，如上帝禮。禮畢，天子遂至滎陽而還。過雒陽，下詔曰：「三代邈絶，遠矣難存。其以三十里地封周後爲周子南君，以奉先王祀焉。」是歲，天子始巡郡縣，侵尋於泰山矣。【三】

【一】集解韋昭曰：「説者以談爲太史公，失之矣。史記稱遷爲太史公者，是外孫楊惲所稱。」索隱韋昭云談，司馬遷之父也，説者以談爲太史公，失之矣。史記多稱太史公，遷外孫楊惲稱之也。姚察按：遷傳亦以談爲太史公，非惲所加。又按：虞喜志林云「古者主天官皆上公，自周至漢，其職轉卑，然朝會坐位猶居公上，尊天之道，其官屬仍以舊名，尊而稱公，公名當起於此」。故如淳云「太史公位在丞相上，天下郡國計書先上太史公，副上丞相」，其義是也。而桓譚新論以爲「太史公造書，書成，示東方朔，朔爲平定，因署其下。太史公者，皆朔所加之者也〔二六〕」。

【二】集解徐廣曰：「元鼎四年時也。」駰案：蘇林曰「脽音誰」。如淳曰「河之東岸特堆堀，長四五里，廣二里餘，高十餘丈。汾陰縣在脽之上，后土祠在縣西。汾在脽之北，西流與河合也」。索隱脽丘，音誰。漢舊儀作「葵上〔二七〕」者，蓋河東人呼「誰」與「葵」同故耳。

【三】集解晉灼曰：「遂往之意也。」索隱侵尋即浸淫也。故晉灼云「遂往之意也」。小顔云：浸淫，漸染之義。蓋尋淫聲相近，假借用耳。師古叔父游秦亦解漢書，故稱師古爲「小顔」也。

其春，樂成侯【一】上書言欒大。欒大，膠東宮人，【二】故嘗與文成將軍同師，已而爲膠東王尚方。而樂成侯姊爲康王后，【三】毋子。康王死，他姬子立爲王。而康后有淫行，與王不相中〔三八〕，相危以法。康后聞文成已死，而欲自媚於上，乃遣欒大因樂成侯求見言方。天子既誅文成，後悔恨其早死，惜其方不盡，及見欒大，大悅。大爲人長美，言多方略，而敢爲大言，處之不疑。大言曰：「臣嘗往來海中，見安期、羡門【四】之屬。顧以爲臣賤，不信臣。又以爲康王諸侯耳，不足予方。臣數言康王，康王又不用臣。臣之師曰：『黃金可成，而河決可塞，不死之藥可得，僊人可致也。』臣恐效文成，則方士皆掩口，惡敢言方哉！」上曰：「文成食馬肝死耳。子誠能脩其方，我何愛乎！」大曰：「臣師非有求人，人者求之。陛下必欲致之，則貴其使者，令有親屬，以客禮待之，勿卑，使各佩其信印，乃可使通言於神人。神人尚肯邪不邪。致尊其使，然后可致也。」於是上使先驗小方，鬬旗，【五】旗自相觸擊。

【一】集解徐廣曰：「姓丁，名義。後與欒大俱誅也。」索隱韋昭云：「河閒縣。」按：郊祀志樂成侯登，而徐廣據表姓丁名義，未詳。

【二】集解服虔曰：「王家人。」

【三】集解孟康曰：「膠東王后也。」

【四】索隱韋昭云：「仙人。」應劭云：「名子高〔二九〕。」

【五】正義音其。文本或作「棊」。說文云：「棊，博棊也。」高誘注淮南子云：「取雞血與針磨擣之，以和磁石，用塗棊頭曝乾之，置局上，即相拒不止也。」

是時上方憂河決，而黃金不就，【一】乃拜大爲五利將軍。居月餘，得四金印，佩天士將軍、地士將軍、大通將軍、天道將軍印〔三〇〕。制詔御史：「昔禹疏九江，決四瀆。閒者河溢皋陸，隄繇不息。【二】朕臨天下二十有八年，天若遺朕士而大通焉。【三】乾稱『蜚龍』，『鴻漸于般』，【四】意庶幾與焉。其以二千户封地士將軍大爲樂通侯。」【五】賜列侯甲第，【六】僮千人。乘輿斥車馬【七】帷帳器物以充其家。又以衞長公主妻之，【八】齎金萬斤，更名其邑曰當利公主。【九】天子親如五利之第。使者存問，所給連屬於道〔三一〕。自大主【一〇】將相以下，皆置酒其家，獻遺之。於是天子又刻玉印曰「天道將軍」，使使衣羽衣，夜立白茅上，五利將軍亦衣羽衣，立白茅上受印，以示弗臣也。而佩「天道」者，且爲天子道天神也。於是五利常夜祠其家，欲以下神。神未至而百鬼集矣，然頗能使之。其後治裝行，東入海，求其師云。大見數月，佩六印，貴振天下，而海上燕齊之閒，莫不搤捥【一一】而自言有禁方，能神僊矣。

【一】正義鍊丹砂鉛錫爲黃金不就。

【二】正義顏師古云：「皋，水旁地也。廣平曰陸。言水大汎溢，自皋及陸，而築作堤，傜役甚多，不暇休息。」

【三】集解韋昭曰：「言欒大能通天意，故封樂通。」索隱韋昭云：「言大能通天意，故封之樂通。樂通在臨淮高平縣也。」

【四】集解駰案：漢書音義曰「般，水涯堆也。漸，進也。武帝云得欒大如鴻進于般，一舉千里，得道若飛龍在天。」

【五】集解韋昭曰：「樂通，臨淮高平也。」

【六】集解漢書音義曰：「有甲乙第次，故曰第。」

【七】集解漢書音義曰：「或云斥不用也。」韋昭曰：「嘗在服御。」索隱孟康云「斥不用之車馬」是也。

【八】集解孟康曰：「衞太子妹。」如淳曰：「衞太子姊也。」蔡邕曰：「帝女曰公主，儀比諸侯。姊妹曰長公主，儀比諸侯王。」駰案：此帝女也，而云長公主，未詳。

【九】集解地理志云東萊有當利縣。

【一〇】集解徐廣曰：「武帝姑也。」駰案：韋昭曰「竇太后之女也」。

【一一】集解服虔曰：「滿手曰搤。」瓚曰：「搤，執持也。」

其夏六月中，汾陰巫錦【一】爲民祠魏脽后土營旁，【二】見地如鉤狀，掊視【三】得鼎。鼎大異於衆鼎，文鏤毋款識，【四】怪之，言吏。吏告河東太守勝，勝以聞。天子使使驗問巫錦得鼎無姦詐，乃以禮祠，迎鼎至甘泉，從行，上薦之。【五】至中山，【六】晏温，【七】有黄雲蓋焉。有麃過，上自射之，因以祭云。【八】至長安，公卿大夫皆議請尊寶鼎。天子曰：「閒者河溢，歲數不登，故巡祭后土，祈爲百姓育穀。今年豐廡未有報，鼎曷爲出哉？」有司皆曰：「聞昔大帝興神鼎一，【九】一者一統，天地萬物所繫終也。黄帝作寶鼎三，象天地人也。禹收九牧之金，鑄九鼎，皆嘗鬺烹【一〇】上帝鬼神〔三二〕。【一一】遭聖則興，【一二】遷于夏商。周德衰，宋之社亡，【一三】鼎乃淪伏而不見。頌云『自堂徂基，【一四】自羊徂牛；【一五】鼐鼎及鼒，【一六】不虞不驁，【一七】胡考之休』。今鼎至甘泉，光潤龍變，承休無疆。合茲中山，有黄白雲降【一八】蓋，若獸爲符，【一九】路弓乘矢，【二〇】集獲壇下，報祠大饗。【二一】惟受命而帝者心知其意【二二】而合德焉。鼎宜見於祖禰，藏於帝廷，以合明應。」制曰：「可。」

【一】集解應劭曰：「錦，巫名。」

【二】集解應劭曰：「魏，故魏國也。脽，若丘之類。」

【三】索隱説文：「掊，抱也〔三三〕。」音步溝切。

【四】集解韋昭曰：「款，刻也。」　索隱韋昭云：「款，刻也。」按：識猶表識也。

【五】集解如淳曰：「以鼎從行，上至甘泉，將薦之於天也。」

【六】集解徐廣曰：「河渠書鑿涇水自中山西。」索隱此山在馮翊谷口縣西，近九嵕山，土人呼爲中山。河渠書韓使水工鄭國説秦鑿涇水自中山西，即此山。

【七】集解如淳曰：「三輔謂日出清濟爲晏。晏而温也。」索隱如淳云：「三輔俗謂日出清濟爲晏。晏而温，故曰晏温。」許慎注淮南子云：「晏，無雲也。」

【八】集解徐廣曰：「上言從行薦之，或曰祭鼎乎。」

【九】索隱顔師古以大帝即太昊伏犧氏，以在黄帝之前故也。

【一〇】集解徐廣曰：「亨，煮也。鬺音觴〔三四〕。皆嘗以亨牲牢而祭祀也。」索隱言鼎以亨牲而饗嘗也。「鬺」字又作「觴」字，音殤。漢書郊祀志云鼎空足曰鬲，以象三德。鬲音歷。謂足中不實者名之也。

【一一】集解服虔曰：「以祭祀上帝。或曰嘗亨酌也。」

【一二】正義遭，逢也。鼎雖淪泗水，逢聖興起，故出汾陰，西至甘泉也。

【一三】正義社主民也。社以石爲之。宋社即亳社也。周武王伐紂，乃立亳社，以爲監戒，覆上棧下，不使通天地陰陽之氣。周禮衰，國將危亡，故宋之社爲亡殷復也。

【一四】正義此以下至「胡考之休」是周頌絲衣之詩。自堂，從内往外。基，門内塾也。鄭玄云：「門側之堂謂之塾。繹禮輕，使士升堂，視壺濯及籩豆之屬，降往於塾。牲自羊徂牛，告充已，乃舉鼎告絜，禮之次也。」

【一五】正義自堂往塾，先視羊，後及牛也。毛萇云：「先小後大也。」

【一六】集解韋昭曰：「爾雅曰『鼎絶大謂之鼐，圜弇上謂之鼒』。」

【一七】索隱毛傳云：「虞，譁也。」姚氏案：何承天云「虞」當爲「吴」，音洪霸反。又説文以「吴，一曰大言也」。此作「虞」者，與吴聲相近，故假借也。或者本文借此「虞」爲歡娱字故也。

【一八】集解韋昭曰：「與中山所見黄雲之氣合也。」

【一九】集解服虔曰：「雲若獸，在車蓋也。」晉灼曰：「蓋，辭也。或云符謂瑞應也。」

【二〇】集解韋昭曰：「路，大也。四矢爲乘。」

【二一】集解徐廣曰：「一云大報享祠也。」

【二二】集解服虔曰：「高祖受命知之也，宜見鼎於其廟。」

入海求蓬萊者，【一】言蓬萊不遠，而不能至者，殆不見其氣。上乃遣望氣佐候其氣云。

【一】正義蓬萊、方丈、瀛洲，勃海中三神山也。

其秋，上幸雍，【一】且郊。或曰「五帝，泰一之佐也，宜立泰一而上親郊之」。上疑未定。齊人公孫卿曰：「今年得寶鼎，其冬辛巳朔旦冬至，與黄帝時等。」卿有札書曰：「黄帝得寶鼎宛侯〔三五〕，問於鬼臾區。【二】區對曰：『黄帝得寶鼎神策〔三六〕，是歲己酉朔旦冬至，得天之紀，終而復始。』於是黄帝迎日推筴，後率二十歲【三】得朔旦冬至〔三七〕，凡二十推，三百八十年，黄帝僊登于天。」卿因所忠欲奏之。所忠視其書不經，疑其妄書，謝曰：「寶鼎事已決矣，尚何以爲！」卿因嬖人奏之。上大説，召問卿。對曰：「受此書申功，【四】申功已死。」上曰：「申功何人也？」卿曰：「申功，齊人也。與安期生通，受黄帝言，無書，獨有此鼎書。曰『漢興復當黄帝之時。漢之聖者在高祖之孫且曾孫也。寶鼎出而與神通，封禪。封禪七十二王，【五】唯黄帝得上泰山封』。申功曰：『漢主亦當上封，上封則能僊登天矣。黄帝時萬諸侯，而神靈之封居七千。【六】天下名山八，而三在蠻夷，五在中國。中國華山、首山、太室、泰山、東萊，此五山黄帝之所常遊，與神會。黄帝且戰且學僊。患百姓非其道，乃斷斬非鬼神者。百餘歲然後得與神通。黄帝郊雍上帝，宿三月。鬼臾區號大鴻，死葬雍，故鴻冢是也。【七】其後黄帝接萬靈明廷。明廷者，甘泉也。所謂寒【八】門者，谷口也。【九】黄帝采首山銅，鑄鼎於荆山下。【一〇】鼎既成，有龍垂胡顊【一一】下迎黄帝。黄帝上騎，羣臣後宮從上龍七十餘人，龍乃上去。餘小臣不得上，乃悉持龍顊，龍顊拔，墮【一二】黄帝之弓。百姓仰望黄帝既上天，乃抱其弓與龍胡顊號，【一三】故後世因名其處曰鼎湖，【一四】其弓曰烏號。』」於是天子曰：「嗟乎！吾誠得如黄帝，吾視去妻子如脱躧耳。」乃拜卿爲郎，東使候神於太室。

【一】索隱上雍，以雍地形高，故云上。

【二】集解漢書音義曰：「區，黄帝時人。」索隱鄭氏云：「黄帝佐也。」李奇曰：「黄帝時諸侯。本作『申區』者，非。」藝文志作『鬼容區』者也。」

【三】正義率音律，又音類，又所律反，三音並通。後皆放此也。

【四】集解封禪書「功」字作「公」。

【五】正義河圖云：「王者封太山，禪梁父，易姓登崇，有七十二君也。」

【六】集解應劭曰：「黄帝時諸侯會封禪者七千人。」李奇曰：「説仙道得封者七千國。」張晏曰：「神靈之封，謂山川之守。」

【七】集解蘇林曰：「今雍有鴻冢。」

【八】集解徐廣曰：「一作『塞』。」

【九】集解漢書音義曰：「黄帝仙於寒門也〔三八〕。」索隱服虔云：「黄帝所仙之處也。」小顔云：「谷〔三九〕，中山之谷口，漢時爲縣，今呼爲治谷。」去甘泉八十里。盛夏凜然，故曰寒門谷口也〔四〇〕。

【一〇】集解晉灼曰：「地理志首山屬河東蒲阪，荆山在馮翊懷德縣。」

【一一】索隱顔師古云：「胡謂頷下垂肉也〔四一〕，顮，其毛也。」故童謡曰「何當爲君鼓龍胡」是也。

【一二】正義徒果反。

【一三】正義户高反，下同。

【一四】正義括地志云：「湖水原出虢州湖城縣南三十五里夸父山，北流入河，即鼎湖也。」

上遂郊雍，至隴西，西登空桐，【一】幸甘泉。令祠官寬舒等具泰一祠壇，壇放薄忌泰一壇，壇三垓。【二】五帝壇環居其下，各如其方，黄帝西南，除八通鬼道。【三】泰一所用，如雍一時物，而加醴棗脯之屬，殺一犛牛以爲俎豆牢具。而五帝獨有俎豆【四】醴進。【五】其下四方地，爲餟食【六】羣神從者及北斗云。已祠，胙餘皆燎之。其牛色白，鹿居其中，彘在鹿中，水而洎之。【七】祭日以牛，祭月以羊彘特。【八】泰一祝宰則衣紫及繡。五帝各如其色，日赤，月白。

【一】正義空桐山在原州平高縣西一百里。

【二】集解徐廣曰：「垓，次也。」駰案：李奇曰「垓，重也。三重壇也」。索隱垓，重也。言爲三重壇也。鄒氏云一作「階」。言壇階三重。

【三】集解服虔曰：「坤位在未，黄帝從土位。」

【四】集解韋昭曰：「無犛牛醴之屬。」

【五】索隱音進。漢書作「進」。顔師古云：「具俎豆酒醴而進之。一曰進謂雜物之具，所以加禮也。」

【六】索隱餟音竹芮反。謂聯續而祭之。漢志作「腏」，古字通。說文云：「餟，祭酹。」正義劉伯莊云：「謂繞壇設諸神祭座相連綴也。」

【七】集解徐廣曰：「洎音居器反，肉汁也。」駰案：晉灼曰「此說合牲物燎之也」。正義劉伯莊云：「以大羹和祭食燎之。」案：以鹿內牛中，以彘內鹿中。水，玄酒也。

【八】索隱特，一牲也。言若牛若羊若彘，止一特也〔四二〕。

十一月辛巳朔旦冬至，昧爽，天子始郊拜泰一。朝朝日，夕夕月，【一】則揖；而見泰一如雍禮。其贊饗曰：「天始以寶鼎神筴授皇帝，朔而又朔，終而復始，皇帝敬拜見焉。」而衣上黃。其祠列火滿壇，壇旁亨炊具。有司云「祠上有光焉」。公卿言「皇帝始郊見泰一雲陽，【二】有司奉瑄玉【三】嘉牲薦饗。【四】是夜有美光，及晝，黃氣上屬天」。太史公、祠官寬舒等曰：「神靈之休，祐福兆祥，宜因此地光域【五】立泰畤壇以明應。令太祝領，秋及臘閒祠〔四三〕。三歲天子一郊見。」

【一】集解應劭曰：「天子春朝日，秋夕月，拜日東門之外，朝日以朝，夕月以夕。」瓚曰：「漢儀郊泰一時，皇帝平旦出竹宮，東向揖日，其夕西向揖月。便用郊日，不用春秋也。」

【二】正義括地志云：「漢雲陽宮在雍州雲陽縣北八十一里〔四四〕。有通天臺，即黃帝以來祭天圜丘之處。武帝以五月避暑，八月乃還也。」

【三】集解孟康曰：「璧大六寸謂之瑄。」索隱音宣，璧大六寸也。

【四】正義漢舊儀云：「祭天養牛五歲至二千斤。」

【五】集解徐廣曰：「地，一作『夜』。」

其秋，爲伐南越，告禱泰一，以牡【一】荆畫幡【二】日月北斗登龍，以象天一三星，爲泰一鋒，【三】名曰「靈旗」。【四】爲兵禱，【五】則太史奉以指所伐國。【六】而五利將軍使不敢入海，之泰山祠。上使人微隨驗，實無所見。五利妄言見其師，其方盡，多不讎。上乃誅五利。【七】

【一】集解徐廣曰：「一作『牝』。」

【二】集解如淳曰：「荆之無子者，皆以絜齊之道也。」晉灼曰：「牡荆，節閒不相當者。」韋昭曰：「以牡荆爲柄者也。」

【三】集解徐廣曰：「天官書曰天極星明者，泰一常居也。斗口三星曰天一。」駰案：晉灼曰「畫一星在後，三星在前爲太一鋒也」。

【四】正義李奇云：「畫旗樹泰一壇上，名靈旗，畫日月北斗登龍等。」

【五】正義爲，于僞反。

【六】正義韋昭云：「牡，剛也。荆，强。」按：用牡荆指伐國，取其剛爲稱，故畫此旗指之。

【七】正義漢武故事云：「東方朔言欒大無狀，上發怒，乃斬之。」

其冬，公孫卿候神河南，見僊人跡緱氏城上，有物若雉，往來城上。天子親幸緱氏城視跡。問卿：「得毋效文成、五利乎？」卿曰：「僊者非有求人主，人主求之。其道非少寬假，神不來。言神事，事如迂誕，【一】積以歲乃可致。」於是郡國各除道，繕治宮觀名山神祠所，以望幸矣。

【一】正義迂音于。誕音但。迂，遠也。誕，大也。

其年，既滅南越，上有嬖臣李延年以好音見。上善之，下公卿議，曰：「民閒祠尚有鼓舞之樂，今郊祠而無樂，豈稱乎？」公卿曰：「古者祀天地皆有樂，而神祇可得而禮。」或曰：「泰帝使素女【一】鼓五十弦瑟，悲，帝禁不止，故破其瑟爲二十五弦。」於是塞南越，禱祠泰一、后土，始用樂舞，益召歌兒，作二十五弦【二】及箜篌瑟【三】自此起。

【一】索隱亦謂太昊也。正義泰帝謂太昊伏羲氏。

【二】集解徐廣曰：「瑟也。」

【三】集解徐廣曰：「應劭云武帝令樂人侯調始造箜篌。」索隱應劭云：「武帝始令樂人侯調作，聲均均然〔四五〕，命曰箜篌。侯，其姓也。」

其來年冬，上議曰：「古者先振兵澤旅，〔一〕然後封禪。」乃遂北巡朔方，勒兵十餘萬，還祭黄帝冢橋山，澤兵須如。〔二〕上曰：「吾聞黄帝不死，今有冢，何也？」或對曰：「黄帝已僊上天，羣臣葬其衣冠。」既至甘泉，爲且〔三〕用事泰山，〔四〕先類祠泰一。

〔一〕集解徐廣曰：「古『釋』字作『澤』。」

〔二〕集解李奇曰：「地名也。」

〔三〕正義爲，于僞反。將爲封禪也。

〔四〕正義道書福地記云：「泰山高四千九百丈二尺，周迴二千里。」

自得寶鼎，上與公卿諸生議封禪。〔一〕封禪用希，曠絶莫知其儀禮，而羣儒采封禪尚書、周官、王制之望祀射牛〔二〕事。齊人丁公年九十餘，曰：「封者，合不死之名也〔四六〕。秦皇帝不得上封。陛下必欲上，稍上即無風雨，遂上封矣。」上於是乃令諸儒習射牛，草封禪儀。〔三〕數年，至且行。天子既聞公孫卿及方士之言，黄帝以上封禪，皆致怪物與神通，欲放黄帝以嘗接神僊人蓬萊士，高世比惪於九皇，〔四〕而頗采儒術以文之。羣儒既以不能辯明封禪事，又牽拘於詩書古文而不敢騁。上爲封祠器示羣儒，羣儒或曰「不與古同」，徐偃又曰「太常諸生行禮不如魯善」，周霸屬圖封事，〔五〕於是上絀偃、霸，盡罷諸儒弗用。

【一】正義白虎通云：「王者易姓而起，天下太平功成，封禪以告太平。禪梁父之趾，廣厚也。刻石紀號，著己之功績。天以高爲尊，地以厚爲德，故增泰山之高以報天，禪梁父之趾以報地。封者，附廣之；禪者，將以功相傳授之。」

【二】集解蘇林曰：「當祭廟，射其牲以除不祥。」瓚曰：「射牛，示親殺也。」索隱天子射牛，示親殺也〔四七〕。事見國語。

【三】索隱儀見應劭漢官儀也。

【四】集解張晏曰：「三皇之前有人皇，九首。」韋昭曰：「上古人皇者九人也。」

【五】集解服虔曰：「屬，會也。會諸儒圖封事。」

三月，遂東幸緱氏，禮登中嶽【一】太室。【二】從官在山下聞若有言「萬歲」云。【三】問上，上不言；問下，下不言。於是以三百户封太室奉祠，命曰崇高邑。【四】東上泰山，山之草木葉未生，乃令人上石立之泰山顛。

【一】集解文穎曰：「崧高山也，在潁川陽城縣。」

【二】集解韋昭曰：「崧高山有太室、少室之山，山有石室，故以名之。」

【三】正義漢儀注云：「有稱萬歲，可十萬人聲。」

【四】正義顏師古云：「以崇奉嵩高山，故謂之崇高也。」

上遂東巡海上，行禮祠八神。【一】齊人之上疏言神怪奇方者以萬數，然無驗者。乃益發船，令言海中神山者數千人求蓬萊神人。公孫卿持節常先行候名山，至東萊，言夜見一人〔四八〕，長數丈，就之則不見，見其跡甚大，類禽獸云。羣臣有言見一老父牽狗，言「吾欲見巨公」，【二】已忽不見。上既見大跡，未信，及羣臣有言老父，則大以爲僊人也。宿留【三】海上，與方士傳車及閒使求僊人以千數。

【一】集解文潁曰：「武帝登泰山，祭太一，并祭名山於泰壇，西南開除八通鬼道，故言八神也。一曰八方之神。」索隱用事八神。案：韋昭云「八神謂天、地、陰、陽、日、月、星辰主、四時主之屬」。今案郊祀志，一曰天主，祠天齊；二曰地主，祠太山、梁父；三曰兵主，祠蚩尤；四曰陰主，祠三山；五曰陽主，祠之罘；六曰月主，祠東萊山；七曰日主，祠盛山；八曰四時主，祠琅邪也。

【二】集解漢書音義曰：「巨公，謂武帝。」

【三】索隱音秀溜。宿留，遲待之意。若依字讀，則言宿而留，亦是有所待，並通也。

四月，還至奉高。上念諸儒及方士言封禪人人殊，不經，難施行。天子至梁父，禮祠地主。乙卯，令侍中儒者皮弁薦紳，射牛行事。封泰山下東方，如郊祠泰一之禮。封廣丈二尺，高九尺，其下則有玉牒書，書祕。禮畢，天子獨與侍中奉車子侯【一】上泰山，亦有封。

其事皆禁。明日，下陰道。丙辰，禪泰山下阯東北肅然山，【二】如祭后土禮。天子皆親拜見，衣上黄而盡用樂焉。江淮閒一茅三脊【三】爲神藉。五色土益雜封。縱遠方奇獸蜚禽及白雉諸物，頗以加祠。兕旄牛犀象之屬弗用（四九）。皆至泰山然后去。封禪祠，其夜若有光，晝有白雲起封中。

【一】集解漢書百官表曰：「奉車都尉掌乘輿車，武帝初置。」韋昭曰：「子侯，霍去病之子也。」

【二】集解服虔曰：「肅然，山名，在梁父。」

【三】集解孟康曰：「所謂靈茅也。」

天子從封禪還，坐明堂，【一】羣臣更上壽。於是制詔御史：「朕以眇眇之身承至尊，兢兢焉懼弗任。維德菲薄，不明于禮樂。脩祀泰一，若有象景光，屑如有望，【二】依依震於怪物，欲止不敢，遂登封泰山，至於梁父，而后禪肅然。自新，嘉與士大夫更始，賜民百户牛一酒十石，加年八十孤寡布帛二匹。復博、奉高、蛇丘、【三】歷城，毋出今年租稅。其赦天下，如乙卯赦令。行所過毋有復作。事在二年前，皆勿聽治。」又下詔曰：「古者天子五載一巡狩，用事泰山，諸侯有朝宿地。其令諸侯各治邸泰山下。」【四】

【一】集解漢書音義曰：「天子初封泰山，山東北阯古時有明堂處，則此所坐者。明年秋，乃作明堂。」

【二】集解瓚曰：「聞呼萬歲者三。」

【三】集解鄭玄曰：「蛇音移。」

【四】正義諸侯各於太山朝宿地起第，准擬天子用事太山而居止。

天子既已封禪泰山，無風雨菑，而方士更言蓬萊諸神山若將可得，於是上欣然庶幾遇之，乃復東至海上望，冀遇蓬萊焉。奉車子侯暴病，一日死。上乃遂去，並海上，北至碣石，巡自遼西，歷北邊至九原。五月，返至甘泉。【一】有司言寶鼎出爲元鼎，以今年爲元封元年。

【一】集解漢書音義曰：「周萬八千里也。」

其秋，有星茀于東井。【一】後十餘日，有星茀于三能。【二】望氣王朔言：「候獨見其星出如瓠〔五〇〕，【三】食頃復入焉。」有司言曰：「陛下建漢家封禪，天其報德星云。」

【一】集解韋昭曰：「秦分野也。後衞太子兵亂。茀音佩。」

【二】集解韋昭曰：「三能，三公。後連坐誅之。」

【三】索隱見星出如瓠。案：郊祀志云「填星出如瓠」，故顔師古以德星即鎮星也。今按：此紀唯言德星，則德星，歲星也。歲星所在有福，故曰德星也。

其來年冬，郊雍五帝，還，拜祝祠泰一。贊饗曰：「德星昭衍，厥維休祥。壽星仍出，【一】淵耀光明。信星昭見，【二】皇帝敬拜泰【三】祝之饗。」

【一】索隱壽星，南極老人星也，見則天下理安，故言之也。

【二】索隱信星，鎮星也。信屬土，土曰鎮星，則漢志爲德星也。

【三】集解徐廣曰：「一無此字。」

其春，公孫卿言見神人東萊山，若云「見天子〔五一〕」。天子於是幸緱氏城，拜卿爲中大夫。遂至東萊，宿留之數日，毋所見，見大人跡。復遣方士求神怪采芝藥以千數。是歲旱。於是天子既出毋名，乃禱萬里沙，【一】過祠泰山。【二】還至瓠子，【三】自臨塞決河，【四】留二日，沈祠而去。【五】使二卿將卒塞決河，河徙二渠，復禹之故跡焉。

【一】集解應劭曰：「萬里沙，神祠也，在東萊曲城。」孟康曰：「沙徑三百餘里。」

【二】集解鄧展曰：「泰山自東復有小泰山。」瓚曰：「即今之泰山。」

【三】集解服虔曰：「瓠子，隄名。」蘇林曰：「在甄城以南，濮陽以北，廣百步，深五丈所。」瓚曰：「所決河名。」索隱瓠子，決河名。蘇林曰：「在甄城南，濮陽北，廣百步，深五丈。」

【四】索隱按：河渠書武帝自臨塞決河，將軍已下皆負薪也〔五二〕。

【五】索隱按：沈白馬祭河決，於是作瓠子歌，見河渠書。

是時既滅南越〔五三〕，越人勇之【一】乃言「越人俗信鬼〔五四〕，而其祠皆見鬼，數有效。昔東甌王敬鬼，壽至百六十歲。後世謾怠，故衰秏」。乃令越巫立越祝祠，安臺無壇，亦祠天神上帝百鬼，而以雞卜。【二】上信之，越祠雞卜始用焉。

【一】集解韋昭曰：「越地人名也。」

【二】集解漢書音義曰：「持雞骨卜，如鼠卜。」正義雞卜法用雞一，狗一，生，祝願訖，即殺雞狗煮熟，又祭，獨取雞兩眼骨〔五五〕，上自有孔裂，似人物形則吉，不足則凶。今嶺南猶行此法也〔五六〕。

公孫卿曰：「僊人可見，而上往常遽，以故不見。今陛下可爲觀，如緱氏城，【一】置脯棗，神人宜可致。且僊人好樓居。」於是上令長安則作蜚廉、桂觀，【二】甘泉則作益延壽觀，使卿持節設具而候神人。乃作通天臺，【三】置祠具其下，將招來神僊之屬。於是甘泉更置前殿，始廣諸宮室。【四】夏，有芝生殿防内中。【五】天子爲塞河，興通天臺，若有光云，【六】乃下詔曰：「甘泉防生芝九莖，【七】赦天下，毋有復作。」

【一】集解韋昭曰：「如猶比也。」

【二】集解應劭曰：「飛廉，神禽，能致風氣。」晉灼曰：「身如鹿，頭如雀，有角而蛇尾，文如豹文也。」

【三】集解徐廣曰：「在甘泉。」索隱漢書作通天臺於甘泉宮。案：漢書舊儀臺高三十丈，去長安二百里，望見長安城也。

【四】索隱姚氏案：「楊雄云甘泉本因秦離宮，既奢泰，武帝復增〔五七〕通天臺〔五八〕、迎風宮，近則有洪崖〔五九〕、儲胥〔六〇〕，遠則石關、封巒、鳷鵲、露寒、棠梨等觀〔六一〕，又有高華、温德觀、曾成宮、白虎、走狗、天梯、瑶臺、仙人、弩法、相思觀。」

【五】集解徐廣曰：「元封二年也。」索隱芝生殿房中。案：生芝九莖，於是作芝房歌。

【六】集解李奇曰：「爲此作事而有光應。」瓚曰：「作通天臺也。」

【七】集解應劭曰：「芝，芝草也，其葉相連。」如淳曰：「瑞應圖云王者敬事耆老，不失舊故，則芝草生。」

其明年，伐朝鮮。夏，旱。公孫卿曰：「黄帝時封則天旱，乾封【一】三年。」上乃下詔曰：「天旱，意乾封乎？其令天下尊祠靈星焉。」【二】

【一】集解蘇林曰：「天旱欲使封土乾燥。」如淳曰：「但祭不立尸爲乾封。」正義乾音干。蘇林云：「天旱欲使封土乾燥也。」顏師古云：「三歲不雨，暴所封之土令乾。」鄭氏云：「但祭不立尸爲乾封。」

【二】正義靈星即龍星也。張晏云：「龍星左角曰天田，則農祥也，見而祭之。」

其明年，上郊雍，通回中道，巡之。【一】春，至鳴澤，【二】從西河歸。

【一】集解徐廣曰：「在扶風汧縣。」

【二】集解服虔曰：「鳴澤，澤名也，在涿郡遒縣北界。」

其明年冬，上巡南郡，【一】至江陵而東。登禮灊之天柱山，號曰南嶽。【二】浮江，自尋陽出樅陽，【三】過彭蠡，祀其名山川。北至琅邪，並海上。四月中，至奉高脩封焉。

【一】集解徐廣曰：「元封五年。」

【二】集解應劭曰：灊縣屬廬江。南嶽，霍山也。文穎曰：「天柱山在灊縣南，有祠。」

【三】集解地理志廬江有樅陽縣。

初，天子封泰山，泰山東北阯古時有明堂處，處險不敞。上欲治明堂奉高旁，未曉其制度。濟南人公玊帶【一】上黄帝時明堂圖。明堂圖中有一殿，四面無壁，以茅蓋，通水，圜宮垣，爲複道，上有樓，從西南入，命曰昆侖，【二】天子從之入，以拜祠上帝焉。於是上令奉高作明堂汶上，【三】如帶圖。及五年脩封，則祠泰一、五帝於明堂上坐，令高皇帝祠坐對之。祠后土於下房，以二十太牢。天子從昆侖道入，始拜明堂如郊禮。禮畢，燎堂下。而上又上泰山，有祕祠其顛。而泰山下祠五帝，各如其方，黄帝并赤帝，而有司侍祠焉。泰山上舉火，下悉應之。

【一】索隱玊，或作「肅」。公玊，姓；帶，名。姚氏按：風俗通齊湣王臣有公玊丹，其後也，音語録反。三輔決録云杜陵有玊氏，音肅。説文以爲從王，音「畜牧」之「畜」。今讀公玊與決録音同。然二姓單複有異，單姓者音肅〔六二〕，後漢司徒玊況是其後也。

【二】索隱玊帶明堂圖中爲複道，有樓從西南入，名其道曰崑崙。言其似崑崙山之五城十二樓，故名之也。

【三】集解徐廣曰：「在元封二年秋。」

其後二歲，十一月甲子朔旦冬至，推曆者以本統。天子親至泰山，以十一月甲子朔旦冬至日祠上帝明堂，【一】每脩封禪〔六三〕。其贊饗曰：「天增授皇帝泰元神筴，周而復始。【二】皇帝敬拜泰一。」東至海上，考入海及方士求神者，莫驗，然益遣，冀遇之。

【一】集解徐廣曰：「常五年一脩耳。今適二年，故但祀明堂。」

【二】索隱案：薦饗之辭言天授皇帝泰元神筴，周而復始。又案：上黄帝得寶鼎神筴，則太古上皇創曆之號，故此云太元神筴，周而復始也。

十一月乙酉，【一】柏梁烖。十二月甲午朔，上親禪高里，【二】祠后土。臨渤海，將以望

祠蓬萊之屬，冀至殊庭焉。【三】

【一】集解徐廣曰：「二十二日也。」

【二】集解伏儼曰：「山名，在泰山下。」

【三】集解漢書音義曰：「蓬萊庭。」索隱冀，漢書作「幾」。幾，近也；冀，望也，亦通。服虔曰：「蓬萊中仙人。殊庭者，異也。言入仙人異域也。」

上還，以柏梁烖故，朝受計甘泉。【一】公孫卿曰：「黃帝就青靈臺，十二日燒，【二】黃帝乃治明庭。明庭，甘泉也。」方士多言古帝王有都甘泉者。其後天子又朝諸侯甘泉，甘泉作諸侯邸。勇之乃曰：「越俗有火烖，復起屋必以大，用勝服之。」於是作建章宮，【三】度爲千門萬户。前殿度高未央。其東則鳳闕，高二十餘丈。【四】其西則唐中，【五】數十里虎圈。【六】其北治大池，漸臺【七】高二十餘丈，名曰泰液【八】池，中有蓬萊、方丈、瀛洲、壺梁，象海中神山龜魚之屬。【九】其南有玉堂、【一〇】璧門、大鳥之屬。乃立神明臺、【一一】井幹樓，【一二】度五十餘丈，輦道相屬焉。

【一】正義顧胤云：「柏梁被燒，故受計獻之物於甘泉也〔六四〕。」顏師古曰：「受郡國計簿也。」

【二】集解徐廣曰：「日，一作『月』。」

【三】正義括地志曰：「建章宮在雍州長安縣西二十里長安故城西。」

【四】索隱三輔黃圖云「武帝營建章，起鳳闕，高三十五丈〔六五〕」。關中記「一名別風，言別四方之風」。西京賦曰「閶闔之內，別風嶕嶢」是也。三輔故事云「北有圜闕，高二十丈，上有銅鳳皇，故曰鳳闕也」。

【五】索隱如淳云：「詩云『中唐有甓』。鄭玄曰『唐，堂庭也』。爾雅以廟中路謂之唐。西京賦曰『前開唐中，彌望廣象』是也。」

【六】正義圈，其遠反。括地志云：「虎圈今在長安城中西偏也。」

【七】正義顏師古云：「漸，浸也。臺在池中，爲水所浸，故曰漸臺。」按：王莽死此臺也。

【八】正義臣瓚云：「泰液言象陰陽津液以作池也〔六六〕。」

【九】索隱三輔故事云：「殿北海池北岸有石魚，長二丈，廣五尺，西岸有石龜二枚，各長六尺。」

【一〇】索隱其南則玉堂。漢武故事「玉堂基與未央前殿等，去地十二丈」。

【一一】索隱漢宮闕疏云：「臺高五十丈，上有九宮，常置九天道士百人也。」

【一二】索隱關中記「宮北有井幹臺，高五十丈，積木爲樓」。言築累萬木，轉相交架，如井幹。司馬彪注莊子云「井幹，井闌也」。又崔譔云「井以四邊爲幹，猶築牆之有楨幹」。又諸本多作「幹」，一本作「榦」音〔六七〕。說文云「幹，井橋」。

夏，漢改曆，以正月爲歲首，而色上黃，官名【一】更印章以五字，【二】因爲太初元年。是歲，西伐大宛。蝗大起。丁夫人、【三】雒陽虞初等以方祠詛匈奴、大宛焉。

【一】集解徐廣曰：「一無『名』字。」

【二】集解張晏曰：「漢據土德，土數五，故用五爲印文也。若丞相曰『丞相之印章』，諸卿及守相印文不足五字者，以『之』足也〔六八〕。」

【三】集解韋昭曰：「丁，姓；夫人，名也。」

其明年，有司言雍五時無牢熟具，芬芳不備。乃命祠官進時犢牢具，五色食所勝〔六九〕，【一】而以木禺馬【二】代駒焉。獨五帝用駒，行親郊用駒。及諸名山川用駒者，悉以木禺馬代。行過，乃用駒。他禮如故。

【一】集解孟康曰：「若火勝金，則祠赤帝以白牡〔七〇〕。」

【二】索隱木耦馬。一音偶。孟云〔七一〕「寓寄龍形于木」。又姚氏云「寓，叚也。以言叚木龍馬一駟，非寄生龍馬形於木也〔七二〕」。

其明年，東巡海上，考神僊之屬，未有驗者。方士有言「黄帝時爲五城十二樓，【一】以候神人於執期，【二】命曰迎年」。【三】上許作之如方，名曰明年。上親禮祠上帝，衣上黄焉。

【一】集解應劭曰：「崑崙玄圃五城十二樓，此仙人之所常居也。」

【二】集解漢書音義曰：「執期，地名也。」

【三】正義顏師古云：「迎年，若言祈年。」

公玊帶曰：「黃帝時雖封泰山，然風后、封鉅、【一】岐伯【二】令黃帝封東泰山，【三】禪凡山，【四】合符，然後不死焉。」天子既令設祠具，至東泰山，東泰山卑小，不稱其聲，乃令祠官禮之，而不封禪焉。其後令帶奉祠候神物。夏，遂還泰山，脩五年之禮如前，而加禪祠石閭。石閭者，在泰山下阯南方，方士多言此僊人之閭也，故上親禪焉。

【一】集解應劭曰：「封鉅，黃帝師。」

【二】正義張揖云：「岐伯，黃帝太醫。」

【三】集解徐廣曰：「在琅邪朱虛縣，汶水所出。」

【四】集解徐廣曰：「凡山亦在朱虛。」

其後五年，復至泰山脩封，【一】還過祭常山。

【一】集解徐廣曰：「天漢三年。李陵以天漢二年敗也。」

今天子所興祠，泰一、后土，三年親郊祠，建漢家封禪，五年一脩封。薄忌泰一及三一、冥羊、馬行、赤星，五，寬舒之祠官【一】以歲時致禮。凡六祠，【二】皆太祝領之。至如八神諸神，明年、凡山他名祠，行過則祀，去則已。方士所興祠，各自主，其人終則已，祠官弗主。他祠皆如其故。今上封禪，其後十二歲而還，徧於五嶽、四瀆矣。而方士之候祠神人，入海求蓬萊，終無有驗。而公孫卿之候神者，猶以大人跡爲解，無其效。天子益怠厭方士之怪迂語矣，然終羈縻弗絕，冀遇其真。自此之後，方士言祠神者彌衆，然其效可睹矣。【三】

【一】集解李奇曰：「祀名也。」索隱赤星即上靈星祠也。靈星，龍左角，其色赤，故曰赤星。五者，太一也，三一也，冥羊也，馬行也，赤星也。凡五，並祠官寬舒領之。

【二】索隱謂五者之外有正太一后土祠，故六也。

【三】集解徐廣曰：「猶今人云『其事已可知矣』，皆不信之耳。又數本皆無『可』字。」

太史公曰：余從巡祭天地諸神名山川而封禪焉。入壽宮侍祠神語，究觀方士祠官之言，於是退而論次自古以來用事於鬼神者，具見其表裏。後有君子，得以覽焉。至若俎豆珪幣之詳，獻酬之禮，則有司存焉。

【索隱述贊】孝武纂極，四海承平。志尚奢麗，尤敬神明。壇開八道，接通五城。朝親五利，夕拜文成。祭非祀典，巡乖卜征。登嵩勒岱，望景傳聲。迎年祀日，改曆定正。疲秏中土，事彼邊兵。日不暇給，人無聊生。俯觀嬴政，幾欲齊衡。

校勘記

〔一〕因欲絶奏事太后　「欲」，原作「故」，據黄本、彭本、柯本、殿本改。按：漢書卷六武帝紀「郎中令王臧皆下獄，自殺」顔師古注引應劭作「欲」。

〔二〕故令殺　殿本作「故令自殺」。漢書卷六武帝紀顔師古注引應劭作「故殺之」。

〔三〕以子死悲哀　景祐本無「悲哀」二字，疑是。按：本書卷二八封禪書：「神君者，長陵女子，以子死，見神於先後宛若。」漢書卷二五上郊祀志上「以乳死」孟康曰：「産乳而死也。」「産乳」，猶「生子」也。

〔四〕括地志云漢五帝畤在岐州雍縣南孟康云畤者神靈之所止　此下原有「或曰以雍州雍縣南孟康云畤者神靈上帝也」十八字，據彭本、殿本删。

〔五〕先是文公作鄜畤　殿本「文公」上有「秦」字。

〔六〕作吴陽上畤下畤祭赤帝黄帝　殿本作「作吴陽上畤祭黄帝下畤祭赤帝」。按：本書卷二八封禪書云「其後百餘年，秦靈公作吴陽上畤，祭黄帝；作下畤，祭炎帝」。卷五秦本紀「作密畤」正義引括地志：「秦靈公作吴陽上畤，祭黄帝；作下畤，祠炎帝。」

〔七〕故深澤侯入以主方　疑文有脱誤。按：本書卷二八封禪書：「故深澤侯舍人主方。」通鑑卷一八漢紀十武帝元光二年「故深澤侯舍人」胡三省注：「少君當是爲脩舍人。」

〔八〕其如堂何　原作「其如何堂」，據彭本、柯本、殿本改。按：韓非子外儲説右上作「其如君何」。

〔九〕此文則衍薄字　「衍」，原作「作」，據耿本、黄本、彭本、柯本、凌本、殿本改。

〔一〇〕春秋緯紫宫天皇曜魄寶之所理也　「春秋緯」下耿本、黄本、彭本、柯本有「云紫極之别名又云」八字。

〔一一〕國語云　張文虎札記卷一：「考證云此春秋文耀鉤文，見周禮春官疏。國語無。」

〔一二〕錫爲　原作「鉤馬」，據殿本改。按：本書卷三〇平準書集解引如淳作「錫爲」，漢書卷二四下食貨志下顏師古注引同。漢書卷六武帝紀：「請收銀錫造白金及皮幣以足用。」

〔一三〕故曰白金三品　「曰」字疑衍。按：本書卷三〇平準書無「曰」字，漢書卷二四下食貨志下同。

〔一四〕麃大鹿也　爾雅釋獸：「麠，大麃。」

〔一五〕用香柏爲殿　耿本、黄本、彭本、柯本、殿本此下有「梁」字。按：三輔黄圖引三輔舊事作「以香柏爲梁」。

〔一六〕三十丈　漢書卷二五上郊祀志上顏師古注引三輔故事作「二十丈」。

〔一七〕不愈　此上原有「至」字。張文虎札記卷一：「『至』字疑即上『致』字譌衍。封禪書、郊祀志並無。」今據刪。按：通鑑卷二〇漢紀十二武帝元狩五年亦無「至」字。

〔一八〕神君最貴者太一　「太一」，原作「大夫」。張文虎札記卷一：「封禪書、郊祀志並作『太一』，疑此誤。」今據改。

〔一九〕聞其音與人言等　本書卷二八封禪書作「聞其言言與人音等」，漢書卷二五上郊祀志上、通鑑卷二〇漢紀十二武帝元狩五年同。

〔二〇〕湖縣名　「湖」，原作「鼎湖」，據耿本、黄本、彭本、柯本、殿本改。按：本書卷二八封禪書「天子病鼎湖甚」索隱作「湖」，漢書卷二八上地理志上京兆尹有湖縣。

〔二一〕韋昭以爲近宜春　「韋昭」下原有「云」字，據耿本、黄本、彭本、柯本、殿本刪。

〔二二〕三十里　本書卷四九外戚世家正義引括地志作「十三里」。

〔二三〕一元曰建元　本書卷二八封禪書無下「元」字，漢書卷二五上郊祀志上同。

〔二四〕二元以長星曰元光　本書卷二八封禪書無下「元」字，漢書卷二五上郊祀志上同。

〔二五〕三元以郊得一角獸曰元狩云　「三元以」，漢書卷二五上郊祀志上作「今」。周壽昌漢書注校補卷三：「『第三爲元朔，史記不載，而以元狩爲三元，恐誤脱也。』」本書卷二八封禪書無下「元」字，漢書卷二五上郊祀志上同。

〔二六〕皆朔所加之者也　耿本、黄本、彭本、柯本、殿本此下有「楊惲繼此而稱耳」七字。

〔二七〕葵上　原作「葵丘」，據耿本、黄本、彭本、柯本、殿本改。按：漢書卷六武帝紀「立后土祠于汾陰脽上」顔師古注引漢舊儀作「葵上」。

〔二八〕與王不相中　「中」下原有「得」字。張文虎札記卷一：「不相中即不相得，蓋讀者旁注『得』字，混入正文。封禪書、郊祀志並無。攷異云衍。」今據删。

〔二九〕名子高　「子高」，原作「子喬」，據耿本、黄本、彭本、柯本、殿本改。按：漢書卷二五上郊祀志上「求僊人羨門之屬」顔師古注：「應劭曰：『羨門名子高，古仙人也。』」本書卷二八封禪書「羨門高」索隱：「秦始皇求羨門子高是也。」

〔三〇〕天道將軍　四字疑衍。按：本書卷二八封禪書無此四字，漢書卷二五上郊祀志上、通鑑卷二〇漢紀十二武帝元鼎四年同。四印者，「天士將軍、地士將軍、大通將軍」，並上「五利將軍」爲四也。下云「於是天子又刻玉印曰『天道將軍』，使使衣羽衣，夜立白茅上，五利將軍亦衣羽衣，立白茅上受印，以示弗臣也。而佩『天道』者，且爲天子道天神也」。知刻「天道將軍」印在其後，且非金印。

〔三一〕使者存問所給連屬於道　「所」，本書卷二八封禪書作「供」。漢書卷二五上郊祀志上作「共」。

〔三二〕皆嘗鬺烹上帝鬼神　張文虎札記卷一：「（鬺烹）封禪書作『亨鬺』，集解、索隱皆先釋『烹』，後釋『鬺』，似當如封禪書。然郊祀志作『鬺享』，注引服虔曰『以享祀上帝也』。蓋此文當以

『皆嘗鬺亨上帝鬼神』爲句，古亨字烹字皆作『亨』，致相混耳。疑史文當作『鬺亨』。」

〔三三〕掊抱也　「抱」，殿本、百衲本作「把」。説文手部：「掊，把也。」漢書卷二五上郊祀志上「掊視得鼎」顔師古注：「掊，謂手杷土也。」疑「抱」爲「把」或「杷」之誤。

〔三四〕鬺音觴　「觴」，原作「鬺」，據景祐本、紹興本、耿本、黄本、彭本、柯本、殿本改。

〔三五〕宛侯　本書卷二八封禪書作「宛朐」。

〔三六〕黄帝得寶鼎神筴　張文虎札記卷一：「此『黄』字似衍，封禪書、郊祀志並同。」

〔三七〕後率二十歲得朔旦冬至　「得」，本書卷二八封禪書、漢書卷二五上郊祀志上作「復」。

〔三八〕黄帝仙於寒門也　「寒門」，原作「塞門」，據紹興本、耿本、黄本、彭本、柯本、殿本改。

〔三九〕小顔云谷　「谷」，漢書卷二五上郊祀志上「谷口也」顔師古注作「谷口」。

〔四〇〕故曰寒門谷口也　耿本、黄本、彭本、柯本、殿本無「谷口也」三字。

〔四一〕胡謂頷下垂肉也　「頷」，原作「項」，據耿本、黄本、彭本、柯本、殿本改。按：本書卷二八封禪書索隱：「説文曰：『胡，牛垂頷（當作頷垂）也。』」通鑑卷二〇漢紀十二武帝元鼎四年胡三省注引顔師古注亦作「頷」。

〔四二〕止一特也　「特」，疑當作「牲」。按：本書卷二八封禪書「祭月以羊彘特」索隱云「止一牲，故云特也」。漢書卷二五上郊祀志上顔師古注：「若牛，若羊，若彘，止一牲也。」

〔四三〕秋及臘閒祠　「秋」，原作「祀」。張文虎札記卷一：「封禪書作『秋』，郊祀志同，此『祀』字誤。」今據改。

〔四四〕北八十一里　本書卷四九外戚世家、卷一一〇匈奴列傳正義引括地志皆作「西北八十里」。

〔四五〕均均然　疑當作「坎坎然」。按：風俗通義第六聲音：「孝武皇帝賽南越，禱祠太乙、后土，始用樂人侯調依琴作坎坎之樂，言其坎坎應節奏也。」初學記卷一六樂部下引風俗通作「言其坎坎應節也」。

〔四六〕封者合不死之名也　「封」下疑脱「禪」字。按：本書卷二八封禪書有「禪」字，通鑑卷二〇漢紀十二武帝元鼎六年同。漢書卷二五上郊祀志上：「封禪者，古不死之名也。」

〔四七〕天子射牛示親殺也　「殺」，原作「祭」，據耿本、黄本、彭本、殿本改。按：國語楚語下：「天子禘郊之事，必自射其牲。」漢書卷二五上郊祀志上「望祀射牛事」顔師古注：「天子有事宗廟，必自射牲，蓋示親殺也。」

〔四八〕言夜見一人　「一」，本書卷二八封禪書、漢書卷二五上郊祀志上並作「大」。

〔四九〕兕旄牛犀象　本書卷二八封禪書、漢書卷二五上郊祀志上無「旄」字。

〔五〇〕候獨見其星出如瓠　本書卷二八封禪書、漢書卷二五上郊祀志上「其星」作「填星」，「瓠」作「瓜」。

〔五一〕若云見天子　本書卷二八封禪書、漢書卷二五上郊祀志上「見」上有「欲」字。

〔五二〕將軍已下皆負薪也　「也」，耿本、黄本、彭本、柯本、殿本作「填之」。按：本書卷二九河渠書曰「令羣臣從官自將軍已下皆負薪窴決河」，漢書卷二九溝洫志同。

〔五三〕是時既滅南越　「南越」，本書卷二八封禪書作「兩越」，漢書卷二五下郊祀志下作「兩粤」。

〔五四〕越人俗信鬼　本書卷二八封禪書無「信」字。漢書卷二五下郊祀志下「粤人俗鬼」顏師古注：「俗鬼，言其土俗尚鬼神之事。」

〔五五〕獨取雞兩眼骨　「眼骨」，疑當作「腿骨」。按：宋周去非嶺外代答卷一〇載雞卜之法，以雞腿骨占卜吉凶。

〔五六〕今嶺南猶行此法也　「行」字原無，據黄本、彭本、柯本、殿本補。按：通鑑卷二一漢紀十三武帝元封二年胡三省注引史記正義亦有「行」字。

〔五七〕武帝復增　「復」字原無，據耿本、黄本、彭本、柯本、殿本補。按：漢書卷八七上揚雄傳上有「復」字。

〔五八〕通天臺　「臺」，耿本、黄本、彭本、柯本、殿本作「高光」，漢書卷八七上揚雄傳上同。

〔五九〕洪崖　耿本、黄本、彭本、柯本、殿本此下有「旁皇」二字，漢書卷八七上揚雄傳上同。

〔六〇〕儲胥　耿本、黄本、彭本、柯本、殿本此下有「弩陆」二字，漢書卷八七上揚雄傳上同。

〔六一〕等觀　耿本、黄本、彭本、柯本、殿本作「師得遊觀屈奇瑰偉」，漢書卷八七上揚雄傳上作「師得遊觀屈奇瑰瑋」。

〔六二〕單姓者音肅　「音」字原無，據耿本、黄本、彭本、柯本、殿本補。

〔六三〕每脩封禪　「每」，本書卷二八封禪書作「毋」。又，漢書卷二五下郊祀志下無「禪」字。

〔六四〕故受計獻之物於甘泉也　「計獻」，原作「記故」，據彭本、柯本、殿本改。

〔六五〕高三十五丈　「三十五」，耿本、黄本、彭本、柯本、殿本作「二十五」。按：通鑑卷二一漢紀十三武帝太初元年胡三省注引三輔黄圖作「二十五」。

〔六六〕泰液言象陰陽津液以作池也　漢書卷七昭帝紀顏師古注引臣瓚「泰液」下有「池」字，「象」作「承」，通鑑卷二一漢紀十三武帝太初元年胡三省注引臣瓚同。

〔六七〕一本作榦音　張文虎札記卷一：「疑『音』下有脱字，不然則衍。」

〔六八〕以之足也　「也」，漢書卷六武帝紀顏師古注引張晏作「之」。按：通鑑卷二一漢紀十三武帝太初元年胡三省注引張晏云「以『之』字足之」。

〔六九〕五色食所勝　本書卷二八封禪書、漢書卷二五下郊祀志下無「五」字。

〔七〇〕祠赤帝以白牡　「牡」，景祐本、紹興本、耿本、黄本、彭本、柯本作「牲」。按：漢書卷二五下郊祀志下顏師古注引孟康亦作「牲」。

〔七一〕孟云　耿本、黄本、彭本、柯本、殿本作「孟康云」。

〔七二〕寄生　耿本、黄本、彭本、柯本、殿本作「寄寓」。

史記卷十三

三代世表第一

索隱應劭云：「表者，録其事而見之。」案：禮有表記，而鄭玄云「表，明也」。謂事微而不著，須表明也，故言表也。正義言代者，以五帝久古，傳記少見，夏殷以來，乃有尚書略有年月，比於五帝事迹易明，故舉三代爲首表。表者，明也。明言事儀。

太史公曰：五帝、三代之記，【一】尚矣。【二】自殷以前諸侯不可得而譜，【三】周以來乃頗可著。孔子因史文次春秋，紀元年，正時日月，蓋其詳哉。至於序尚書，則略無年月；或頗有，然多闕，不可録。故疑則傳疑，蓋其慎也。

【一】索隱案：此表依帝繫及系本。其實敍五帝、三代，而篇唯名三代系表者，以三代代系長遠，宜以名篇；且三代皆出自五帝，故敍三代要從五帝而起也。

【二】索隱劉氏云：「尚猶久古也。『尚矣』之文元出大戴禮，彼文云『黄帝尚矣』。」

【三】正義 譜，布也，列其事也。

余讀諜【一】記，黃帝以來皆有年數。稽其曆譜諜終始五德之傳，【二】古文咸不同，乖異。夫子之弗論次其年月，豈虛哉！於是以五帝繫諜、尚書【三】集世紀黃帝以來訖共和爲世表。

【一】索隱 音牒。牒者，紀系謚之書也。下云「稽諸曆譜諜〔一〕」，謂歷代之譜諜也〔二〕。

【二】索隱 音轉。謂帝王更王，以金木水火土之五德傳次相承，終而復始，故云終始五德之傳也。

【三】索隱 案：大戴禮有五帝德及帝繫篇，蓋太史公取此二篇之諜及尚書，集而紀黃帝以來爲系表也。

帝王世國號	顓頊屬	俈屬	堯屬	舜屬	夏屬	殷屬	周屬
黃帝號有熊。	黃帝生昌意。	黃帝生玄囂。索隱 案：宋衷曰：「太史公書玄囂青陽是爲少昊，繼黃帝立者。」蓋少昊	黃帝生玄囂。	黃帝生昌意。	黃帝生昌意。	黃帝生玄囂。	黃帝生玄囂。

	帝顓頊，黃帝孫。起黃帝，至顓頊三世，號高陽〔三〕。	帝俈，黃帝曾孫。起黃帝，至帝俈四世。號高辛。	帝堯。起黃帝，至俈子
	昌意生顓頊。爲高陽氏。		
金德王，非五運之次，故敘五帝不數之耳。」	玄囂生蟜極。	蟜極生高辛，爲帝俈。【索隱】黃帝曾孫。	
	玄囂生蟜極。	蟜極生高辛。高辛生放勛。	放勛爲堯。
	昌意生顓頊。顓頊生窮蟬。【索隱】系本作「窮係」。宋衷云：「一云窮係，謚也。」	窮蟬生敬康。敬康生句望。	句望生蟜牛。蟜牛生
	昌意生顓頊。		
	玄囂生蟜極。蟜極生高辛。	高辛生卨。	卨爲殷祖。
	玄囂生蟜極。蟜極生高辛。	高辛生后稷，爲周祖。	后稷生不窋。

五世。號唐。	帝舜，黄帝玄孫之玄孫，號虞。	帝禹，黄帝耳孫，號夏。	帝啓，伐有扈，作甘誓。	帝太康
瞽叟。	瞽叟生重華，是爲帝舜。			
	顓頊生鯀。鯀生文命。索隱 案：漢書律曆志「顓頊五代而生鯀」，此及帝系皆云顓頊生鯀，是古史闕其代系也。	文命，是爲禹。		
	禼生昭明。	昭明生相土。	相土生昌若。	昌若生曹圉。曹圉生
	不窋生鞠。	鞠生公劉。	公劉生慶節。	慶節生皇僕。皇僕生

						冥。	差弗。
帝仲康，太康弟。						冥生振。	差弗生毀渝。毀渝生公非。
帝相						振生微。微生報丁。	公非生高圉。高圉生亞圉。
帝少康						報丁生報乙。報乙生報丙。	亞圉生公祖類。
帝予【索隱】音直呂反，亦作「宁」。【正義】相爲過澆所滅，后緡歸有仍，生						報丙生主壬。主壬生主癸。	公祖類生太王亶父。

少康。其子予復禹績。							
帝槐 索隱 音回，一音懷。系本作「芬」也。						主癸生天乙，是爲殷湯。	亶父生季歷。季歷生文王昌。益易卦。
帝芒 索隱 音亡，一作「荒」。							文王昌生武王發。
帝泄 索隱 音薛也。							
帝不降							
帝扃 索隱 古熒切。不降弟。							

帝廑【索隱】其靳反，又音勤。

帝孔甲，不降子。好鬼神，淫亂，不好德，二龍去。

帝皋【索隱】宋衷云：「墓在崤南陵。」

帝發【索隱】帝皋子也。系本云：「帝皋生發及履癸。履癸一名桀。」

帝履癸，是爲桀。從禹至桀十七世。從黃帝至桀二十世。	殷湯代夏氏。從黃帝至湯十七世。	帝外丙。湯太子太丁蚤卒，故立次弟外丙。

帝仲壬，外丙弟。

帝太甲，故太子太丁子。淫，伊尹放之桐宮。三年，悔過自責，伊尹乃迎之復位。

帝沃丁。伊尹卒。

帝太庚，沃丁弟。

帝小甲，太庚弟。【索隱】案：殷本紀及系本皆云小甲，太庚子。殷道衰，諸侯或不至。	帝雍己，小甲弟。	帝太戊，雍己弟。以桑穀生，稱中宗。	帝中丁

帝外壬，中丁弟。	帝河亶甲，外壬弟。	帝祖乙	帝祖辛	帝沃甲，【索隱】系本云開甲。祖辛弟。	帝祖丁，祖辛子。	帝南庚，沃甲子。

帝陽甲，祖丁子。	帝盤庚，陽甲弟。徙河南。	帝小辛，盤庚弟。	帝小乙，小辛弟。	帝武丁。雉升鼎耳雊。得傅說。稱高宗。

帝祖庚	帝甲，祖庚弟。淫。集解徐廣曰：「一云『淫德，殷衰』。」	帝廩辛索隱或作「馮辛」。系本作「祖辛」，誤也。案：上祖乙已生祖辛，故知非也。	帝庚丁，廩辛弟。殷徙河北。	帝武乙。慢

神震死。	帝太丁	帝乙。殷益衰。	帝辛，是爲紂。弑。從湯至紂二十九世。從黃帝至紂四十六世。	周武王代殷。從黃帝至武王十九世。

成王誦 【索隱】或作「庸」，非。	康王釗 【索隱】古堯反，又音招。刑錯四十餘年。	昭王瑕 【索隱】音遐。宋衷云：「昭王南伐楚，辛由靡爲
魯周公旦，初封，武王弟〔四〕。	魯公伯禽	考公
齊太公尚，初封，文王、武王師。	丁公呂伋	乙公
晉唐叔虞，初封，武王子。	晉侯燮	武侯
秦惡來，助紂。父飛廉，有力。	女防	旁皋
楚熊繹初封。繹父鬻熊，事文王。	熊乂	熊黮 【索隱】吐感反，又徒感
宋微子啓，初封，紂庶兄。	微仲，啓弟。	宋公
衞康叔初封，武王弟。	康伯 【索隱】康叔子王孫牟父也。	孝伯
陳胡公滿，初封，舜之後。	申公	相公
蔡叔度初封，武王弟。	蔡仲	蔡伯
曹叔振鐸，初封，武王弟。		太伯
燕召公奭，初封，周同姓。	九世至惠侯。	

右，涉漢，中流而隕，由靡承王，遂卒不復。周乃侯其後于西翟也。」南巡不返。不赴，諱之。	穆王滿。作甫刑。荒服不至。	恭王伊扈	懿王堅。周道衰，詩人
	煬公，考公弟。	幽公	魏公 索隱
	癸公	哀公	胡公
	成侯	厲侯	靖侯
	大几	大駱	非子
反，又杜減反。鄒氏又作點音。	熊勝	熊煬	熊渠
	丁公	湣公，丁公弟。	煬公，湣公
	嗣伯	疌伯 索隱 音捷。	靖伯
	孝公	慎公	幽公
	宮侯	厲侯	武侯
	仲君	宮伯	孝伯

作刺。	孝王方〔五〕，懿王弟〔六〕。	夷王燮，懿王子。	厲王胡。以惡聞過亂〔七〕，出奔，遂死于彘。
系本作「微公」，名弗其。	厲公	獻公，厲公弟。	真公
	獻公弒胡公。	武公	
	秦侯	公伯	秦仲
	熊無康	熊鷙紅	熊延，紅弟。
弟。	厲公	釐公	
	貞伯	頃侯	釐侯
	釐公		
	夷伯		

共和，索隱周召二公共相王室，故曰共和。皇甫謐云「共伯和干王位」，以共國伯爵，和其名也。干王位，言篡也。與史遷之說不同，蓋異說耳。二伯行政。
武公，真公弟。
熊勇

張夫子問褚先生曰：【一】「詩言契、后稷皆無父而生。今案諸傳記咸言有父，父皆黃帝子也，【二】得無與詩謬乎？」

【一】索隱褚先生名少孫，元成閒爲博士。張夫子，未詳也。

【二】索隱案：上契及后稷皆帝嚳子，此云「黃帝子」者，謂是黃帝之子孫耳。案：嚳是黃帝曾孫，而契、弃是玄孫，故云也。

褚先生曰：「不然。詩言契生於卵，后稷人迹者，欲見其有天命精誠之意耳。鬼神不能自成，須人而生，柰何無父而生乎！一言有父，一言無父，信以傳信，疑以傳疑，故兩言之。堯知契、稷皆賢人，天之所生，故封之契七十里，後十餘世至湯，王天下。堯知后稷子孫之後王也，故益封之百里，其後世且千歲，至文王而有天下。詩傳曰：『湯之先爲契，無父而生。契母與姊妹浴於玄丘水，有燕銜卵墮之，契母得，故含之，誤吞之，即生契。【一】契生而賢，堯立爲司徒，姓之曰子氏。子者茲；茲，益大也。詩人美而頌之曰「殷社【二】芒芒，天命玄鳥，降而生商」。商者質，殷號也。文王之先爲后稷，后稷亦無父而生。后稷母爲姜嫄，【三】出，見大人蹟而履踐之，知於身，則生后稷。姜嫄以爲無父，賤而弃之道中，牛羊避不踐也。抱之山中，【四】山者養之。又捐之大澤，鳥覆席食之。姜嫄怪之，於是知其天子，乃取長之。堯知其賢才，立以爲大農，姓之曰姬氏。姬者，本也。詩人美而頌之曰「厥初生民」，深修益成，而道后稷之始也。』孔子曰：『昔者堯命契爲子氏，爲有湯也。命后稷爲姬氏，爲有文王也。大王命季歷，明天瑞也。太伯之吳，遂生源也。』【五】天命難言，非聖人莫能見。舜、禹、契、后稷皆黄帝子孫也。黄帝策天命而治天下，德澤深後世，故其子孫皆復立爲天子，是天之報有德也。人不知，以爲氾從布衣匹夫起耳。夫布衣匹夫安能無故而起王天下乎？其有天命然。」

【一】索隱有娀氏女，曰簡狄，浴於玄丘水，出詩緯。殷本紀云玄鳥翔水遺卵，娀簡狄取而吞之也。

【二】集解詩云「土」。

【三】索隱有邰氏之女也。韋昭云「姜，姓；嫄，字也」。

【四】集解抱，普茅反。索隱抱，普交反，又如字。

【五】索隱言太伯之讓季歷居吳不反者，欲使傳文王、武王撥亂反正，成周道，遂天下生生之源本也。

「黄帝後世何王天下之久遠邪？」

曰：「傳云天下之君王爲萬夫之黔首請贖民之命者帝，有福萬世。黄帝是也。五政明則修禮義，因天時舉兵征伐而利者王，有福千世。蜀王，黄帝後世也，【一】至今在漢西南五千里，常來朝降，輸獻於漢，非以其先之有德，澤流後世邪？行道德豈可以忽乎哉！人君王者舉而觀之。漢大將軍霍子孟名光者，亦黄帝後世也。【二】此可爲博聞遠見者言，固難爲淺聞者説也。何以言之？古諸侯以國爲姓。霍者，國名也。武王封弟叔處於霍，後世晉獻公滅霍，公後世爲庶民，往來居平陽。平陽在河東，河東晉地，分爲魏國【八】。以詩言之，亦可爲周世。周起后稷，后稷無父而生。以三代世傳言之，后稷有父名高辛；高辛，黄帝曾孫。黄帝終始傳曰：〔三〕『漢興百有餘年，有人不短不長，出自燕之鄉〔九〕，〔四〕持天下之政，時有嬰兒主，〔五〕卻行車。』〔六〕霍將軍者，本居平陽自燕〔一〇〕。臣爲郎時，與方士考功〔七〕會旗亭下，〔八〕爲臣言。豈不偉哉！」〔九〕

〔一〕索隱 案：系本蜀無姓，相承云黄帝後〔一一〕。且黄帝二十五子，分封賜姓，或於蠻夷，蓋當然也。蜀王本紀云朱提有男子杜宇從天而下，自稱望帝，亦蜀王也。則杜姓出唐杜氏，蓋陸終氏之胤，亦黄帝之後也。正義 譜記普云蜀之先肇於人皇之際。黄帝與子昌意娶蜀山氏女，生帝俈，立，封其支庶於蜀，歷虞夏商。周衰，先稱王者蠶叢，國破，子孫居姚、嶲等處。

〔二〕索隱 案：系本云霍國，真姓。後周武王封其弟叔處於霍，是姬姓，亦黄帝後。

〔三〕索隱 蓋謂五行讖緯之説，若今之童謡言〔一二〕。

〔四〕正義 一作「白彘」。案：霍光，平陽人。平陽今晉州霍邑，本秦時霍伯國，漢爲彘縣，後漢改彘曰永安，隋又改爲霍邑。遍檢記傳，無「白燕」之名，疑「白彘」是鄉之名。

〔五〕索隱 謂昭帝也。

〔六〕索隱 言霍光持政擅權，逼帝令如卻行車〔一三〕，使不前也。

〔七〕正義 謂年老爲方士最功也。

〔八〕集解 西京賦曰：「旗亭五里〔一四〕。」薛綜曰：「旗亭，市樓也。立旗於上，故取名焉。」

【九】索隱褚先生蓋腐儒也。設主客，引詩傳，云契、弃無父，及據帝系皆帝嚳之子，是也。而末引蜀王、霍光，竟欲證何事？而言之不經，蕪穢正史，輒云「豈不偉哉」，一何誣也！

【索隱述贊】高辛之胤，大啓禎祥。脩己吞薏，石紐興王。天命玄鳥，簡狄生商。姜嫄履跡，祚流岐昌。俱膺曆運，互有興亡。風餘周召，刑措成康。出彘之後，諸侯日彊。

校勘記

〔一〕曆譜諜　「譜」字原無，據耿本、黄本、彭本、柯本、凌本、殿本及正文補。

〔二〕歷代之譜諜也　「諜也」二字原無，據耿本、黄本、彭本、柯本、凌本、殿本補。

〔三〕號高陽　此三字原無。梁玉繩志疑卷八：「『三世』下，史詮謂缺『號高陽』三字，是。蓋表第一格兼載國號也。」今據補。

〔四〕魯周公旦初封武王弟　「初封」二字原在句末，據景祐本、紹興本、耿本、黄本、彭本、柯本、凌本、殿本移。下齊、晉、楚、宋、衞、陳、蔡、曹、燕各欄同誤，今並改正。

〔五〕孝王方　「方」，殿本作「辟方」。按：本書卷四周本紀：「懿王崩，共王弟辟方立，是爲孝王。」漢書卷二〇古今人表：「孝王辟方。共王弟。」顔師古注：「辟音璧。」

〔六〕懿王弟　本書卷四周本紀作「共王弟」，漢書卷二〇古今人表同。參見上條。

〔七〕以惡聞過亂　「過」，原作「遇」。張文虎札記卷一：「警云『遇』疑當作『過』。」按：本書卷一四十二諸侯年表：「及至厲王，以惡聞其過，公卿懼誅而禍作，厲王遂奔于彘。」今據改。

〔八〕分爲魏國　「魏國」，原作「衛國」，據景祐本、紹興本、耿本、黄本、彭本、柯本、凌本、殿本改。

〔九〕出自燕之鄉　張文虎札記卷一：「『自』當作『白』，下同。又句下王、柯本有『正義本作燕』五字，疑史文舊作『彘』，故校者旁注此，今既改燕，則不可通矣。凌本亦有『索隱曰本作燕』六字，單本無之，今並删。」

〔一〇〕本居平陽自燕　疑文有譌誤。參見上條。

〔一一〕相承云黄帝後　耿本、黄本、彭本、柯本、凌本、殿本此下有「世子孫也」四字。

〔一二〕若今之童謡言　「言」，耿本、黄本、彭本、柯本、凌本、殿本作「也」。

〔一三〕逼帝令如卻行車　「逼」，耿本、黄本、彭本、柯本、凌本、殿本作「遏」，疑是。

〔一四〕旗亭五里　「五里」，疑當作「五重」。文選卷二張衡西京賦：「旗亭五重，俯察百隧。」如作「五里」，則上下文義不接。文選卷六左思魏都賦「抗旗亭之嶢嶭，侈所覜之博大」李善注：「嶢嶭，高峻之貌。」「嶢嶭」與「五重」，義亦相近。

史記卷十四

十二諸侯年表第二

索隱 案：篇言十二，實敍十三者，賤夷狄不數吳，又霸在後故也。不數而敍之者，闔閭霸盟上國故也。

太史公讀春秋曆譜諜，〔一〕至周厲王，未嘗不廢書而歎也。曰：嗚呼，師摯見之矣！〔二〕紂爲象箸〔三〕而箕子唏。〔四〕周道缺，詩人本之衽席，關雎作。仁義陵遲，鹿鳴刺焉。及至厲王，以惡聞其過，〔五〕公卿懼誅而禍作，厲王遂奔于彘，〔六〕亂自京師始，而共和行政焉。是後或力政，彊乘弱，興師不請天子。然挾王室之義，〔七〕以討伐爲會盟主，政由五伯，〔八〕諸侯恣行，〔九〕淫侈不軌，賊臣篡子滋起矣。齊、晉、秦、楚，其在成周微甚，封或百里，或五十里。晉阻三河，齊負東海，楚介江淮，〔一〇〕秦因雍州之固，四國迭興，〔一一〕更爲伯主，文武所褒大封，皆威而服焉。是以孔子明王道，干七十餘君，莫能用，故西觀周室，論史記舊聞，興於魯而次春秋，上記隱，下至哀之獲麟，約其辭文，去其煩重，【一一】以制義法，王道備，人事浹。七十子之徒口受其傳指，【一二】爲有所刺譏褒諱挹損之文辭不可以書見也。魯君子左丘明懼弟子人人異端，各安其意，失其真，故因孔子史記具論其語，成左氏春秋。鐸椒爲楚威王傅，爲王不能盡觀春秋，采取成敗，卒四十章，爲鐸氏微。【一三】趙孝成王時，其相虞卿上采春秋，下觀近勢〔二〕，亦著八篇，爲虞氏春秋。【一四】呂不韋者，秦莊襄王相，亦上觀尚古，刪拾春秋，集六國時事，以爲八覽、六論、十二紀，爲呂氏春秋。及如荀卿、孟子、公孫固、韓非【一五】之徒，各往往捃摭春秋之文以著書，不可勝紀。漢相張蒼曆譜五德，【一六】上大夫董仲舒推春秋義，頗著文焉。【一七】

【一】索隱案：劉杳云：「三代系表旁行邪上，並效周譜〔三〕。」譜起周代。藝文志有古帝王譜。又自古爲春秋學者，有年曆、譜諜之說，故杜元凱作春秋長曆及公子譜。蓋因於舊說，故太史公得讀焉也。

【二】集解鄭玄曰：「師摯，太師之名。周道衰微，鄭衛之音作，正樂廢而失節，魯太師摯識關雎之聲，首理其亂也。」

【三】索隱鄒氏及劉氏皆音直慮反，即筯也。今案：箕子云「爲象箸者必爲玉梧」，則箸者是樽也，音治略反。

【四】索隱唏，嗚歎聲，音許既反。又音希，希亦聲餘，故記曰「夫子曰嘻其甚也」，亦歔音也。
【五】索隱惡，烏故反。過，古卧反。故國語云厲王止謗，道路以目是也。
【六】索隱彘，地名，在河東，後爲永安縣也。
【七】索隱挾音協也。
【八】索隱伯音霸。五霸者，齊桓公、晉文公、秦穆公、宋襄公、楚莊王也。
【九】索隱下孟反。
【一〇】索隱介音界，言楚以江淮爲界。一云介者夾也。
【一一】索隱文去重。去，羌吕反。重，逐龍反。言約史記脩春秋，去其重複之文也〔四〕。
【一二】索隱傳音逐宣反。
【一三】索隱鐸椒所撰。名鐸氏微者，春秋有微婉之詞故也。
【一四】正義案：其文八篇，藝文志云十五篇，虞卿撰。
【一五】索隱荀況、孟軻、韓非皆著書，自稱「子」。宋有公孫固，無所述。此固，齊人韓固，傳詩者。
【一六】索隱案：張蒼著終始五德傳也。
【一七】索隱作春秋繁露是。

太史公曰：儒者斷其義，馳説者騁其辭，不務綜其終始；曆人取其年月，數家【一】隆於神運，【二】譜諜獨記世謚，其辭略，欲一觀【三】諸要難。【四】於是譜十二諸侯，自共和訖孔

子，表見春秋、國語學者所譏盛衰大指著于篇，爲成學治古文者【五】要删焉。【六】

【一】【索隱】上音疏具反。謂陰陽術數之家也。
【二】【集解】徐廣曰：「一作『通』也。」
【三】【索隱】壹觀。音官。
【四】【索隱】下奴丹反。
【五】【集解】徐廣曰：「一云『治國聞者』也。」
【六】【索隱】爲成學治文者要删焉。言表見春秋國語，本爲成學之人欲覽其要〔五〕，故删爲此篇焉。

公元前841

	庚申
周	共和元年【集解】徐廣曰：「自共和元年，歲在庚申，訖敬
魯	真公濞【索隱】系本作「慎公摯」。鄒誕本作「慎公
齊	武公壽【索隱】太公五代孫，獻公子也。宋衷曰：「武公
晉	靖侯宜臼【索隱】唐叔五代孫，厲侯之子也。宋衷曰：「唐
秦	秦仲【索隱】非子曾孫，公伯之子。宣王命爲大夫，誅西戎也。
楚	熊勇【索隱】楚，羋姓，粥熊之後，因氏熊。熊勇，熊延之子，熊繹
宋	釐公【索隱】微仲六代孫，厲公之子也。十八年
衛	釐侯【索隱】康叔七代孫〔八〕，頃侯之子。頃侯賂周，始命
陳	幽公寧【索隱】胡公五代孫。十四年
蔡	武侯【索隱】蔡仲五代孫也。二十三年
曹	夷伯【索隱】名喜，振鐸六代孫也。二十四年
鄭	
燕	惠侯【索隱】召公奭九世孫也。立三十八年。二十四年
吳	

王四十三年，凡三百六十五年。共和在春秋前一百一十九年。索隱宣王少，周召二公共相王室，故曰共和。宣王，厲王之子也。徐氏云：「元年至敬

嚊」，真公伯禽之玄孫。十五年一云十四年。

十年，宣王大臣共行政，號曰共和。十四年，宣王即位。」十年

叔已下五代無年紀。」十八年

四年

十一代孫。七年

爲侯。十四年

周	王四十三年，凡三百六十五年。共和在春秋前一百一十九年也。」厲王子居召公宮，是爲宣王〔六〕。王少〔七〕，
魯	
齊	
晉	
秦	
楚	
宋	
衛	
陳	
蔡	
曹	
鄭	
燕	
吴	

834	835	836	837	838	839	840	
			甲子				
八	七	六	五	四	三	二	大臣共和行政。
二十二	二十一	二十	十九	十八	十七	十六	
十七	十六	十五	十四	十三	十二	十一	
七	六	五	四	三	二	晉釐侯司徒元年	
十一	十	九	八	七	六	五	
四	三	二	楚熊嚴元年	十	九	八	
二十五	二十四	二十三	二十二	二十一	二十	十九	
二十一	二十	十九	十八	十七	十六	十五	
二十一	二十	十九	十八	十七	十六	十五	
四	三	二	蔡夷侯元年	二十六	二十五	二十四	
曹幽	三十	二十九	二十八	二十七	二十六	二十五	
三十一	三十	二十九	二十八	二十七	二十六	二十五	

		833	832	831	830
周		九	十	十一	十二
魯		二十三	二十四	二十五	二十六
齊		十八	十九	二十	二十一
晉		八	九	十	十一
秦		十二	十三	十四	十五
楚		五	六	七	八
宋		二十六	二十七	二十八	宋惠公覸元年 索隱 覸音閑。又音下板反。
衛		二十二	二十三	二十四	二十五
陳		二十二	二十三	陳釐公孝元年	二
蔡		五	六	七	八
曹	伯彊元年	二	三	四	五
鄭					
燕		三十二	三十三	三十四	三十五
吳					

829	828	827	826
		甲戌	
十三	十四 宣王即位，共和罷。 索隱 二相還政，宣王稱元年也。	宣王元年 〔九〕	二
二十七	二十八	二十九	三十
二十二	二十三	二十四	二十五
十二	十三	十四	十五
十六	十七	十八	十九
九	十	楚熊霜元年	二
二	三	四	五
二十六	二十七	二十八	二十九
三	四	五	六
九	十	十一	十二
六	七	八	九
三十六	三十七	三十八	燕釐

825

周	三
魯	魯武公敖元年
齊	二十六
晉	十六
秦	二十
楚	三
宋	六
衞	三十
陳	七
蔡	十三
曹	曹戴伯鮮元年
鄭	
燕	二
燕	侯莊 索隱 徐廣云一無「莊」字。案：燕失年紀及君名〔一〇〕，此言「莊」者，衍字也。元年
吳	

821	822	823	824
七	六	五	四
五	四	三	二
四	三	二	齊厲公無忌元年
二	晉獻侯籍元年	十八	十七
秦莊公其〔索隱〕其，名也。案：秦之先公並不記名，	二十三	二十二	二十一
楚熊徇元年	六	五	四
十	九	八	七
三十四	三十三	三十二	三十一
十一	十	九	八
十七	十六	十五	十四
五	四	三	二
六	五	四	三

	814	815	816	817	818	819	820	
				甲申				
周	十四	十三	十二	十一	十	九	八	
魯	二	魯懿公戲元年	十	九	八	七	六	
齊	二	齊文公赤元年	九	八	七	六	五	
晉	九	八	七	六	五	四	三	
秦	八	七	六	五	四	三	二	恐其非名。元年
楚	八	七	六	五	四	三	二	
宋	十七	十六	十五	十四	十三	十二	十一	
衛	四十一	四十	三十九	三十八	三十七	三十六	三十五	
陳	十八	十七	十六	十五	十四	十三	十二	
蔡	二十四	二十三	二十二	二十一	二十	十九	十八	
曹	十二	十一	十	九	八	七	六	
鄭								
燕	十三	十二	十一	十	九	八	七	
吳								

811	812	813
十七	十六	十五
五	四	三
五	四	三
穆侯弗生 索隱晉穆公生。案：系家名費生，或作「潰生」。系本名弗生，則生是穆公名。費潰弗不	十一	十
十一	十	九
十一	十	九
二十	十九	十八
二	衞武公和元年	四十二
二十一	二十	十九
二十七	二十六	二十五
十五	十四	十三
十六	十五	十四

		810	809	808
周		十八	十九	二十
魯		六	七	八
齊		六	七	八
晉	同爾〔二〕。元年	二	三	四 取齊
秦		十二	十三	十四
楚		十二	十三	十四
宋		二十一	二十二	二十三
衛		三	四	五
陳		二十二	二十三	二十四
蔡		二十八	蔡釐侯所事【索隱】蔡釐侯所。案：系家釐侯名所事。元年	二
曹		十六	十七	十八
鄭				
燕		十七	十八	十九
吳				

	807	806
	甲午	
	二十一	二十二
	九	魯孝公稱元年。伯御立爲君，稱爲諸公子云。伯御，武公孫。
	九	十
女爲夫人。	五	六
	十五	十六
	十五	十六
	二十四	二十五
	六	七
	二十五	二十六
	三	四
	十九	二十
		鄭桓公友［索隱］宣王母弟。宣王二十二年封之鄭，立三十六年，與幽王俱死犬戎之難也。元
	二十	二十一

		805	804	803
周		二十三	二十四	二十五
魯		二	三	四
齊		十一	十二	齊成公說
晉		七 以伐條生太子仇。	八	九
秦		十七	十八	十九
楚		十七	十八	十九
宋		二十六	二十七	二十八
衞		八	九	十
陳		二十七	二十八	二十九
蔡		五	六	七
曹		二十一	二十二	二十三
鄭	年始封。周宣王母弟。	二	三	四
燕		二十二	二十三	二十四
吴				

二十六	
五	
二	索隱 系家「說」作「脫」。 元年
十 以千畝戰，生仇。弟成師。子名二子反，君譏之。後亂。	
二十	
二十	
二十九	
十一	
三十	
八	
二十四	
五	
二十五	

	801	800	799	798	797	796
					甲辰	
周	二十七	二十八	二十九	三十	三十一	三十二
魯	六	七	八	九	十	十一 周宣王誅
齊	三	四	五	六	七	八
晉	十一	十二	十三	十四	十五	十六
秦	二十一	二十二	二十三	二十四	二十五	二十六
楚	二十一	二十二	楚熊鄂元年〔二〕	二	三	四
宋	三十	三十一 宋惠公薨。	宋戴公立。元年	二	三	四
衛	十二	十三	十四	十五	十六	十七
陳	三十一	三十二	三十三	三十四	三十五	三十六
蔡	九	十	十一	十二	十三	十四
曹	二十五	二十六	二十七	二十八	二十九	三十
鄭	六	七	八	九	十	十一
燕	二十六	二十七	二十八	二十九	三十	三十一
吳						

794	795	
三十四	三十三	
十三	十二	伯御，立其弟稱，是爲孝公。
齊莊公贖 [索隱] 劉氏音	九	
十八	十七	
二十八	二十七	
六	五	
六	五	
十九	十八	
二	陳武公靈元年	
十六	十五	
二	曹惠公伯雉〔三〕[索隱] 一作「兕」。元年	
十三	十二	
三十三	三十二	

	790	791	792	793	
周	三十八	三十七	三十六	三十五	
魯	十七	十六	十五	十四	
齊	五	四	三	二	神欲反。系家及系本並作「購」。元年
晉	二十二	二十一	二十	十九	
秦	三十二	三十一	三十	二十九	
楚	楚若敖 〔索隱〕熊鄂子熊儀也，號若敖	九	八	七	
宋	十	九	八	七	
衞	二十三	二十二	二十一	二十	
陳	六	五	四	三	
蔡	二十	十九	十八	十七	
曹	六	五	四	三	
鄭	十七	十六	十五	十四	
燕	燕頃侯元年	三十六	三十五	三十四	
吴					

	785	786	787	788	789	
			甲寅			
	四十三	四十二	四十一	四十	三十九	
	二十二	二十一	二十	十九	十八	
	十	九	八	七	六	
穆侯卒，弟殤叔自立，太子仇出	二十七	二十六	二十五	二十四	二十三	
	三十七	三十六	三十五	三十四	三十三	
	六	五	四	三	二	也。元年
	十五	十四	十三	十二	十一	
	二十八	二十七	二十六	二十五	二十四	
	十一	十	九	八	七	
	二十五	二十四	二十三	二十二	二十一	
	十一	十	九	八	七	
	二十二	二十一	二十	十九	十八	
	六	五	四	三	二	

		784	783	782	781
周		四十四	四十五	四十六	幽王元年
魯		二十三	二十四	二十五	二十六
齊		十一	十二	十三	十四
晉	奔。	晉殤叔元年	二	三	四 仇攻殺殤叔，立，爲文侯。
秦		三十八	三十九	四十	四十一
楚		七	八	九	十
宋		十六	十七	十八	十九
衞		二十九	三十	三十一	三十二
陳		十二	十三	十四	十五
蔡		二十六	二十七	二十八	二十九
曹		十二	十三	十四	十五
鄭		二十三	二十四	二十五	二十六
燕		七	八	九	十
吳					

774	775	776	777	778	779	780
			甲子			
八	七	六	五	四	三 王取褒姒。	二 三川震。
三十三	三十二	三十一	三十	二十九	二十八	二十七
二十一	二十	十九	十八	十七	十六	十五
七	六	五	四	三	二	晉文侯仇元年
四	三	二	秦襄公元年	四十四	四十三	四十二
十七	十六	十五	十四	十三	十二	十一
二十六	二十五	二十四	二十三	二十二	二十一	二十
三十九	三十八	三十七	三十六	三十五	三十四	三十三
四	三	二	陳平公燮元年	三	二	陳夷公説元年
三十六	三十五	三十四	三十三	三十二	三十一	三十
二十二	二十一	二十	十九	十八	十七	十六
三十三	三十二	三十一	三十	二十九	二十八	二十七
十七	十六	十五	十四	十三	十二	十一

	770	771	772	773
周	平王元年，東徙雒邑。	十一 幽王爲犬戎所殺。	十	九
魯	三十七	三十六	三十五	三十四
齊	二十五	二十四	二十三	二十二
晉	十一	十	九	八
秦	八 初立西畤，祠白帝。	七 始列爲諸侯。	六	五
楚	二十一	二十	十九	十八
宋	三十	二十九	二十八	二十七
衛	四十三	四十二	四十一	四十
陳	八	七	六	五
蔡	四十	三十九	三十八	三十七
曹	二十六	二十五	二十四	二十三
鄭	鄭武公滑突 【索隱】滑，一作	三十六 以幽王故，爲犬戎所殺。	三十五	三十四
燕	二十一	二十	十九	十八
吳				

768	769	
三	二	
魯惠公弗湟【索隱】魯惠公弗生。系家作「弗湟」，系本作「弗皇」。元年	三十八	
二十七	二十六	
十三	十二	
十	九	
二十三	二十二	
三十二	三十一	
四十五	四十四	
十	九	
四十二	四十一	
二十八	二十七	
三	二	「掘」，並音胡忽反。元年
二十三	二十二	

	767	766	765	764
	甲戌			
周	四	五	六	七
魯	二	三	四	五
齊	二十八	二十九	三十	三十一
晉	十四	十五	十六	十七
秦	十一	十二 伐戎至岐而死。	秦文公元年	二
楚	二十四	二十五	二十六	二十七
宋	三十三	三十四	宋武公司空元年	二
衛	四十六	四十七	四十八	四十九
陳	十一	十二	十三	十四
蔡	四十三	四十四	四十五	四十六
曹	二十九	三十	三十一	三十二
鄭	四	五	六	七
燕	二十四	燕哀侯元年	二	燕鄭侯元年
吳				

八

六

三十二

十八

三

楚霄敖

索隱楚霄敖。案：系家若敖子熊坎立，是爲霄敖。此作「霄敖」，恐是「霄」字訛變爲「霄」也。劉伯莊但隨字而音，更不分析。

三

五十

十五

四十七

三十三

八

二

	757	758		759	760		761	762	
	申甲								
周	十四	十三		十二	十一		十	九	
魯	十二	十一		十	九		八	七	
齊	三十八	三十七		三十六	三十五		三十四	三十三	
晉	二十四	二十三		二十二	二十一		二十	十九	
秦	九	八		七	六		五	四	
楚	楚蚡	六		五	四		三	二	元年
宋	九	八		七	六		五	四	
衛	衛莊	五十五		五十四	五十三		五十二	五十一	
陳	二十一	二十		十九	十八		十七	十六	
蔡	三	二	蔡戴侯元年		二	蔡共侯興元年		四十八	
曹	三	二	曹穆公元年		三十六		三十五	三十四	
鄭	十四	十三		十二	十一	娶申侯女武姜。	十	九	
燕	八	七		六	五		四	三	
吳									

755	756	
十六	十五	
十四	十三	
四十	三十九	
二十六	二十五	
十一	十 作鄘時。	
三	二	冒〔索隱〕鄒氏云「蚡」一作「粉」，音憤〔一四〕。冒音亡報反，又音默也。元年
十一	十	
三	二	公楊元年
二十三	二十二	
五	四	
二	曹桓公終生元年	
十六	十五	生莊公寤生。
十	九	

	750	751	752	753	754
周	二十一	二十	十九	十八	十七
魯	十九	十八	十七	十六	十五
齊	四十五	四十四	四十三	四十二	四十一
晉	三十一	三十	二十九	二十八	二十七
秦	十六	十五	十四	十三	十二
楚	八	七	六	五	四
宋	十六	十五	十四	十三	十二
衛	八	七	六	五	四
陳	五	四	三	二	陳文公圉元年生桓公鮑、厲公他。他母蔡女。
蔡	十	九	八	七	六
曹	七	六	五	四	三
鄭	二十一	二十	十九	十八	十七生大叔段。〔一五〕
燕	十五	十四	十三	十二	十一
吳					

745	746	747	748	749
		甲午		
二十六	二十五	二十四	二十三	二十二
二十四	二十三	二十二	二十一	二十
五十	四十九	四十八	四十七	四十六
晉昭侯元	三十五	三十四	三十三	三十二
二十一	二十	十九 作祠陳寶。	十八	十七
十三	十二	十一	十	九
三	二	宋宣公力元年	十八 生魯桓公母。	十七
十三	十二	十一	十	九
十 文公	九	八	七	六
五	四	三	二	蔡宣侯楷論元年
十二	十一	十	九	八
二十六	二十五	二十四	二十三	二十二
二十	十九	十八	十七	十六

周	
魯	
齊	
晉	年封季弟成師于曲沃。[一六]曲沃大於國,君子譏曰:「晉人亂自曲
秦	
楚	
宋	
衞	
陳	卒。
蔡	
曹	
鄭	
燕	
吳	

	744	743	742	741
	二十七	二十八	二十九	三十
	二十五	二十六	二十七	二十八
	五十一	五十二	五十三	五十四
沃始矣。」	二	三	四	五
	二十二	二十三	二十四	二十五
	十四	十五	十六	十七
	四	五	六	七
	十四	十五	十六	十七 愛妾
	陳桓公元年	二	三	四
	六	七	八	九
	十三	十四	十五	十六
	二十七	鄭莊公寤生元年 祭仲相〔一七〕。	二	三
	二十一	二十二	二十三	二十四

		740	739
周		三十一	三十二
魯		二十九	三十
齊		五十五	五十六
晉		六	潘父殺昭侯，納成師，不克。昭侯子立，是爲
秦		二十六	二十七
楚		武王立。	二
宋		八	九
衛	子州吁，州吁好兵。	十八	十九
陳		五	六
蔡		十	十一
曹		十七	十八
鄭		四	五
燕		二十五	二十六
吳			

737	738	
辰甲		
三十四	三十三	
三十二	三十一	
五十八	五十七	
三	二	孝侯。索隱 昭侯，文侯仇之子。系家云晉大臣潘父殺昭侯，迎曲沃桓叔，晉人攻之，立昭侯子平，是爲孝侯也。
二十九	二十八	
四	三	
十一	十	
二十一	二十	
八	七	
十三	十二	
二十	十九	
七	六	
二十八	二十七	

	736	735	734	733
周	三十五	三十六	三十七	三十八
魯	三十三	三十四	三十五	三十六
齊	五十九	六十	六十一	六十二
晉	四	五	六	七
秦	三十	三十一	三十二	三十三
楚	五	六	七	八
宋	十二	十三	十四	十五
衛	二十二	二十三 夫人無子，桓公立。	衛桓公完元年	二 弟州吁驕，
陳	九	十	十一	十二
蔡	十四	十五	十六	十七
曹	二十一	二十二	二十三	二十四
鄭	八	九	十	十一
燕	二十九	三十	三十一	三十二
吳				

	732	731	730
	三十九	四十	四十一
	三十七	三十八	三十九
	六十三	六十四	齊釐公祿
	八	九	十
		曲沃桓叔成師卒，子代立，爲莊伯。	
	三十四	三十五	三十六
	九	十	十一
	十六	十七	十八
桓黜之，出奔。	三	四	五
	十三	十四	十五
	十八	十九	二十
	二十五	二十六	二十七
	十二	十三	十四
	三十三	三十四	三十五

		729	728
周		四十二	四十三
魯		四十	四十一
齊	父元年	二 同母弟夷仲年生公孫毋知也。	三
晉		十一	十二
秦		三十七	三十八
楚		十二	十三
宋		十九 公卒，命立弟和，爲穆公。	宋穆公和元年
衛		六	七
陳		十六	十七
蔡		二十一	二十二
曹		二十八	二十九
鄭		十五	十六
燕		三十六	燕穆侯元年
吳			

727	726	725	724
甲寅			
四十四	四十五	四十六	四十七
四十二	四十三	四十四	四十五
四	五	六	七
十三	十四	十五	十六　曲沃莊伯殺孝侯，晉人立孝侯子郤，爲鄂侯。
三十九	四十	四十一	四十二
十四	十五	十六	十七
二	三	四	五
八	九	十	十一
十八	十九	二十	二十一
二十三	二十四	二十五	二十六
三十	三十一	三十二	三十三
十七	十八	十九	二十
二	三	四	五

	722	723
周	四十九	四十八
魯	魯隱	四十六
齊	九	八
晉	二	晉鄂侯郤元年。曲沃强於晉。【索隱】有本「郤」作「都」者，誤也。鄂，邑；郤，其名。孝侯子也。
秦	四十四	四十三
楚	十九	十八
宋	七	六
衛	十三	十二
陳	二十三	二十二
蔡	二十八	二十七
曹	三十五	三十四
鄭	二十二	二十一
燕	七	六
吴		

公息姑

【索隱】魯隱公息。系家名息，系本名息姑也。

元年

【集解】徐廣曰：「春秋隱元年，歲在己未。」

母聲子。

段作亂，奔。

	719	720	721
周	桓王	五十一	五十
魯	四	三 二月，日蝕。	二
齊	十二	十一	十
晉	五	四	三
秦	四十七	四十六	四十五
楚	二十二	二十一	二十
宋	宋殤	九 公屬孔父立殤公。馮奔鄭。	八
衛	十六	十五	十四
陳	二十六	二十五	二十四
蔡	三十一	三十	二十九
曹	三十八	三十七	三十六
鄭	二十五	二十四 侵周，取禾。	二十三 公悔，思母不見，穿地相見。
燕	十	九	八
吳			

	718
元年	二 使虢公伐晉之曲沃。
	五 公觀魚于棠，君子譏之。
	十三
	六 鄂侯卒。曲沃莊伯復攻晉。立鄂侯子光，爲哀侯。
	四十八
	二十三
公與夷元年	二 鄭伐我。我伐鄭。
州吁弒公自立。	衛宣公晉元年 共立之〔一八〕。討州吁。
衛石碏來告，故執州吁。	二十七
	三十二
	三十九
	二十六
	十一

	717	716	715
	甲子		
周	三	四	五
魯	六 鄭人來渝平。	七	八 易許田，君
齊	十四	十五	十六
晉	晉哀侯光元年	二 莊伯卒，子稱立，爲武公。	三
秦	四十九	五十	秦寧公元年
楚	二十四	二十五	二十六
宋	三	四	五
衞	二	三	四
陳	二十八	二十九	三十
蔡	三十三	三十四	三十五
曹	四十	四十一	四十二
鄭	二十七 始朝王，王不禮。	二十八	二十九 與魯祊，易
燕	十二	十三	十四
吳			

713	714	
七	六	
十	九 三月，大雨雹，電〔二〇〕。	子譏之。
十八	十七	
五	四	
三	二	〔一九〕
二十八	二十七	
七 諸侯敗我。我師與衛人伐鄭。	六	
六	五	
三十二	三十一	
二	蔡桓侯封人元年	
四十四	四十三	
三十一	三十	許田。
十六	十五	

	712	711
周	八	九
魯	十一 大夫翬請殺桓公，求爲相，公不聽，即殺公。	魯桓公允 索隱 一作「兀」，五
齊	十九	二十
晉	六	七
秦	四	五
楚	二十九	三十
宋	八	九
衞	七	八
陳	三十三	三十四
蔡	三	四
曹	四十五	四十六
鄭	三十二	三十三 以璧加魯，易許田。
燕	十七	十八
吳		

十	
二 宋賂以鼎，入於太廟，	忽反。徐廣云一作「軌」。元年母宋武公女，生手文爲魯夫人。
二十一	
八	
六	
三十一	
華督見孔父妻好，悦之。華	
九	
三十五	
五	
四十七	
三十四	
燕宣侯元年	

		709
周		十一
魯	君子譏之。	三 翬迎女，齊侯送
齊		二十二
晉		晉小子元年
秦		七
楚		三十二
宋	督殺孔父，及殺殤公。宋公馮元年。華督爲相。	二
衛		十
陳		三十六
蔡		六
曹		四十八
鄭		三十五
燕		二
吳		

	708	707
		甲戌
	十二	十三 伐鄭。
女，君子譏之。	四	五
	二十三	二十四
	二	三
	八	九
	三十三	三十四
	三	四
	十一	十二
	三十七	三十八 弟他【索隱】音徒何反。陳大夫五父，後立爲厲公。殺太子免。代立，
	七	八
	四十九	五十
	三十六	三十七 伐周，傷王。
	三	四

周		十四
魯		六
齊		二十五 山戎伐我。
晉		曲沃武公殺小子。周伐曲沃，立晉哀侯弟滑【索隱】音旻。爲晉
秦		十
楚		三十五 侵隨，隨爲善政，得止。
宋		五
衛		十三
陳	國亂，再赴。	陳厲公他元年
蔡		九
曹		五十一
鄭		三十八 太子忽救齊，齊將妻之。
燕		五
吳		

704	705	
十六	十五	
八	七	
二十七	二十六	
三	二	侯。晉侯緡元年
十二	十一	
三十七 伐隨，弗拔，但盟，	三十六	
七	六	
十五	十四	
三	二 生敬仲完。周史卜完後世王齊。	
十一	十	
五十三	五十二	
四十	三十九	
七	六	

		703	702	701	700
周		十七	十八	十九	二十
魯		九	十	十一	十二
齊		二十八	二十九	三十	三十一
晉		四	五	六	七
秦		秦出公元年〔三〕	二	三	四
楚	罷兵。	三十八	三十九	四十	四十一
宋		八	九	十 執祭仲。	十一
衛		十六	十七	十八 太子伋弟壽爭死。	十九
陳		四	五	六	七
蔡		十二	十三	十四	十五
曹		五十四	五十五	曹莊公射姑元年	二
鄭		四十一	四十二	四十三	鄭厲
燕		八	九	十	十一
吳					

	699	698
	二十一	二十二
	十三	十四
	三十二 釐公令毋知秩服如太子。	三十三
	八	九
	五	六 三父殺出公，立其兄
	四十二	四十三
	十二	十三
	衛惠公朔元年	二
公淫蔡，蔡殺公。	陳莊公林元年 桓公子。	二
	十六	十七
	三	四
公突元年	二	三 諸侯伐我，報宋故。
	十二	十三

		697	696
		甲申	
周		二十三	莊王元年生子穨。
魯		十五天王求車，非禮。	十六公會曹，謀伐鄭
齊		齊襄公諸兒元年貶毋知秩服，毋知怨。	二
晉		十	十一
秦	武公。	秦武公元年伐彭，至華山。	二
楚		四十四	四十五
宋		十四	十五
衞		三朔奔齊，立黔牟。	衞黔牟元年
陳		三	四
蔡		十八	十九
曹		五	六
鄭		四祭仲立忽，公出居櫟。	鄭昭公忽元年忽母
燕		燕桓侯元年〔三〕	二
吳			

	695	694
	二 有弟克。〔三四〕	三
〔三三〕。	十七 日食，不書日，官失之。	十八 公與夫人如齊，齊侯通焉，
	三	四 殺魯桓公，誅彭生。
	十二	十三
	三	四
	四十六	四十七
	十六	十七
	二	三
	五	六
	二十	蔡哀侯獻舞元年
	七	八
鄧女，祭仲取之。	二 渠彌殺昭公。	鄭子亹元年 齊殺子亹，昭公
	三	四

		693
周		四 周公欲殺王而立子克，王誅周公，克奔燕。
魯	使彭生殺公於車上。	魯莊公同元年
齊		五
晉		十四
秦		五
楚		四十八
宋		十八
衛		四
陳		七
蔡		二
曹		九
鄭	弟。	鄭子嬰元年子亹之弟。
燕		五
吳		

692	691	690
五	六	七
二	三	四
六	七	八伐紀，去其都邑。
十五	十六	十七
六	七	八
四十九	五十	五十一王伐隨，告夫人心動，
十九	宋湣公捷元年	二
五	六	七
陳宣公杵臼元年杵臼，莊公弟。	二	三
三	四	五
十	十一	十二
二	三	四
六	七	燕莊公元年

	688	689	
周	九	八	
魯	六	五 與齊伐衛，納惠公。	
齊	十	九	
晉	十九	十八	
秦	十	九	
楚	二 伐申，過鄧，鄧甥曰楚可取，	楚文王貲元年始都郢。	王卒軍中。
宋	四	三	
衛	九	八	
陳	五	四	
蔡	七	六	
曹	十四	十三	
鄭	六	五	
燕	三	二	
吳			

	687	686
	甲午	
	十	十一
	七 星隕如雨，與雨偕。	八 子糾來奔，與管仲俱避毋
	十一	十二 毋知殺君自立。
	二十	二十一
	十一	十二
鄧侯不許。	三	四
	五	六
	十 齊立惠公，黔牟奔周。	衛惠公朔復入。十四年
	六	七
	八	九
	十五	十六
	七	八
	四	五

		685	684
周		十二	十三
魯	知亂。	九 魯欲與糾入，後小白，齊距魯，使生致管仲。	十 齊伐我，爲
齊		齊桓公小白元年 春，齊殺毋知。	二
晉		二十二	二十三
秦		十三	十四
楚		五	六 息夫人，陳
宋		七	八
衛		十五	十六
陳		八	九
蔡		十	十一 楚虜我侯。
曹		十七	十八
鄭		九	十
燕		六	七
吳			

	十四	
糾故〔三五〕。	十一	臧文仲弔宋水。
	三	
	二十四	
	十五	
女,過蔡,蔡不禮,惡之。楚伐蔡,獲哀侯以歸〔三六〕。	七	
	九	宋大水,公自罪。魯使臧文仲來
	十七	
	十	
	十二	
	十九	
	十一	
	八	

	680	681	682	
周	二	釐王元年	十五	
魯	十四	十三 曹沫劫桓公。反所亡地。	十二	
齊	六	五 與魯人會柯。	四	
晉	二十七	二十六	二十五	
秦	十八	十七	十六	
楚	十	九	八	
宋	二	宋桓公御説元年 莊公子。	十 萬殺君，仇牧有義。	弔。
衞	二十	十九	十八	
陳	十三	十二	十一	
蔡	十五	十四	十三	
曹	二十二	二十一	二十	
鄭	十四	十三	十二	
燕	十一	十	九	
吳				

679	678
三	四
十五	十六
七 始霸，會諸侯于鄄。	八
二十八 曲沃武公滅晉侯湣，以寶獻周，周命武公爲晉君，并其地。	晉武公稱并晉，
十九	二十 葬雍，初以
十一	十二 伐鄧，滅之。
三	四
二十一	二十二
十四	十五
十六	十七
二十三	二十四
鄭厲公元年厲公亡後十七歲復入。	二 諸侯伐我。
十二	十三

	677 甲辰	
周	五	
魯	十七	
齊	九	
晉	三十九 武公卒，子詭諸立，爲獻公。	已立三十八年，不更元，因其元年。
秦	秦德公元年 武公弟。	人從死。
楚	十三	
宋	五	
衞	二十三	
陳	十六	
蔡	十八	
曹	二十五	
鄭	三	
燕	十四	
吴		

惠王元年。取陳后。

十八

十

晉獻公詭諸元年

二　初作伏，祠社，磔狗邑四門。

楚堵敖囏　集解徐廣曰：「一作『動』。」索隱楚杜敖囏。音艱。系家作「莊敖」，劉音壯，此作「杜敖」。劉氏云亦作「堵」。堵、杜聲相

六

二十四

十七

十九

二十六

四

十五

	674	675	
周	三	二 燕、衛伐王,王奔温,立子穨。	
魯	二十	十九	
齊	十二	十一	
晉	三	二	
秦	二	秦宣公元年	
楚	三	二	近,與系家乖,不詳其由也。元年
宋	八	七 取衛女。文公弟。	
衛	二十六	二十五	
陳	十九	十八	
蔡	蔡穆侯肸	二十	
曹	二十八	二十七	
鄭	六	五	
燕	十七 鄭執	十六 伐王,王奔温,立子穨。	
吳			

672	673	
五 太子母早死。惠后生叔帶。	四 誅頹，入惠王。	
二十二	二十一	
十四 陳完自陳來奔，田常始此也。【正義】齊桓公	十三	
五 伐驪戎，得姬。	四	
四 作密畤。	三	
五 弟惲殺堵敖自立。	四	
十	九	
二十八	二十七	
二十一 厲公子完奔齊。	二十	
三	二	元年
三十	二十九	
鄭文公捷元年	七 救周亂，入王。	
十九	十八	我仲父。

		671	670
周		六	七
魯		二十三　公如齊觀社。	二十四
齊	十四年，陳宣公二十一年，周惠王之五年。	十五	十六
晉		六	七
秦		五	六
楚		楚成王惲元年	二
宋		十一	十二
衛		二十九	三十
陳		二十二	二十三
蔡		四	五
曹		三十一	曹釐公夷元年
鄭		二	三
燕		二十	二十一
吳			

	665	666	667	668	669
			甲寅		
	十二	十一	十 賜齊侯命。	九	八
	二十九	二十八	二十七	二十六	二十五
	二十一	二十	十九	十八	十七
	十二 太子	十一	十	九 始城絳都。	八 盡殺故晉侯羣公子。
	十一	十	九	八	七
	七	六	五	四	三
	十七	十六	十五	十四	十三
	四	三	二	衞懿公赤元年	三十一
	二十八	二十七	二十六	二十五	二十四
	十	九	八	七	六
	六	五	四	三	二
	八	七	六	五	四
	二十六	二十五	二十四	二十三	二十二

	663	664	
周	十四	十三	
魯	三十一	三十	
齊	二十三伐山戎，爲	二十二	
晉	十四	十三	申生居曲沃，重耳居蒲城，夷吾居屈。驪姬故。
秦	秦成公元年	十二	
楚	九	八	
宋	十九	十八	
衛	六	五	
陳	三十	二十九	
蔡	十二	十一	
曹	八	七	
鄭	十	九	
燕	二十八	二十七	
吳			

	662	661
	十五	十六
	三十二 莊公弟叔牙鴆死。慶父弑子般〔三七〕。季友奔陳，立湣公。	魯湣
燕也。	二十四	二十五
	十五	十六
	二	三
	十	十一
	二十	二十一
	七	八
	三十一	三十二
	十三	十四
	九	曹昭
	十一	十二
	二十九	三十

周	十七		
魯	二	慶父殺湣	公開元年
齊	二十六		
晉	十七	申生將軍，	滅魏、耿、霍。〔三八〕始封趙夙耿，畢萬魏，始此。
秦	四		
楚	十二		
宋	二十二		
衛		翟伐我。公好鶴，	
陳	三十三		
蔡	十五		
曹	二		公元年
鄭	十三		
燕	三十一		
吳			

十八	
魯釐	公。季友自陳立申，爲釐公。殺慶父。
二十七	
十八	君子知其廢。
秦穆	
十三	
二十三	
衞文	士不戰，滅我國。國怨惠公亂，滅其後，更立黔牟弟。衞戴公元年
三十四	
十六	
三	
十四	
三十二	

周		十九
魯	公申元年 哀姜喪自齊至。	二
齊	殺女弟魯莊公夫人，淫故。	二十八 爲衛築楚丘。救戎狄伐〔三九〕。
晉		十九 荀息以幣假道于虞以伐虢，滅下陽。
秦	公任好元年	二
楚		十四
宋		二十四
衛	公燬元年 戴公弟也。	二 齊桓公率諸侯爲我城楚丘。
陳		三十五
蔡		十七
曹		四
鄭		十五
燕		三十三
吳		

657	656
甲子	
二十	二十一
三	四
二十九 與蔡姬共舟，蕩公，公怒，歸蔡姬。	三十 率諸侯伐蔡，蔡潰，遂伐楚，責包
二十	二十一 申生以驪姬讒自殺。重耳奔蒲，
三	四 迎婦于晉。
十五	十六 齊伐我，至陘，使屈完盟。
二十五	二十六
三	四
三十六	三十七
十八 以女故，齊伐我。	十九
五	六
十六	十七
燕襄公元年	二

		655	654
周		二十二	二十三
魯		五	六
齊	茅貢。	三十一	三十二 率諸侯伐鄭。
晉	夷吾奔屈。	二十二 滅虞、虢。重耳奔狄。	二十三 夷吾奔梁。
秦		五	六
楚		十七	十八 伐許，許君肉袒謝，楚從之。
宋		二十七	二十八
衛		五	六
陳		三十八	三十九
蔡		二十	二十一
曹		七	八
鄭		十八	十九
燕		三	四
吳			

651	652	653
襄王元年。諸侯立王。	二十五 襄王立，畏太叔。集解徐廣曰：「皇甫謐云二十四年惠王崩。」	二十四
九 齊率我伐晉亂，	八	七
三十五 夏，會諸侯于葵	三十四	三十三
二十六 公卒，立奚齊，里	二十五 伐翟，以重耳故。	二十四
九 夷吾使郤芮賂，	八	七
二十一	二十	十九
三十一 公薨，未葬，齊桓	三十 公疾，太子茲父讓兄目夷賢，公不聽。	二十九
九	八	七
四十二	四十一	四十
二十四	二十三	二十二
二	曹共公元年	九
二十二	二十一	二十
七	六	五

周		二
魯	至高梁還。	十
齊	丘。天子使宰孔賜胙，命無拜。	三十六 使隰朋立晉惠公。
晉	克殺之。及卓子。立夷吾。	晉惠公夷吾元年 誅里克，倍秦約。
秦	求入。	十 丕鄭子豹亡來。
楚		二十二
宋	會葵丘。	宋襄公茲父元年 目夷相。
衛		十
陳		四十三
蔡		二十五
曹		三
鄭		二十三
燕		八
吳		

649	648
三 戎伐我，太叔帶召之。欲誅叔帶，叔帶奔齊。	四
十一	十二
三十七	三十八 使管仲平戎于周，欲
二	三
十一 救王伐戎，戎去。	十二
二十三 伐黃。	二十四
二	三
十一	十二
四十四	四十五
二十六	二十七
四	五
二十四 有妾夢天與之蘭，生穆公蘭。	二十五
九	十

		甲戌
周		五
魯		十三
齊	以上卿禮，讓，受下卿。	三十九 使仲孫請王，言叔帶，王怒。
晉		四 饑，請粟，秦與我。
秦		十三 丕豹欲無與，公不聽，輸晉粟，起雍至絳。
楚		二十五
宋		四
衛		十三
陳		陳穆公款元年
蔡		二十八
曹		六
鄭		二十六
燕		十一
吳		

646	645	644
六	七	八
十四	十五 五月，日有食之。不書，史官失之。〔三〇〕	十六
四十	四十一	四十二 王以
五 秦饑，請粟，晉倍之。	六 秦虜惠公，復立之。	七 重耳
十四	十五 以盜食善馬士得破晉。	十六 爲河
二十六 滅六、英。	二十七	二十八
五	六	七 隕五
十四	十五	十六
二	三	四
二十九	蔡莊侯甲午元年	二
七	八	九
二十七	二十八	二十九
十二	十三	十四

		643	642	641
周		九	十	十一
魯		十七	十八	十九
齊	戎寇告齊，齊徵諸侯戍周。	四十三	齊孝公昭元年	二
晉	聞管仲死，去翟之齊。	八	九	十
秦	東置官司。	十七	十八	十九 滅梁。梁好
楚		二十九	三十	三十一
宋	石六，鷁退飛，過我都。	八	九	十
衛		十七	十八	十九
陳		五	六	七
蔡		三	四	五
曹		十	十一	十二
鄭		三十	三十一	三十二
燕		十五	十六	十七
吳				

639	640	
十三	十二	
二十一	二十	
四	三	
十二	十一	
二十一	二十	城，索隱上去聲。民罷，不居，索隱音皮。相驚，故亡。
三十三執宋襄公，復歸之。	三十二	
十二召楚盟。	十一	
二十一	二十	
九	八	
七	六	
十四	十三	
三十四	三十三	
十九	十八	

	637 甲申	638
周	十五	十四 叔帶復歸於周。
魯	二十三	二十二
齊	六	五 歸王弟帶。
晉	十四	十三 太子圉質秦亡歸。【索隱】晉惠公夷吾之子也。圉音禦。質音致，又如字也。
秦	二十三	二十二
楚	三十五	三十四
宋	十四	十三 泓之戰，楚敗公。【索隱】穀梁傳「戰於泓水之上」。系家云十三年宋師大敗，公傷股。
衛	二十三	二十二
陳	十一	十
蔡	九	八
曹	十六	十五
鄭	三十六	三十五 君如楚，宋伐我。
燕	二十一	二十
吳		

	十六 王奔汜。[索隱]汜，凡、似兩音。鄭地
	二十四
伐宋，以其不同盟。	七
圉立，為懷公。	晉文公元年。誅子圉。魏武子為魏
迎重耳於楚，厚禮之，妻之女。重耳願歸。	二十四 以兵送重耳。
重耳過，厚禮之。	三十六
公疾死泓戰。	宋成公王臣元年
重耳從齊過，無禮。	二十四
	十二
	十
重耳過，無禮，僖負羈私善。	十七
重耳過，無禮，叔詹諫。	三十七
	二十二

		635
周	也。	十七 晉納王。
魯		二十五
齊		八
晉	大夫，趙衰爲原大夫。咎犯曰：「求霸莫如內王。」	二
秦		二十五 欲內王，軍河上。
楚		三十七
宋		二
衞		二十五
陳		十三
蔡		十一
曹		十八
鄭		三十八
燕		二十三
吳		

633	634
十九	十八
二十七	二十六
十 孝公薨，弟潘因衛公子開方殺孝公子，立潘。	九
四 救宋，報曹、衛恥。	三 宋服。
二十七	二十六
三十九 使子玉伐宋。	三十八
四 楚伐我，我告急於晉。	三 倍楚親晉。
二	衛成公鄭元年
十五	十四
十三	十二
二十	十九
四十	三十九
二十五	二十四

周	二十 王狩河陽。
魯	二十八 公如踐土會朝。
齊	齊昭公潘元年 會晉敗楚，朝周王。
晉	五 侵曹，伐衛，取五鹿，執曹伯。諸侯敗楚而朝河陽，周命賜公土地。
秦	二十八 會晉伐楚朝周。
楚	四十 晉敗子玉于城濮。
宋	五 晉救我，楚兵去。
衛	三 晉伐我，取五鹿。公出奔，立公子瑕。會晉朝，復歸衛〔三二〕。
陳	十六 會晉伐楚，朝周王。
蔡	十四 會晉伐楚，朝周王。
曹	二十一 晉伐我，執公，復歸之。
鄭	四十一
燕	二十六
吳	

629	630	631
二十三	二十二	二十一
三十一	三十	二十九
四	三	二
八	七 聽周歸衛成公。與秦圍鄭。	六
三十一	三十 圍鄭，有言即去。	二十九
四十三	四十二	四十一
八	七	六
六	五 周入成公，復衛。	四 晉以衛與宋。
三	二	陳共公朔元年
十七	十六	十五
二十四	二十三	二十二
四十四	四十三 秦、晉圍我，以晉故。	四十二
二十九	二十八	二十七

	628	627
		甲午
周	二十四	二十五
魯	三十二	三十三 僖公薨。
齊	五	六 狄侵我。
晉	九 文公薨。	晉襄公驩元年 破秦于殽。
秦	三十二 將襲鄭，蹇叔曰不可。	三十三 襲鄭，晉敗我殽。
楚	四十四	四十五
宋	九	十
衛	七	八
陳	四	五
蔡	十八	十九
曹	二十五	二十六
鄭	四十五 文公薨。	鄭穆公蘭元年 秦襲我，弦高詐之。
燕	三十	三十一
吳		

二十六
魯文公興元年
七
二　伐衛，衛伐我。
三十四　敗殽將亡歸，公復其官。
四十六　王欲殺太子立子職，太子恐，與傅潘崇殺王。王欲食熊蹯死，不聽。自立爲王。
十一
九　晉伐我，我伐晉。
六
二十
二十七
二
三十二

	625	624
周	二十七	二十八
魯	二	三 公如晉。
齊	八	九
晉	三 秦報我殽，敗于汪。	四 秦伐我，取王官。
秦	三十五 伐晉報殽，敗我于汪。	三十六 以孟明等伐晉，
楚	楚穆王商臣元年。以其太子宅賜崇，爲相。	二 晉伐我。
宋	十二	十三
衛	十	十一
陳	七	八
蔡	二十一	二十二
曹	二十八	二十九
鄭	三	四
燕	三十三	三十四
吳		

	622	623	
	三十	二十九	
	五	四	
	十一	十	
	六 趙成子、欒貞子、霍伯、臼季	五 伐秦，圍邧、【索隱】阮音。新城。	我不出。
	三十八	三十七 晉伐我，圍邧、新城。	晉不敢出。
	四 滅六、蓼。	三 滅江。	
	十五	十四	
	十三	十二 公如晉。	
	十	九	
	二十四	二十三	
	三十一	三十	
	六	五	
	三十六	三十五	

	621	
周	三十一	
魯	六	
齊	十二	
晉	七 公卒。	皆卒。索隱趙成子，名衰。欒貞子，名枝。霍伯，先且居也，封之霍。臼季，胥臣也。四大夫皆此年卒。
秦	三十九 繆公	
楚	五	
宋	十六	
衛	十四	
陳	十一	
蔡	二十五	
曹	三十二	
鄭	七	
燕	三十七	
吳		

620	
三十二	
七	
十三	
晉靈公夷皋〔索隱〕	趙盾爲太子少，欲更立君，恐誅，遂立太子，爲靈公。
秦康公罃〔索隱〕音乙耕	薨。葬殉以人，從死者百七十人，君子譏之，故不言卒。
六	
十七 公孫固殺成公。	
十五	
十二	
二十六	
三十三	
八	
三十八	

	619	
周	三十三 襄王崩。	
魯	八 王使衞來求金以葬，	
齊	十四	
晉	二 秦伐我，取武城，報令	晉靈公蝪。音亦。系家及左傳名夷皋，此蓋誤也。元年 趙盾專政。
秦	二	反。元年
楚	七	
宋	宋昭公杵臼元年襄公	
衞	十六	
陳	十三	
蔡	二十七	
曹	三十四	
鄭	九	
燕	三十九	
吳		

非禮。
狐之戰。
之子。【集解】徐廣曰：一云成公少子。【索隱】宋昭公杵臼，襄公少子，非也。案：徐廣云一曰成公少子〔三二〕，與系家同，是也。

	618	617
		甲辰
周	頃王元年	二
魯	九	十
齊	十五	十六
晉	三 率諸侯救鄭。	四 伐秦，拔少梁。秦取我北徵。［索隱］音澄，蓋今之澄城也。
秦	三	四 晉伐我，取少梁。我伐晉，取北徵。
楚	八 伐鄭，以其服晉。	九
宋	二	三
衛	十七	十八
陳	十四	十五
蔡	二十八	二十九
曹	三十五	曹文公壽元年
鄭	十 楚伐我。	十一
燕	四十	燕桓公元年
吳		

615	616
四	三
十二	十一 敗長翟于鹹而歸,得長翟。
十八	十七
六 秦取我羈馬。與秦戰河曲,秦師遁。	五
六 伐晉,取羈馬。怒,與我大戰河曲。	五
十一	十
五	四 敗長翟長丘。
二十	十九
十七	十六
三十一	三十
三	二
十三	十二
三	二

	614	613
周	五	六 頃王崩。公卿爭政，故不赴。
魯	十三	十四 彗星入北斗，周史曰「七年，宋、齊、晉君死」〔三〕。
齊	十九	二十 昭公卒。弟商人殺太子自立，是爲懿公。
晉	七 得隨會。	八 趙盾以車八百乘納捷菑，平王室。
秦	七 晉詐得隨會。	八
楚	十二	楚莊王侶元年
宋	六	七
衛	二十一	二十二
陳	十八	陳靈公平國元年
蔡	三十二	三十三
曹	四	五
鄭	十四	十五
燕	四	五
吳		

612	611
匡王元年	二
十五 六月辛丑，日蝕。齊伐我。	十六
齊懿公商人元年	二 不得民心。
九 我入蔡。	十
九	十
二	三 滅庸。
八	九 襄夫人使衛伯殺昭公。弟鮑立。
二十三	二十四
二	三
三十四 晉伐我。莊侯薨。	蔡文侯申元年
六 齊入我郛。	七
十六	十七
六	七

	610	609
周	三	四
魯	十七 齊伐我。	十八 襄仲殺嫡，立庶子，爲
齊	三 伐魯。	四 公刖邴歜父而奪閻
晉	十一 率諸侯平宋。	十二
秦	十一	十二
楚	四	五
宋	宋文公鮑元年 昭公弟。晉率諸侯平我。	二
衛	二十五	二十六
陳	四	五
蔡	二	三
曹	八	九
鄭	十八	十九
燕	八	九
吳		

	五
宣公。	魯宣公俀元年魯立宣公，不正，公室
職妻，二人共殺公，立桓公子惠公。	齊惠公元元年取魯濟西之田。
	十三趙盾救陳、宋，伐鄭。
	秦共公和元年
	六伐宋、陳，以倍我服晉故。
	三楚、鄭伐我，以我倍楚故也。
	二十七
	六
	四
	十
	二十與楚侵陳，遂侵宋。晉使趙盾伐
	十

		607 甲寅
周		六 匡王崩。
魯	卑。	二
齊		二 王子成父敗長翟。
晉		十四 趙穿殺靈公，趙盾使穿迎公子黑臀于周，立之。
秦		二
楚		七
宋		四 華元以羊羹故陷於鄭。
衛		二十八
陳		七
蔡		五
曹		十二
鄭	我，以倍晉故。	二十一 與宋師戰，獲華元。
燕		十二
吳		

	606	605
	定王元年	二
	三	四
	三	四
趙氏賜公族。	晉成公黑臀元年。伐鄭。	二
	三	四
	八 伐陸渾，至雒，問鼎輕重。	九 若敖氏爲亂，滅之。伐
	五 贖華元，亡歸。圍曹。	六
	二十九	三十
	八	九
	六	七
	十二 宋圍我。	十三
	二十二 華元亡歸。	鄭靈公夷元年。公子歸生
	十二	十三

周		三
魯		五
齊		五
晉		三 中行桓子荀林父救鄭，伐陳。
秦		五
楚	鄭。	十
宋		七
衛		三十一
陳		十 楚伐鄭，與我平。晉中行桓子距楚，救鄭，伐我。
蔡		八
曹		十四
鄭	以黿故殺靈公。	鄭襄公堅元年 靈公庶弟。〔三四〕楚伐我，晉來救。
燕		十四
吳		

603	602	601
四	五	六
六	七	八 七月，日蝕。
六	七	八
四 與衛侵陳。	五	六 與魯伐秦，獲秦諜，殺之絳市，六日而蘇。
秦桓公元年	二	三 晉伐我，獲諜。
十一	十二	十三 伐陳。滅舒蓼。
八	九	十
三十二 與晉侵陳。	三十三	三十四
十一 晉、衛侵我。	十二	十三 楚伐我。
九	十	十一
十五	十六	十七
二	三	四
十五	十六	燕宣公元年

	600	599
周	七	八
魯	九	十 四月，日蝕。
齊	九	十 公卒。崔杼
晉	七 使桓子伐楚。以諸侯師伐陳救鄭。成公薨。	晉景公據元年
秦	四	五
楚	十四 伐鄭，晉郤缺救鄭，敗我。	十五
宋	十一	十二
衛	三十五	衛穆公遬元年
陳	十四	十五 夏徵舒以
蔡	十二	十三
曹	十八	十九
鄭	五 楚伐我，晉來救，敗楚師。	六 晉、宋、楚伐
燕	二	三
吳		

	九
	十一
有寵，高、國逐之，奔衛。	齊頃公無野元年
與宋伐鄭。	二
	六
	十六 率諸侯誅陳夏徵舒，立陳靈公子午。
	十三
齊崔杼來奔〔三五〕。	二
其母辱，殺靈公。	陳成公午元年 靈公太子。
	十四
	二十
我。	七
	四

	597	596	595
	甲子		
周	十	十一	十二
魯	十二	十三	十四
齊	二	三	四
晉	三 救鄭，〔三六〕爲楚所敗河上。	四	五 伐鄭。
秦	七	八	九
楚	十七 圍鄭，鄭伯肉袒謝，釋之。	十八	十九 圍宋，爲殺使者。
宋	十四 伐陳。	十五	十六 殺楚使者，楚圍我。
衛	三	四	五
陳	二	三	四
蔡	十五	十六	十七
曹	二十一	二十二	二十三 文公薨。
鄭	八 楚圍我，我卑辭以解。	九	十 晉伐我。
燕	五	六	七
吳			

592	593	594
十五	十四	十三
十七 日蝕。	十六	十五 初稅畝。
七 晉使	六	五
八 使郤	七 隨會滅赤翟。	六 救宋，執解揚〔三七〕，有使節。秦伐我。
十二	十一	十 伐晉〔三八〕。
二十二	二十一	二十 圍宋。五月，華元告子反以誠，楚罷。
十九	十八	十七 華元告楚，楚去。
八	七	六
七	六	五
二十 文侯	十九	十八
三	二	曹宣公廬元年
十三	十二	十一 佐楚伐宋，執解揚。
十	九	八

		591	590
周		十六	十七
魯		十八 宣公薨。	魯成公黑
齊	郤克來齊，婦人笑之，克怒，歸去。	八 晉伐敗我。	九
晉	克使齊，婦人笑之，克怒歸。	九 伐齊，質子彊，兵罷。	十
秦		十三	十四
楚		二十三 莊王薨。	楚共王審
宋		二十	二十一
衞		九	十
陳		八	九
蔡	薨。	蔡景侯固元年	二
曹		四	五
鄭		十四	十五
燕		十一	十二
吳			

589	
十八	
二 與晉伐齊，齊歸我汶陽，竊與楚盟。	肱元年，春，齊取我隆。
十 晉郤克敗公於鞍，虜逢丑父。	
十二 與魯、曹敗齊。	
十五	
二 秋，申公巫臣竊徵舒母奔晉，以爲邢大夫。冬，伐	元年
二十二	
十一 穆公薨。與諸侯敗齊，反侵地。楚伐我。	
十	
三	
六	
十六	
十三	

		588	587
			甲戌
周		十九	二十
魯		三 會晉、宋、衞、曹伐鄭。	四 公如晉，晉不敬，
齊		十一 頃公如晉，欲王晉，晉不敢受。	十二
晉		十二 始置六卿。率諸侯伐鄭。	十三 魯公來，不敬。
秦		十六	十七
楚	衞、魯，救齊。	三	四 子反救鄭。
宋		宋共公瑕元年	二
衞		衞定公臧元年	二
陳		十一	十二
蔡		四	五
曹		七 伐鄭。	八
鄭		十七 晉率諸侯伐我。	十八 晉欒書取我氾。
燕		十四	十五
吳			

	586	585
	二十一 定王崩。	簡王元年
公欲倍晉合於楚。	五	六
	十三	十四
	十四 梁山崩。伯宗隱其人而用其言。	十五 使欒書救
	十八	十九
	五 伐鄭,倍我故也。鄭悼公來訟。	六
	三	四
	三	四
	十三	十四
	六	七 晉侵我。
	九	十
【索隱】取汜。音凡。襄公薨。	鄭悼公費元年 公如楚訟。	二 悼公薨。楚
	燕昭公元年	二
		吳壽夢元年

周		二
魯		七
齊		十五
晉	鄭，遂侵蔡。	十六　以巫臣始通於吳而謀楚。
秦		二十
楚		七　伐鄭。
宋		五
衛		五
陳		十五
蔡		八
曹		十一
鄭	伐我，晉使欒書來救。	鄭成公睔 索隱 古困反。元年。悼公弟也。楚伐我。
燕		三
吳		二　巫臣來，〔三九〕謀伐楚。

581	582	583
五	四	三
十 公如晉送	九	八
齊靈公環元年	十七 頃公薨。	十六
十九	十八 執鄭成公，伐鄭。秦伐我。	十七 復趙武田邑。侵蔡。
二十三	二十二 伐晉。	二十一
十	九 救鄭。冬，與晉成。	八
八	七	六
八	七	六
十八	十七	十六
十一	十	九 晉伐我。
十四	十三	十二
四 晉率諸侯	三 與楚盟。公如晉，執公伐我。	二
六	五	四
五	四	三

		580	579	578
周		六	七	八
魯	葬，諱之。	十一	十二	十三 會晉伐秦。
齊		二	三	四 伐秦。
晉		晉厲公壽曼元年	二	三 伐秦至涇，
秦		二十四 與晉侯夾河盟，歸，倍盟。	二十五	二十六 晉率諸侯
楚		十一	十二	十三
宋		九	十	十一 晉率我伐
衛		九	十	十一
陳		十九	二十	二十一
蔡		十二	十三	十四
曹		十五	十六	十七 晉率我伐
鄭	伐我。	五	六	七 晉率我伐
燕		七	八	九
吳		六	七	八

576	577	
	甲申	
十	九	
十五 始與吳通，會鍾離。	十四	
六	五	
五 三郤讒伯宗，殺之，伯宗好直諫。	四	敗之，獲其將成差。
秦景公元年	二十七	伐我。
十五 許畏鄭，請徙葉。	十四	
十三 華元奔晉，〔四二〕復還。	十二	秦。
衛獻公衎元年	十二 定公薨。	
二十三	二十二	
十六	十五	
二 晉執我公以歸。	曹成公負芻元年	秦。
九	八	秦〔四〇〕。
十一	十	
十 與魯會鍾離。	九	

	573	574	575
周	十三	十二	十一
魯	十八	十七	十六 宣伯告晉，欲殺季文子，文子得以義脫。
齊	九	八	七
晉	八	七	六 敗楚鄢陵。
秦	四	三	二
楚	十八	十七	十六 救鄭，不利。子反醉，軍敗，殺子反歸。
宋	三	二	宋平公成元年
衛	四	三	二
陳	二十六	二十五	二十四
蔡	十九	十八	十七
曹	五	四	三
鄭	十二	十一	十 倍晉盟楚，晉伐我，楚來救。
燕	燕武	十三 昭公薨。	十二
吳	十三	十二	十一

	十四 簡王崩。
成公薨。	魯襄公午元年 圍宋彭城。
	十 晉伐我，〔四三〕使太子光
欒書、中行偃殺厲公，立襄公孫，爲悼公。〔四二〕	晉悼公元年 圍宋彭城。
	五
爲魚石伐宋彭城。	十九 侵宋，救鄭。
楚伐彭城，封魚石。	四 楚侵我，取犬丘。晉誅魚石，
	五 圍宋彭城。
	二十七
	二十
	六
與楚伐宋。	十三 晉伐敗我兵於洧上，〔四四〕
公元年	二
	十四

		571	570
周		靈王元年。生有髭。	二
魯		二 會晉城虎牢。	三
齊	質於晉。	十一	十二〔四五〕
晉		二 率諸侯伐鄭，城虎牢。	三 魏絳辱楊干。
秦		六	七
楚		二十	二十一 使子重伐吳，至衡山。
宋	歸我彭城。	五	六
衛		六	七
陳		二十八	二十九 倍楚盟，楚侵我。
蔡		二十一	二十二
曹		七	八
鄭	楚來救。	十四 成公薨。晉率諸侯伐我。	鄭釐公惲元年
燕		三	四
吳		十五	十六 楚伐我。

567	568	569	
甲午			
五	四	三	
六	五 季文子卒。	四 公如晉。	
十五	十四	十三	
六	五	四 魏絳說和戎、狄，狄朝晉。	
十	九	八	
二十四	二十三 伐陳。	二十二 伐陳。	使何忌侵陳。
九	八	七	
十	九	八	
二	陳哀公弱元年	三十 楚伐我。成公薨。	
二十五	二十四	二十三	
十一	十	九	
四	三	二	
七	六	五	
十九	十八	十七	

	566	565
周	六	七
魯	七	八 公如晉。
齊	十六	十七
晉	七	八
秦	十一	十二
楚	二十五 圍陳。	二十六 伐鄭。
宋	十	十一
衞	十一	十二
陳	三 楚圍我，爲公亡歸。	四
蔡	二十六	二十七 鄭侵我。
曹	十二	十三
鄭	五 子駟使賊夜殺釐公，詐以病卒赴諸侯。	鄭簡公嘉元年 釐公
燕	八	九
吳	二十	二十一

	564	563
	八	九 王叔奔晉。
	九 與晉伐鄭,會河上,問公年十二,可冠,冠於衞。	十 楚、鄭侵我
	十八 與晉伐鄭。	十九 令太子光、
	九 率齊、魯、宋、衞、曹伐鄭。秦伐我。	十 率諸侯伐
	十三 伐晉,爲楚援。	十四 晉伐我。
	二十七 伐鄭,師于武城,爲秦。	二十八 使子囊救
	十二 晉率我伐鄭。	十三 鄭伐我,衞
	十三 晉率我伐鄭。師曹鞭公幸妾。	十四 救宋。
	五	六
	二十八	二十九
	十四 晉率我伐鄭。	十五
子〔四六〕。	二 誅子駟。晉率諸侯伐我,我與盟。楚怒,伐我。	三 晉率諸侯
	十	十一
	二十二	二十三

		562
周		十
魯	西鄙。	十一 三桓分爲三軍，各將軍。
齊	高厚會諸侯鍾離。	二十
晉	鄭。荀罃伐秦。	十一 率諸侯伐鄭，秦敗我櫟。公曰「
秦		十五 我使庶長鮑伐晉救鄭，敗之櫟。
楚	鄭。	二十九 與鄭伐宋〔四七〕。
宋	來救。	十四 楚、鄭伐我〔四八〕。
衞		十五 伐鄭〔四九〕。
陳		七
蔡		三十
曹		十六
鄭	伐我，楚來救。子孔作亂，子産攻之。	四 與楚伐宋，晉率諸侯伐我，秦來
燕		十二
吳		二十四

	561	560
	十一	十二
	十二 公如晉。	十三
	二十一	二十二
吾用魏絳，九合諸侯」，賜之樂。	十二	十三
	十六	十七
	三十	三十一 吳伐我，敗之。共王薨。
	十五	十六
	十六	十七
	八	九
	三十一	三十二
	十七	十八
救。	五	六
	十三	十四
	二十五 壽夢卒。	吳諸樊元年。楚敗我。

	559	558
周	十三	十四
魯	十四 日蝕。	十五 日蝕。齊伐
齊	二十三 衛獻公來奔。	二十四 伐魯。
晉	十四 率諸侯大夫伐秦，敗棫林。【索隱】棫音域。	十五 悼公薨。
秦	十八 晉諸侯大夫伐我，敗棫林。	十九
楚	楚康王昭【索隱】楚康王略〔五〇〕系家名招。元年 共王太子出奔吳。	二
宋	十七	十八
衛	十八 孫文子攻公，公奔齊，立定公弟狄。	衛殤公狄元年
陳	十	十一
蔡	三十三	三十四
曹	十九	二十
鄭	七	八
燕	十五	十六
吳	二 季子讓位。楚伐我。	三

	557	556
	甲辰	
	十五	十六
我。	十六 齊伐我。地震。齊復伐我北鄙。	十七
	二十五 伐魯。	二十六
	晉平公彪元年。伐敗楚于湛坂。[索隱]地名也。湛音視林反。	二
	二十	二十一
	三 晉伐我，敗湛坂。	四
	十九	二十
定公弟。〔五二〕	二	三
	十二	十三
	三十五	三十六
	二十一	二十二
	九	十
	十七	十八
	四	五

		555	554
周		十七	十八
魯	齊伐我北鄙。	十八 與晉伐齊。	十九
齊	伐魯。	二十七 晉圍臨淄。晏嬰。	二十八 廢光，立子
晉		三 率魯、宋、鄭、衞圍齊，大破之。	四 與衞伐齊。
秦		二十二	二十三
楚		五 伐鄭。	六
宋	伐陳。	二十一 晉率我伐齊。	二十二
衞	伐曹。	四	五 晉率我伐
陳	宋伐我。	十四	十五
蔡		三十七	三十八
曹	衞伐我。〔五三〕	二十三 成公薨。	曹武公勝元年
鄭		十一 晉率我圍齊。楚伐我。	十二 子產爲卿。
燕		十九 武公薨。	燕文公元年
吳		六	七

	553	552
	十九	二十
	二十 日蝕。	二十一 公如晉。日再蝕。
牙爲太子。光與崔杼殺牙自立。晉、衛伐我。	齊莊公元年	二
	五	六 魯襄公來。殺羊
	二十四	二十五
	七	八
	二十三	二十四
齊。	六	七
	十六	十七
	三十九	四十
	二	三
	十三	十四
	二	三
	八	九

	551	
周	二十一	
魯	二十二	孔子生。
齊	三	晉欒逞奔齊。[索隱]欒逞，晉大夫欒盈，此音如字也。晏嬰曰「不如歸之。」
晉	七	欒逞奔齊。
秦	二十六	
楚	九	
宋	二十五	
衞	八	
陳	十八	
蔡	四十一	
曹	四	
鄭	十五	
燕	四	
吳	十	

舌虎。

549	550
二十三	二十二
二十四 侵齊。日再蝕。	二十三
五 畏晉通楚，晏子謀。	四 欲遣欒逞入曲沃伐晉，取朝歌。
九	八
二十八	二十七
十一 與齊通。率陳、蔡伐鄭救齊。	十
二十七	二十六
十	九 齊伐我。
二十 楚率我伐鄭。	十九
四十三 楚率我伐鄭。	四十二
六	五
十七 子産曰范宣子爲政〔五三〕。我請伐陳。	十六
六	五
十二	十一

	548	547 甲寅
周	二十四	二十五
魯	二十五 齊伐我北鄙，以報孝伯之師。	二十六
齊	六 晉伐我，報朝歌。崔杼以莊公通其妻，殺之，立其弟，爲景公。	齊景公杵
晉	十 伐齊，至高唐，報太行之役。	十一 誅衛
秦	二十九 公如晉，盟不結。	三十
楚	十二 吴伐我，以報舟師之役，射殺吴王。	十三 率陳、
宋	二十八	二十九
衛	十一	十二 齊、晉
陳	二十一 鄭伐我。	二十二 楚率
蔡	四十四	四十五
曹	七	八
鄭	十八 伐陳，入陳。	十九 楚率
燕	燕懿公元年	二
吴	十三 諸樊伐楚，迫巢門，傷射以薨。	吴餘祭元

	546	545
	二十六	二十七
	二十七 日蝕。	二十八 公如楚。葬康王。
臼元年 如晉，請歸衛獻公。	二 慶封欲專，誅崔氏，杼自殺。	三 冬，鮑、高、欒氏謀
殤公，復入獻公。	十二	十三
	三十一	三十二
蔡伐鄭。	十四	十五 康王薨。
	三十	三十一
殺殤公，復內獻公。	衛獻公衎後元年	二
我伐鄭。	二十三	二十四
	四十六	四十七
	九	十
陳、蔡伐我。	二十	二十一
	三	四 懿公薨。
年	二	三 齊慶封來奔。

		544
周		景王元年
魯		二十九 吳季札來觀周樂,盡知樂所爲。
齊	慶封,發兵攻慶封,慶封奔吳。	四 吳季札來,使與晏嬰歡。
晉		十四 吳季札來,曰:「晉政卒歸韓、魏、趙。」
秦		三十三
楚		楚熊郟敖元年
宋		三十二
衛		三
陳		二十五
蔡		四十八
曹		十一
鄭		二十二 吳季札謂子產曰:「政將歸子,子以禮,
燕		燕惠公元年。齊高止來奔。
吳		四 守門閽殺餘祭。季札使諸侯。

542	543	
三	二	
三十一 襄公	三十	
六	五	
十六	十五	
三十五	三十四	
三 王季	二	
三十四	三十三	
二	衛襄公惡元年	
二十七	二十六	
蔡靈侯班	四十九 爲太子取楚女，公通焉，太子殺公自立。	
十三	十二	
二十四	二十三 諸公子爭寵相殺，又欲殺子產，〔五四〕子皮止之。〔五五〕	幸脱於戹矣。」
三	二	
六	五	

	540	541	
周	五	四	
魯	二	魯昭公稠元年〔五七〕	薨。昭公年十九，有童心。〔五六〕
齊	八	七	
晉	十八	十七　秦后子來奔。	
秦	三十七	三十六　公弟后子奔晉，車千乘。	
楚	楚靈	四　令尹圍殺郟敖，自立，爲靈王。	父圍爲令尹。
宋	三十六	三十五	
衞	四	三	
陳	二十九	二十八	
蔡	三	二	元年
曹	十五	十四	
鄭	二十六	二十五	
燕	五	四	
吳	八	七	

	539
	六
公如晉，至河，晉謝還之。	三
田無宇送女〔五八〕。	九　晏嬰使晉，見叔向，曰：「齊政歸田氏。」叔向曰：「晉
齊田無宇來送女。	十九
	三十八
王圍元年，共王子，肘玉。	二
	三十七
	五
	三十
	四
	十六
	二十七　夏，如晉。冬，如楚。
	六　公欲殺公卿立幸臣，公卿誅幸臣，公恐，出奔齊。
	九

		538	537 甲子
周		七	八
魯		四 稱病不會楚。	五
齊	公室卑。	十	十一
晉		二十	二十一
秦		三十九	四十
楚		三 夏，合諸侯宋地，盟。伐吳朱方，誅慶封。冬，報我，取三城。	四
宋		三十八	三十九
衛		六 稱病不會楚。	七
陳		三十一	三十二
蔡		五	六
曹		十七 稱病不會楚。	十八
鄭		二十八 子產曰：「三國不會。」	二十九
燕		七	八
吳		十 楚誅慶封。	十一

	536	535
	九	十
	六	七 季武子卒。日蝕。
	十二 公如晉，請伐燕，入其君。	十三 入燕君。
秦后子歸秦。	二十二 齊景公來，請伐燕，入其君。	二十三 入燕君。
公卒。后子自晉歸。	秦哀公元年	二
率諸侯伐吳。	五 伐吳，次乾谿。	六 執芋尹亡人入章華。
	四十	四十一
	八	九 夫人姜氏無子。
	三十三	三十四
	七	八
	十九	二十
	三十	三十一
	九 齊伐我。	燕悼公元年 惠公歸至
楚率諸侯伐我。	十二 楚伐我，次乾谿。	十三

		534	533
周		十一	十二
魯		八 公如楚，楚留之。賀章華臺。	九
齊		十四	十五
晉		二十四	二十五
秦		三	四
楚		七 就章華臺，內亡人實之。滅陳。	八 弟棄疾將兵定陳。
宋		四十二	四十三
衞		衞靈公元年	二
陳		三十五 弟招作亂，哀公自殺。	陳惠公吳元年 哀公孫也。
蔡		九	十
曹		二十一	二十二
鄭		三十二	三十三
燕	卒。	二	三
吳		十四	十五

531	532	
十四	十三	
十一	十〔五九〕	
十七	十六	
晉昭公夷元年	二十六 春，有星出婺女。七月，公薨。〔六〇〕	
六	五	
十 醉殺蔡侯，使棄	九	
宋元公佐元年	四十四 平公薨。	
四	三	
三	二	楚來定我。
十二 靈侯如楚，楚殺	十一	
二十四	二十三	
三十五	三十四	
五	四	
十七	十六	

	530	
周	十五	
魯	十二　朝晉至河，晉謝之歸。	
齊	十六　公如晉。	
晉	二	
秦	七	
楚	十一　王伐徐，以恐吳，次乾谿。民罷於役，怨王。	疾圍之。棄疾居之，爲蔡侯。
宋	二	
衞	五　公如晉，朝嗣君。	
陳	四	
蔡	蔡侯廬元年。景侯子。	之，使棄疾居之，爲蔡侯。
曹	二十五	
鄭	三十六　公如晉。	
燕	六	
吳	吳餘昧【索隱】音秣。元年	

528	529
十七	十六
十四	十三
二十	十九
四	三
九	八
楚平王居元年共王	十二 棄疾作亂，自立，靈王自殺。復陳、蔡。
四	三
七	六
六	五 楚平王復陳，立惠公。
三	二 楚平王復我，立景侯子廬。［集解］徐廣曰：「一本『景侯子虛』。」
二十七	二十六
二	鄭定公寧元年
燕共公元年	七
三	二

		527 甲戌	526
周		十八 后、太子卒。	十九
魯		十五 日蝕。公如晉,晉留之葬,公恥之。〔六二〕	十六
齊		二十一	二十二
晉		五	六 公卒。六卿
秦		十	十一
楚	子,抱玉。	二 王爲太子取秦女,好,自取之。	三
宋		五	六
衛		八	九
陳		七	八
蔡		四	五
曹		曹平公須元年	二
鄭		三	四
燕		二	三
吳		四	吳僚元年

	525	524
	二十	二十一
	十七五月朔，日蝕。彗星見辰。	十八
	二十三	二十四
彊，公室卑矣。	晉頃公去疾元年	二
	十二	十三
	四與吳戰。	五
	七	八火。
	十	十一火。
	九	十火。
	六	七
	三	四平公薨。
	五火，欲禳之，子產曰：「不如脩德。」	六火。
	四	五共公薨。
	二與楚戰。	三

	523	522
周	二十二	二十三
魯	十九 地震。	二十 齊景公與晏子狩，入魯問禮。
齊	二十五	二十六 獵魯界，因入魯。
晉	三	四
秦	十四	十五
楚	六	七 誅伍奢、尚，太子建奔宋，伍胥奔吳。
宋	九	十 公毋信。詐殺諸公子〔六二〕。楚太子建來奔，見亂，之鄭。
衛	十二	十三
陳	十一	十二
蔡	八	九 平侯薨。靈侯孫東國殺平侯子而自立。
曹	曹悼公午元年	二
鄭	七	八 楚太子建從宋來奔。
燕	燕平公元年	二
吳	四	五 伍員來奔。

521	520
二十四	二十五
二十一 公如晉，至河，晉謝之，歸。日蝕。	二十二 日蝕。
二十七	二十八
五	六 周室亂，公平亂，立敬王。
十六	十七
八 蔡侯來奔。	九
十一	十二
十四	十五
十三	十四
蔡悼侯東國元年。奔楚。	二
三	四
九	十
三	四
六	七

	519	518
周	敬王元年	二
魯	二十三 地震。	二十四 鸜鵒來巢。
齊	二十九	三十
晉	七	八
秦	十八	十九
楚	十 吳伐敗我。	十一 吳卑梁人爭桑，伐取我鍾離。
宋	十三	十四
衞	十六	十七
陳	十五 吳敗我兵，取胡、沈。	十六
蔡	三	蔡昭侯申元年 悼侯弟。
曹	五	六
鄭	十一 楚建作亂，殺之。	十二 公如晉，請內王。
燕	五	六
吳	八 公子光敗楚。	九

516	517
	甲申
四	三
二十六 齊取我鄆以處	二十五 公欲誅季氏，三桓氏攻公，公出居鄆。索隱 音運。
三十二 彗星見。晏子曰：	三十一
十 知櫟、趙鞅內王	九
二十一	二十
十三 欲立子西，子西	十二
宋景公頭曼 索隱	十五
十九	十八
十八	十七
三	二
八	七
十四	十三
八	七
十一	十

	514	515	
周	六	五	
魯	二十八	二十七	公。
齊	三十四	三十三	「田氏有德於齊，可畏。」
晉	十三	十二	於王城。
秦	二十三	二十二	
楚	二	楚昭王珍元年。誅無忌以說衆。	不肯。秦女子立，爲昭王。
宋	三	二	音萬。元年
衛	二十一	二十	
陳	二十	十九	
蔡	五	四	
曹	曹襄	九	
鄭	十六	十五	
燕	十	九	
吳	吳闔	十二　公子光使專諸殺僚，自立。	

	七	
公如晉，求入，晉弗聽，處之乾侯。	二十九	公自乾侯如鄆。齊侯曰「
	三十五	
六卿誅公族，分其邑。各使其子爲大夫。	十三	
	二十四	
	三	
	四	
	二十二	
	二十一	
	六	
公元年【集解】徐廣曰：「一作『聲』。」	二	
		鄭獻公蠆元年
	十一	
閭元年	二	

		512	511
周		八	九
魯	主君，公恥之，復之乾侯。	三十	三十一
齊		三十六	三十七
晉		十四 頃公薨。	晉定
秦		二十五	二十六
楚		四 吳三公子來奔，封以扞吳。	五
宋		五	六
衛		二十三	二十四
陳		二十二	二十三
蔡		七	八
曹		三	四
鄭		二	三
燕		十二	十三
吳		三 三公子奔楚。	四

	510	509
	十 晉使諸侯爲我築城。	十一
日蝕。	三十二 公卒乾侯。	魯定公宋元年。昭公喪自乾侯
	三十八	三十九
公午元年	二 率諸侯爲周築城。	三
	二十七	二十八
吳伐我六、潛。	六	七 囊瓦 [索隱] 囊瓦，楚大夫子常也。子
	七	八
	二十五	二十六
	二十四	二十五
	九	十 朝楚，以裘故留。
	五 平公弟通殺襄公自立。	曹隱公元年
	四	五
	十四	十五
伐楚六、潛。	五	六 楚伐我，迎擊，敗之，取楚之

		508	507
			甲午
周		十二	十三
魯	至。	二	三
齊		四十	四十一
晉		四	五
秦		二十九	三十
楚	囊之孫。伐吳，敗我豫章。蔡侯來朝。	八	九 蔡昭侯留，三歲，得裘，故歸。
宋		九	十
衛		二十七	二十八
陳		二十六	二十七
蔡		十一	十二 與子常裘，得歸，如晉，請伐
曹		二	三
鄭		六	七
燕		十六	十七
吳	居巢。	七	八

	506	505
	十四 與晉率諸侯侵楚。	十五
	四	五 陽虎執季桓子，與盟。
	四十二	四十三
	六 周與我率諸侯侵楚。	七
	三十一 楚包胥請救。	三十二
	十 吳、蔡伐我，入郢，昭王亡。伍子胥鞭平王墓。	十一 秦救至，吳去，昭王復。
	十一	十二
	二十九 與蔡爭長。	三十
	二十八	陳懷公柳元年
楚。	十三 與衛爭長。楚侵我，吳與我伐楚，入郢。〔六三〕	十四
	四	曹靖公路元年
	八	九
	十八	十九
	九 與蔡伐楚，入郢。	十

		504	503
周		十六 王子朝之徒作亂故，王奔晉。	十七 劉子迎王，
魯	釋之。日蝕。	六	七 齊伐我。
齊		四十四	四十五 侵衛。伐魯。
晉		八	九 入周敬王。
秦		三十三	三十四
楚	入。	十二 吴伐我番，楚恐，徙鄀。【索隱】都鄀，音若。	十三
宋		十三	十四
衛		三十一	三十二 齊侵我。
陳		二	三
蔡		十五	十六
曹		二	三
鄭		十 魯侵我。	十一
燕		燕簡公元年	二
吴		十一 伐楚，取番。	十二

	502	501
晉入王。	十八	十九
	八 陽虎欲伐三桓，三桓攻陽虎，虎奔陽關。	九 伐陽虎，虎奔齊。
	四十六 魯伐我。我伐魯。	四十七 因陽虎，虎奔晉。
	十 伐衛。	十一 陽虎來奔。
	三十五	三十六 哀公薨。
	十四 子西爲民泣，民亦泣，蔡昭侯恐。	十五
	十五	十六 陽虎來奔。
	三十三 晉、魯侵伐我。	三十四
	四 公如吴，吴留之，因死吴。	陳湣公越元年
	十七	十八
	四 靖公薨。	曹伯陽元年
	十二	十三 獻公薨。
	三	四
	十三 陳懷公來，留之，死於吴。	十四

周	二十
魯	十 公會齊侯於夾谷。【索隱】司馬彪郡國志在祝其縣西南。孔子相齊。歸我地。
齊	四十八
晉	十二
秦	秦惠公元年。彗星見。
楚	十六
宋	十七
衞	三十五
陳	二
蔡	十九
曹	二
鄭	鄭聲公勝元年。鄭益弱。
燕	五
吳	十五

498	499
二十二	二十一
十二 齊來歸女	十一
五十 遺魯女樂。	四十九
十四	十三
三	二 生躁公、【索隱】音竈，秦惠之子。懷公、簡公。
十八	十七
十九	十八
三十七 伐曹。	三十六
四	三
二十一	二十
四 衛伐我。	三 國人有夢衆君子立社宮，謀亡曹，曹振鐸請待公孫彊，〔六四〕許之。
三	二
七	六
十七	十六

		497 甲辰	496
周		二十三	二十四
魯	樂,季桓子受之,孔子行。	十三	十四
齊		五十一	五十二
晉		十五 趙鞅伐范、中行。	十六
秦		四	五
楚		十九	二十
宋		二十	二十一
衛		三十八 孔子來,禄之如魯。	三十九 太子蒯聵
陳		五	六 孔子來。
蔡		二十二	二十三
曹		五	六 公孫彊好
鄭		四	五 子産卒。
燕		八	九
吳		十八	十九 伐越,敗我,

	495	494
	二十五	二十六
	十五 定公薨。日蝕。	魯哀公將元年
	五十三	五十四 伐晉。
	十七	十八 趙鞅圍范、中行
	六	七
	二十一 滅胡。以吳敗我，倍之。	二十二 率諸侯圍蔡。
	二十二 鄭伐我。	二十三
出奔。	四十	四十一 伐晉。
	七	八 吳伐我。
	二十四	二十五 楚伐我，以吳怨
射，獻鴈，君使爲司城，夢者子行。	七	八
	六 伐宋。	七
	十	十一
傷闔閭指，以死。	吳王夫差元年	二 伐越。

	（續）	493
周		二十七
魯		二
齊		五十五 輸范、中行氏粟。
晉	朝歌。齊、衛伐我〔六五〕。	十九 趙鞅圍范、中行，鄭來救，我敗之。
秦		八
楚		二十三
宋		二十四
衛		四十二 靈公薨。蒯聵子輒立。晉納太子蒯聵于戚。
陳		九
蔡	故。	二十六 畏楚，私召吳人，乞遷于州來，州來近吳。
曹		九
鄭		八 救范、中行氏，與趙鞅戰於鐵，敗我師。
燕		十二
吳		三

490	491	492
三十	二十九	二十八
五	四	三 地震。
五十八 景公薨。立	五十七 乞救范氏。	五十六
二十二 趙鞅敗范、	二十一 趙鞅拔邯鄲、栢人，有之。	二十
秦悼公元年	十 惠公薨。	九
二十六	二十五	二十四
二十七	二十六	二十五 孔子過宋，桓魋惡之。
三 晉伐我，救	二	衛出公輒元年
十二	十一	十
蔡成侯朔元年	二十八 大夫共誅昭侯。	二十七
十二	十一	十 宋伐我。
十一	十	九
三	二	燕獻公元年
六	五	四

周		三十一
魯		六
齊	嬖姬子爲太子。	齊晏孺子元年田乞詐立陽生，殺孺子。
晉	中行，中行奔齊。伐衛。	二十三
秦		二
楚		二十七救陳，王死城父。
宋		二十八伐曹。
衛	范氏故。	四
陳		十三吳伐我，楚來救。
蔡		二
曹		十三宋伐我。
鄭		十二
燕		四
吳		七伐陳。

488	487
	甲寅
三十二	三十三
七 公會吳王于繒。吳徵百牢，季康子使子貢謝之。	八 吳爲邾伐我，至城下，
齊悼公陽生元年	二 伐魯，取三邑。
二十四 侵衛。	二十五
三	四
楚惠王章元年	二 子西召建子勝於吳，
二十九 侵鄭，圍曹。	三十 曹倍我，我滅之。
五 晉侵我。	六
十四	十五
三	四
十四 宋圍我，鄭救我。	十五 宋滅曹，虜伯陽。
十三	十四
五	六
八 魯會我繒。	九 伐魯。

		486	485
周		三十四	三十五
魯	盟而去。齊取我三邑。	九	十 與吳伐齊。
齊		三	四 吳、魯伐我。
晉		二十六	二十七 使趙鞅伐
秦		五	六
楚	爲白公。	三 伐陳，陳與吳故。	四 伐陳。
宋		三十一 鄭圍我，敗之于雍丘。	三十二 伐鄭。
衛		七	八 孔子自陳
陳		十六 倍楚，與吳成。	十七
蔡		五	六
曹			
鄭		十五 圍宋，敗我師雍丘，伐我。	十六
燕		七	八
吳		十	十一 與魯伐齊。

	三十六
	十一 齊伐我。冄有言，故迎孔子，
鮑子殺悼公〔六六〕，齊人立其子壬，爲簡公。	齊簡公元年。魯與吳敗我。
齊。	二十八
	七
	五
	三十三
來。	九 孔子歸魯。
	十八
	七
	十七
	九
救陳。〔索隱〕捄陳。上音救。誅五員。	十二 與魯敗齊。

		483
周		三十七
魯	孔子歸。	十二 與吳會橐皋。索隱 橐音託。皋音高。縣名，在壽春也。用田賦。
齊		二
晉		二十九
秦		八
楚		六 白公勝數請子西伐鄭，以父怨故。
宋		三十四
衛		十 公如晉，與吳會橐皋。
陳		十九
蔡		八
曹		
鄭		十八 宋伐我。
燕		十
吳		十三 與魯會橐皋。

481	482
三十九	三十八
十四 西狩獲麟。衛出公來奔。	十三 與吳會黄池。
四 田常殺簡公，立其弟驁，索隱 五高反，平公也。爲平	三
三十一	三十 與吳會黄池，爭長。
十	九
八	七 伐陳。
三十六	三十五 鄭敗我師。
十二 父蒯聵入，輒出亡。	十一
二十一	二十
十	九
二十	十九 敗宋師。
十二	十一
十五	十四 與晉會黄池。

		480
周		四十
魯		十五 子服景伯使齊，子貢爲介，齊歸我侵地。
齊	公，常相之，專國權。	齊平公鶩元年 景公孫也。〔六七〕齊自是稱田氏。
晉		三十二
秦		十一
楚		九
宋		三十七 熒惑守心，子韋曰「善」。〔六八〕
衛		衛莊公蒯聵元年
陳		二十二
蔡		十一
曹		
鄭		二十一
燕		十三
吳		十六

479	478
四十一	四十二
十六 孔子卒。	十七
二	三
三十三	三十四
十二	十三
十 白公勝殺令尹子西，攻惠王。葉公攻白公，白公自殺。惠王復國。	十一
三十八	三十九
二	三 莊公
二十三 楚滅陳，殺湣公。	
十二	十三
二十二	二十三
十四	十五
十七	十八 越敗

		477 甲子
周		四十三 敬王崩。集解徐廣曰：「歲在
魯		十八 二十七卒。
齊		四 二十五卒。
晉		三十五 三十七卒。
秦		十四 卒，子厲共公立〔七二〕。
楚		十二 五十七卒。
宋		四十 六十四卒。
衛	辱戎州人，州人與戎州趙簡子攻莊公，出奔。	衛君起元年 石傅逐起 索隱
陳		
蔡		十四 十九卒。
曹		
鄭		二十四 三十八卒。
燕		十六 二十八卒。
吳	我。	十九 二十三卒。索隱二十三年滅。

甲子〔六九〕。」【索隱】敬王四十三年卒。皇甫謐云四十四年。當魯哀公十八年，二十七年卒。齊平公四年，二十五年卒。晉定公三十五年，三十七年

石傅逐君起。傅音圃，亦作「甫」，音敷。出，輒復入。

周	卒。秦悼公十四年，子厲公立。楚惠王章十二年，五十七年卒。宋景公四十年，十四年卒。衛君起元年，陳滑公楚滅之前年。蔡朔十四年，
魯	
齊	
晉	
秦	
楚	
宋	
衛	
陳	
蔡	
曹	
鄭	
燕	
吳	

十九年卒。曹伯陽立十五年，曹亡在敬王四十三年。鄭聲公二十四年，四十八年卒。燕獻公十六年，二十八年卒。吳王夫差十九年，二十三年滅〔七〇〕。

【索隱述贊】太史表次，抑有條理。起自共和，終於孔子。十二諸侯，各編年紀。興亡繼及，盛衰臧否。惡不揜過，善必揚美。絕筆獲麟，義取同恥。

校勘記

〔一〕四國迭興　「國」，原作「海」，據景祐本、紹興本、耿本、黃本、彭本、柯本、凌本、殿本改。

〔二〕下覬近勢　「勢」，凌本、殿本作「世」，本書卷七六平原君虞卿列傳同。

〔三〕並效周譜　「效」，原作「放」，據耿本、黃本、彭本、柯本、凌本、殿本改。按：梁書卷五〇劉杳傳引作「效」。

〔四〕去其重複之文也　「複之」二字原無，據耿本、黃本、彭本、柯本、凌本、殿本補。

〔五〕成學之人　耿本、黃本、彭本、柯本、凌本、殿本此下有「攻文之士以」五字。

〔六〕厲王子居召公宮是爲宣王　此十一字景祐本、紹興本、耿本、黃本、彭本、柯本、凌本、殿本在二年。

〔七〕王少　景祐本、紹興本、耿本、黃本、彭本、柯本、凌本、殿本作「以宣王少」。

〔八〕康叔七代孫　「康」，原作「唐」，據耿本、黃本、彭本、索隱本、柯本、凌本、殿本改。按：本書卷三七衛康叔世家有「康叔」、「康伯」，無「唐叔」。

〔九〕宣王元年　景祐本、紹興本、耿本、黃本、彭本、柯本、凌本、殿本此下有「厲王子」三字。按：

依表例當有此三字。參見三代世表。

〔一〇〕燕失年紀及君名　「君」字原無，據耿本、黄本、彭本、柯本、凌本、殿本補。

〔一一〕費瀆弗不同爾　此六字原無，據耿本、黄本、彭本、柯本、凌本補。殿本「爾」作「耳」。

〔一二〕楚熊鄂　「鄂」，郭沫若兩周金文辭大系圖録考釋所録北宋政和三年湖北嘉魚出土楚公逆鎛銘文作「逆」。孫詒讓古籀拾遺中：「此楚公逆即熊咢也。咢、逆一聲孳生之字，古多通用。」按：「鄂」「咢」字通。

〔一三〕曹惠公伯雉　梁玉繩志疑卷八：「曹世家作『惠伯兕』，『公』字是衍文。」張文虎札記卷二：「索隱本亦出此五字，則衍誤久矣。」按：本書卷三五管蔡世家「戴伯卒，子惠伯兕立」索隱：「年表作『惠公伯雉』。」曹自惠伯之後皆稱公，作「惠公伯雉」或有所據，未必是傳寫之誤。

〔一四〕音憤　「憤」，原作「僨」，據黄本、柯本、凌本、殿本改。按：本書卷四〇楚世家「是爲蚡冒」索隱：「古本『蚡』作『羒』，音憤。」

〔一五〕生大叔段　此下原有「母欲立段公不聽」七字，據景祐本、紹興本、耿本、黄本、彭本、柯本、凌本、殿本删。按：本書卷四二鄭世家：「二十七年，武公疾。夫人請公，欲立段爲太子，公弗聽。是歲武公卒，寤生立，是爲莊公。」

〔一六〕封季弟成師于曲沃　梁玉繩志疑卷八：「『弟』乃『父』字之誤。成師者，文侯季弟，昭侯之季父也。」按：本書卷三九晉世家：「昭侯元年，封文侯弟成師于曲沃。」漢書卷二〇古今人表云

「曲沃桓叔，晉文侯弟」。蓋桓叔以文侯之弟得封，非以昭侯季父封也。疑「季弟」上脱「文侯」二字。

〔一七〕鄭莊公寤生元年祭仲相　景祐本、紹興本、耿本、黄本、彭本、柯本、凌本、殿本此上有「母欲立段公不聽」七字，疑當在鄭武公二十七年，誤入此格。按：本書卷四二鄭世家：「二十七年，武公疾。夫人請公，欲立段爲太子，公弗聽。是歲武公卒，寤生立，是爲莊公。」

〔一八〕共立之　張文虎札記卷二：「句上疑有脱字。」按：「共」上疑脱「衛人」二字。春秋經隱公四年：「衛人立晉。」左傳：「書曰『衛人立晉』，衆也。」

〔一九〕秦寧公　疑當作「秦憲公」。參見本書卷五秦本紀校記〔一二〕。

〔二〇〕大雨雹電　張文虎札記卷二：「毛本作『震電』，無『大雨』二字。」按：「雹」，疑爲「震」字之譌。毛本作「震電」，殿本作「大雨震電」，是其證也。春秋經隱公九年：「三月癸酉，大雨震電。」漢書卷二七中之上五行志中之上隱公九年「三月癸酉，大雨，震電」，「大雨，雨水也。震，雷也」。

〔二一〕秦出公元年　梁玉繩志疑卷八：「『出公』乃『出子』之誤，秦別自有出公也。」按：各本皆作「出公」。本書卷五秦本紀惠公之子稱「出子」，卷六秦始皇本紀稱「出公」，蓋各有所據。漢書卷二〇古今人表云「秦出公曼」，又云「秦武公，出公兄」，皆其證。下「三父殺出公」同。

〔二二〕燕桓侯元年　「桓侯」，原作「桓公」。張文虎札記卷二：「集解、索隱所引世本及人表並作

『桓侯』。」按：本書卷三四燕召公世家「自召公已下九世至惠侯」索隱云「燕四十二代有二惠侯，二釐侯，二宣侯，三桓侯，二文侯，蓋國史微失本謚，故重耳」，知司馬貞所見本作「桓侯」，今據改。

〔二三〕公會曹謀伐鄭　「曹」，原作「晉」。殿本史記考證：「世家『會于曹，謀伐鄭』。春秋『公會宋公、蔡侯、衛侯于曹』，左傳『會于曹，謀伐鄭也』。則『晉』當是『曹』。」今據改。

〔二四〕有弟克　原作「有兄弟」。梁玉繩志疑卷八：「當作『有弟克』，傳寫訛倒，又誤『克』爲『兄』。蓋指莊王弟王子克也。」按：梁説是。「生子穨」、「有弟克」二事，皆與王室之亂有關。今據改。

〔二五〕齊伐我爲糾故　「爲糾故」三字原誤入下欄齊桓二年，今據景祐本、紹興本、耿本、黄本、彭本、柯本、凌本、殿本移。

〔二六〕息夫人陳女過蔡蔡不禮惡之楚伐蔡獲哀侯以歸　「陳女過蔡蔡不禮惡之楚伐蔡獲哀侯以歸」十七字原誤入下欄宋湣公八年，景祐本、紹興本、耿本、黄本、彭本、柯本、凌本、殿本「息夫人陳女過蔡蔡不禮惡之楚」十三字在楚表而誤在五年，今移正。

〔二七〕慶父弒　此三字原無。張文虎札記卷二：「史詮云上脱『慶父弒』三字。」按：本書卷三三魯周公世家：「慶父使圉人犖殺魯公子斑於黨氏。季友犇陳。慶父竟立莊公子開，是爲湣公。」今據補。

〔二八〕滅魏耿霍　原作「伐魏取霍」。梁玉繩志疑卷八：「『伐』字當依秦本紀及晉世家作『滅』。『取』字又『耿』之譌。」按：本書卷四四魏世家：「以伐霍、耿、魏，滅之。」今據改。

〔二九〕救戎狄伐　崔適史記探源卷四：「各本『邢』誤作『戎』，『伐狄』二字互倒，致不成語。」

〔三〇〕不書史官失之　梁玉繩志疑卷八：「『不書』下脱『朔與日』三字，否則竟似不書日食矣。」按：左傳僖公十五年：「夏五月，日有食之，不書朔與日，官失之也。」

〔三一〕會晉朝復歸衛　「衛」，原作「晉」。梁玉繩志疑卷八：「『歸晉』當作『歸衛』。」按：春秋經僖公二十八年：「衛侯鄭自楚復歸于衛。」今據改。

〔三二〕徐廣云一曰成公少子　「少子」，原作「大子」。按：本書卷三八宋微子世家「立成公少子杵臼」正義：「年表云：『宋昭元年。杵臼，襄公之子。』徐廣曰：『一云成公少子。』」今據改。

〔三三〕七年宋齊晉君死　「七年」，原作「十年」，據殿本改。按：左傳文公十四年作「七年」。

〔三四〕靈公庶弟　張文虎札記卷二：「叢録云：案鄭世家，堅者靈公庶弟，集解徐廣曰『年表云庶兄』，今表與世家同，蓋後人所改。」

〔三五〕齊崔杼來奔　「崔杼」，原作「高國」。張文虎札記卷二：「『高國』當作『崔杼』。」按：據此表及本書卷三二齊太公世家，奔衛者爲崔杼，左傳宣公十年同。今據改。

〔三六〕救鄭　梁玉繩志疑卷八：「趙世家徐廣曰『年表救鄭及誅滅皆景公三年』，今本史表無誅趙氏事，豈傳寫脱耶？抑後人知其誤而删之耶？」

〔三七〕救宋執解揚　「執」上疑脱「鄭」字。按：鄭表云「佐楚伐宋，執解揚」是也。本書卷三九晉世家：「（晉）乃使解揚紿爲救宋。鄭人執與楚。」卷四二鄭世家：「（晉）乃求壯士，得霍人解揚，字子虎，誆楚，令宋毋降。過鄭，鄭與楚親，乃執解揚而獻楚。」

〔三八〕伐晉　此二字原無，據景祐本、紹興本、耿本、黄本、彭本、柯本、凌本、殿本補。按：春秋經宣公十五年：「秦人伐晉。」左傳：「秋七月，秦桓公伐晉，次于輔氏。」

〔三九〕巫臣　原作「臣巫」，據景祐本、紹興本、耿本、黄本、彭本、柯本、凌本、殿本及本卷晉表乙正。按：左傳成公七年：「巫臣請使於吴，晉侯許之。」

〔四〇〕晉率我伐秦　「晉率我」三字原無。梁玉繩志疑卷八：「史詮曰脱『晉率我』三字。」按：宋、曹二表皆云「晉率我伐秦」。今據補。

〔四一〕華元奔晉　「華元」上原有「宋」字。梁玉繩志疑卷八：「史詮曰：『華』上衍『宋』字。」今據删。

〔四二〕立襄公孫爲悼公　梁玉繩志疑卷八：「悼公爲襄公曾孫，此誤。」按：梁説是。本書卷三九晉世家：「悼公周者，其大父捷，晉襄公少子也。」卷四三趙世家：「欒書畏及，乃遂弒其君厲公，更立襄公曾孫周，是爲悼公。」皆其證。然趙世家集解引徐廣云：「年表云襄公孫也。」則徐氏所見本亦無「曾」字。

〔四三〕晉伐我　此上原有「我不救鄭」四字。梁玉繩志疑卷八：「左傳齊不會圍宋，故晉討之，非因不救鄭而見伐也。是時鄭服于楚，晉連年往伐，諸侯方欲城虎牢以偪鄭，齊不服楚，何爲救鄭？表誤書之。」今據刪。

〔四四〕晉伐敗我兵於洧上　「於」，原作「次」，據會注本改。按：本書卷四二鄭世家云「晉悼公伐鄭兵於洧上」，與左傳襄公元年合。

〔四五〕此欄原有「伐吳」二字。梁玉繩志疑卷八：「春秋是年無齊伐吳事，乃因楚伐吳而錯出也，當衍。」按：本書卷三一吳太伯世家、卷三二齊太公世家此年皆無齊伐吳之事。今據刪。

〔四六〕鄭簡公嘉元年　「嘉」，原作「喜」。梁玉繩志疑卷八：「『喜』當作『嘉』。」按：本書卷四二鄭世家簡公名「嘉」，與春秋經昭公十二年合。漢書卷二〇古今人表：「鄭簡公嘉，釐公子。」今據改。

〔四七〕與鄭伐宋　原作「鄭晉伐我」。梁玉繩志疑卷八：「春秋襄十一年無其事，此必『與鄭伐宋』之誤。」今據改。

〔四八〕楚鄭伐我　「鄭」字原無，據殿本補。參見上條。

〔四九〕伐鄭　原作「救鄭敗晉師櫟」。梁玉繩志疑卷八：「伐鄭者晉也，救鄭敗晉者秦也，衞與晉伐鄭，未嘗與秦敗晉，此六字當衍。史詮云『救鄭』乃『伐鄭』之誤，衍『敗晉師櫟』四字。」今據刪改。

〔五〇〕楚康王略　梁玉繩志疑卷八：「康王之名，三傳、春秋及國語注俱作『昭』，此與世家作『招』，古通。索隱本作『略』，誤。」張文虎札記卷二：「疑（略）亦『昭』之譌。」

〔五一〕衛殤公狄元年　錢大昕考異卷二：「（狄）世家作『秋』，秋、狄皆『猋』之訛。漢書古今人表作『猋』，春秋作『剽』，剽、猋音相近。」

〔五二〕衛伐我　原作「伐衛」。梁玉繩志疑卷八：「襄十七年春秋『衛伐曹』，則此是『衛伐我』之誤。」今據改。

〔五三〕子産曰　梁玉繩志疑卷八：「『子産曰』三字衍。」按：疑「子産曰」三字非衍，此下有脱文。左傳襄公二十四年：「范宣子爲政，諸侯之幣重，鄭人病之。二月，鄭伯如晉。子産寓書於子西以告宣子，曰：『子爲晉國，四鄰諸侯不聞令德，而聞重幣，僑也惑之。僑聞君子長國家者，非無賄之患，而無令名之難。夫諸侯之賄，聚於公室，則諸侯貳。若吾子賴之，則晉國貳。諸侯貳，則晉國壞。晉國貳，則子之家壞，何没没也！將焉用賄？夫令名，德之輿也。德，國家之基也。有基無壞，無亦是務乎！有德則樂，樂則能久。詩云「樂只君子，邦家之基」，有令德也夫！「上帝臨女，無貳爾心」，有令名也夫！恕思以明德，則令名載而行之，是以遠至邇安。毋寧使人謂子「子實生我」，而謂「子浚我以生」乎？象有齒以焚其身，賄也。』宣子説，乃輕幣。是行也，鄭伯朝晉，爲重幣故，且請伐陳也。」

〔五四〕又欲殺子産　「又欲殺」三字原無。張文虎札記卷二：「『子産』上疑脱『又欲殺』三字。」按：本書卷四二鄭世家：「諸公子爭寵相殺，又欲殺子産。」今據補。

〔五五〕子皮止之　「子皮」，原作「子成」，據殿本改。按：左傳襄公三十年：「子駟氏欲攻子產，子皮怒之，曰：『禮，國之幹也。殺有禮，禍莫大焉。』乃止。」

〔五六〕昭公年十九有童心　此八字原在下年，據景祐本、紹興本、耿本、黄本、彭本、柯本、凌本、殿本移。參見下條。

〔五七〕魯昭公裯元年　此下原有「昭公年十九有童心」八字，據景祐本、紹興本、耿本、黄本、彭本、柯本、凌本、殿本移至上年。按：左傳襄公三十一年：「於是昭公十九年矣，猶有童心。君子是以知其不能終也。」襄公三十一年，昭公年十九，至昭公元年，則已二十，不得云「年十九」矣。

〔五八〕田無宇送女　此上原有「齊」字。梁玉繩志疑卷八：「此書本國事，不必言『齊』。當衍『齊』字。」今據删。

〔五九〕此欄原有「四月日蝕」四字。梁玉繩志疑卷八：「春秋是年無日食，此誤增也。」張文虎札記卷二：「『昭七年四月甲辰，日有食之』，前表但書日蝕，無月，疑此『四月日蝕』四字即彼文錯簡，『七年』『十年』字又相近，傳寫誤填，容有之，如下晉表可證也。」今據删。

〔六〇〕七月公薨　「七月」，原作「十月」。梁玉繩志疑卷八：「昭十年春秋平公卒于七月戊子，此譌作『十月』。」今據改。

〔六一〕公如晉晉留之葬公恥之　此十字景祐本、紹興本、耿本、黄本、彭本、柯本、凌本、殿本在下年。梁玉繩志疑卷八：「十五年公如晉，世家與春秋同，此誤書于十六年。又公爲晉人所止，故十五年冬如晉，至十六年夏始返，並非晉留使送葬。且晉昭公以八月卒，十月葬，在公歸之後，安得謂晉留之葬？此與世家俱誤。蓋是年季平子如晉葬昭公，史因誤以爲公耳。」張文虎札記卷二：「十字各本誤入下年，依志疑移。」按：張氏以爲各本在下年誤，未必然也。左傳昭公十六年：「十六年春，王正月，公在晉，晉人止公。不書，諱之也。」晉人留魯君，左傳載於十六年，表因之，不爲無據，不必與世家盡同也。且史文與春秋、左傳，乃至史記各體記事參差者不一而足，不可一一改易。

〔六二〕詐殺諸公子　「諸」字原無。張文虎札記卷二：「世家作『詐殺諸公子』，疑此脱『諸』字。」今據補。

〔六三〕吴與我伐楚入郢　「入」字原無。梁玉繩志疑卷八：「史詮曰入郢，脱『入』字。」按：上欄楚表曰「吴、蔡伐我，入郢」，下欄吴表曰「與蔡伐楚，入郢」。今據補。

〔六四〕振鐸請待公孫彊　「請」上凌本有「止之」二字，本書卷三五管蔡世家同。

〔六五〕齊衞伐我　「衞」字原無。梁玉繩志疑卷八：「『齊』下缺『衞』字。」按：此年衞表曰「伐晉」。春秋經哀公元年：「秋，齊侯、衞侯伐晉。」今據補。

〔六六〕鮑子殺悼公　「鮑」上原有「齊」字。張文虎札記卷二：「『齊』字衍。」今據删。

〔六七〕景公孫　原作「景公子」。梁玉繩志疑卷八：「『景公子』當作『景公孫』，或作『悼公子』。」按：考本書卷三二齊太公世家，平公乃景公之孫。今據改。

〔六八〕熒惑守心子韋曰善　梁玉繩志疑卷八：「熒惑守心，何善之有，於義未明。」張文虎札記卷二：「疑有脱文。」按：本書卷三八宋微子世家：「三十七年，楚惠王滅陳。熒惑守心。心，宋之分野也。景公憂之。司星子韋曰：『可移於相。』景公曰：『相，吾之股肱。』曰：『可移於民。』景公曰：『君者待民。』曰：『可移於歲。』景公曰：『歲饑民困，吾誰爲君！』子韋曰：『天高聽卑。君有君人之言三，熒惑宜有動。』於是候之，果徙三度。」疑表脱景公君臣答問之言。

〔六九〕徐廣曰歲在甲子　景祐本作「徐廣曰皇甫謐云敬王四十四年元己卯崩壬戌」，與本書卷四周本紀「四十二年敬王崩」集解徐廣引皇甫謐説合。

〔七〇〕此條索隱原無，據索隱本補。

〔七一〕子厲共公立　「共」字原無。梁玉繩志疑卷八：「悼公之子爲厲共公，蓋兩字謚，此脱。」按：本書卷五秦本紀、卷一五六國年表皆稱「厲共公」，卷六秦始皇本紀曰「剌龔公」。今據補。

史記卷十五

六國年表第三

索隱 六國，魏、韓、趙、楚、燕、齊，并秦凡七國，號曰「七雄」。

太史公讀秦記，〔一〕至犬戎敗幽王，周東徙洛邑，秦襄公始封爲諸侯，作西畤用事上帝，僭端見矣。禮曰：「天子祭天地，諸侯祭其域内名山大川。」今秦雜戎翟之俗，先暴戾，後仁義，位在藩臣而臚於郊祀，〔二〕君子懼焉。及文公踰隴，攘夷狄，尊陳寶，營岐雍之閒，而穆公修政，東竟至河，則與齊桓、晉文中國侯伯侔矣。是後陪臣執政，大夫世禄，六卿擅晉權，征伐會盟，威重於諸侯。及田常殺簡公而相齊國，諸侯晏然弗討，海内爭於戰攻矣〔一〕。三國終之卒分晉，田和亦滅齊而有之，六國之盛自此始。務在彊兵并敵，謀詐用而從衡短長之説起。矯稱蠭出，誓盟不信，雖置質剖符猶不能約束也。秦始小國僻遠，諸夏賓之，比於戎翟，至獻公之後常雄諸侯。論秦之德義不如魯衛之暴戾者，量秦之兵不如三晉之彊也，然卒并天下，非必險固便、形埶利也，蓋若天所助焉。

【一】索隱 即秦國之史記也，故下云「秦燒詩書，諸侯史記尤甚。獨有秦記，又不載日月」是也。

【二】索隱 案：臚字訓陳也，出爾雅文。以言秦是諸侯而陳天子郊祀，實僭也，猶季氏旅於泰山然。 正義 臚作「𦢊」〔二〕，音旅，祭名。又旅，陳也。

或曰「東方物所始生，西方物之成孰」。夫作事者必於東南，收功實者常於西北。故禹興於西羌，【一】湯起於亳，【二】周之王也以豐鎬伐殷，秦之帝用雍州興，漢之興自蜀漢。

【一】集解 皇甫謐曰：「孟子稱禹生石紐，西夷人也。傳曰『禹生自西羌』是也。」 正義 禹生於茂州汶川縣，本冉駹國，皆西羌。

【二】集解 徐廣曰：「京兆杜縣有亳亭。」

秦既得意，燒天下詩書，諸侯史記尤甚，爲其有所刺譏也。詩書所以復見者，多藏人家，而史記獨藏周室，以故滅。惜哉，惜哉！獨有秦記，又不載日月，其文略不具。然戰國之權變亦有可頗采者，何必上古。秦取天下多暴，然世異變，成功大。【一】傳曰「法後王」，何也？以其近己而俗變相類，議卑而易行也。【二】學者牽於所聞，見秦在帝位日淺，不察其終始，因舉而笑之，【三】不敢道，此與以耳食無異。【四】悲夫！

【一】索隱 以言人君制法，當隨時代之異而變易其政，則其成功大。

【二】正義易，以豉反。後王，近代之王。法與己連接世俗之變及相類也，故議卑淺而易識行耳。

【三】索隱舉猶皆也。

【四】索隱案：言俗學淺識，舉而笑秦，此猶耳食不能知味也。

余於是因秦記，踵春秋之後，起周元王，【一】表六國時事，訖二世，凡二百七十年，著諸所聞興壞之端。後有君子，以覽觀焉。

【一】索隱案：此表起周元王元年，春秋迄元王八年。

公元前476

周	周元王元年 集解徐廣曰：「乙丑」皇甫謐曰：「元年癸酉，二十八年庚子崩。」索隱元王名仁，系本名赤，敬王子。八年崩，子定王介立也。
秦	秦厲共公元年 索隱悼公子。三十四年卒，子躁公立。
魏	魏獻子 衛出公輒後元年。索隱二十一年，季父黔逐出公而自立，曰悼公也。
韓	韓宣子
趙	趙簡子 索隱案：系家簡子名鞅，文子武之孫，景叔成之子也。四十二 索隱案：簡子以頃公九年在位，頃公十四年卒而定公立，定公明年三十七
楚	楚惠王章十三年 集解徐廣曰：「亦魯哀公十九年。」索隱五十七年卒。吳伐我。
燕	燕獻公十七年 索隱二十八年卒。
齊	齊平公驁五年 索隱二十五年卒【三】。

		475	474
周		二	三
秦		二 蜀人來賂。	三
魏		晉定公卒。 【索隱】系本定公名午。	晉出公錯元年。 【索隱】系本名鑿。
韓			
趙	年卒，是四十二為簡子在位之年。又至出公十七年卒，在位六十年也。	四十三	四十四
楚		十四 越圍吳，吳怨〔四〕。	十五
燕		十八	十九
齊		六	七 越人始來。

473	472	471
四	五	六
四	五 楚人來賂。	六 義渠來賂。緜諸乞援〔五〕。
四十五	四十六	四十七
十六 越滅吳。	十七 蔡景侯卒。索隱 案:「景」字誤,合作「成侯」。徐廣不辨,即言「或作『成』」。案:景侯即成侯之高祖父也。	十八 蔡聲侯元年。
二十	二十一	二十二
八	九 晉知伯瑤來伐我。	十

	468	469	470	
周	定王元年 集解 徐廣曰：	八	七	
秦	九	八	七 彗星見。	集解 音義曰：「援一作『爰』。」
魏			衛出公飲，大夫不解襪〔六〕，公怒，即攻公，公奔宋。	
韓				
趙	五十	四十九	四十八	
楚	二十一	二十	十九 王子英奔秦。	索隱 名産，成侯之子。
燕	二十五	二十四	二十三	
齊	十三	十二	十一	

466	467	
三	二	「癸酉，左傳盡此。」皇甫謐曰：「貞定王元年癸亥，十年壬申崩。」索隱 名介。二十八年崩。
十一	十 庶長將兵拔魏城。集解 音義「拔一作『捕』」。彗星見。	
五十二	五十一	
二十三 魯悼公元年。三桓勝，魯如小侯。	二十二 魯哀公卒。索隱 系本名蔣。	
二十七	二十六	
十五	十四	

		465	464	463
周		四	五	六
秦		十二	十三	十四 晉人、楚人來賂。
魏				
韓			知伯伐鄭，駟桓子如齊求救。	鄭聲公卒。索隱 聲公名勝，獻公子也。三十七年卒，子哀公易
趙		五十三	五十四 知伯謂簡子，欲廢太子襄子，襄子怨知伯。	五十五
楚	索隱 魯悼公，系本名寧。	二十四	二十五	二十六
燕		二十八	燕孝公元年	二
齊		十六	十七 救鄭，晉師去。中行文子謂田常：「乃今知所以亡。」	十八

	462	461	460	459	458	457
	七	八	九	十	十一	十二
	十五	十六 塹阿旁〔八〕。伐大荔。補龐戲城。	十七	十八	十九	二十 公將師與緜諸戰。
立。八年殺弟丑立爲共公〔七〕。	鄭哀公元年。					
	五十六	五十七	五十八	五十九	六十	襄子 索隱 名無恤。後四年與韓魏敗智伯
	二十七	二十八	二十九	三十	三十一	三十二 蔡聲侯卒。索隱 子元
	三	四	五	六	七	八
	十九	二十	二十一	二十二	二十三	二十四

周		十三
秦		二十一
魏		晉哀公忌元年。[正義]表云晉出公錯十八年，晉哀公忌二年，晉懿公驕立十七年而卒。
韓		
趙	晉陽〔九〕，分其地，始有三晉也。元年 未除服，登夏屋，誘代王，以金斗殺代王。封伯魯子周爲代成君。	二
楚	侯立。	三十三 蔡元侯元年。
燕		九
齊		二十五

世本云昭公生桓子雎，雎生忌，忌生懿公驕。世家云晉出公十七年，晉哀公驕十八年，而無懿公。案：出公道死，智伯乃立昭公曾孫驕爲晉君，是爲哀公。哀公大父雍，晉昭公少子，號戴子，生忌。忌善智伯，早死，故智伯欲并晉，〔一〇〕未敢，乃

		455	454	453
周		十四	十五	十六
秦		二十二	二十三	二十四
魏	立忌子驕爲君。據三處不同，未知孰是。	衛悼公黚元年。		魏桓子敗智
韓				韓康子敗智
趙		三	四 與智伯分范、中行地。	五 襄子敗智伯
楚		三十四	三十五	三十六
燕		十	十一	十二
齊		齊宣公就匝元年 [集解]本作「積」。[索隱]積，平公子，立五十一年卒〔二〕，子康公貸立。	二	三

	452	451
	十七	十八
	二十五 晉大夫智開率其邑人來奔〔一二〕。	二十六 左庶長城南鄭。
伯于晉陽。索隱 桓子名駒。		
伯于晉陽。索隱 康子名虎。		
晉陽，與魏、韓三分其地。	六	七
	三十七	三十八
	十三	十四
	四	五 宋景公卒。集解 徐廣曰：「案左傳景公死至此九十九年〔一三〕。」索隱 案：系家景公，元公子，名頭曼，已見十二諸侯

周	十九	
秦	二十七	
魏	衞敬公元	
韓		
趙	八	
楚	三十九 蔡侯齊元	
燕	十五	
齊	六 宋昭公元	表。徐廣云「案左傳景公卒至此九十九年〔一四〕」，謬矣。景公立六十四年卒，公子特殺太子自立，號昭公，與前昭公杵臼又歷五君，相去略九十年，故誤也。昭公立四十七年，悼公購立。

	449	448	447	446	445
	二十	二十一	二十二	二十三	二十四
	二十八 越人來迎女。	二十九 晉大夫智寬率其邑人來奔。	三十	三十一	三十二
年。索隱悼公黚之子也。					
	九	十	十一	十二	十三
年。	四十	四十一	四十二 楚滅蔡。	四十三	四十四 滅杞。杞，夏之
	燕成公元年	二	三	四	五
年。	七	八	九	十	十一

		444	443	442	441	440
周		二十五	二十六	二十七	二十八	考王元年 集解徐廣曰：「辛丑。」
秦		三十三 伐義渠，虜其王。	三十四 日蝕，晝晦。星見。	秦躁公元年	二 南鄭反。	三
魏						
韓						
趙		十四	十五	十六	十七	十八
楚	後。	四十五	四十六	四十七	四十八	四十九
燕		六	七	八	九	十
齊		十二	十三	十四	十五	十六

432	433	434	435	436	437	438	439
九	八	七	六	五	四	三	二
十一	十	九	八 六月，雨雪。日、月蝕。	七	六	五	四
					晉幽公柳元年。服韓、魏。		
二十六	二十五	二十四	二十三	二十二	二十一	二十	十九
五十七	五十六	五十五	五十四	五十三	五十二	五十一	五十
二	燕湣公元年	十六	十五	十四	十三	十二	十一
二十四	二十三	二十二	二十一	二十	十九	十八	十七

	431	430	429	428	427
周	十	十一	十二	十三	十四
秦	十二	十三 義渠伐秦，侵至渭陽。	十四	秦懷公元年生靈公。	二
魏	衞昭公元年。				
韓					
趙	二十七	二十八	二十九	三十	三十一
楚	楚簡王仲元年滅莒。	二	三 魯悼公卒。	四 魯元公元年。	五
燕	三	四	五	六	七
齊	二十五	二十六	二十七	二十八	二十九

426	425	424	423
十五	威烈王元年 集解 徐廣曰：「丙辰。」 索隱 名午，考王子。	二	三
三	四 庶長鼂殺懷公。太子蚤死，大臣立太子之子，爲靈公。	秦靈公元年 生獻公。	二
	衛悼公亹元年。	魏文侯斯元年 索隱 生武侯擊也。	二
		韓武子元年 索隱 武子啓章生景侯虔。	二 鄭幽公元
三十二	三十三 襄子卒。	趙桓子元年〔一五〕 索隱 桓子嘉，襄子弟也。元年卒，明年，國人共立襄子子獻侯浣也。	趙獻侯元年
六	七	八	九
八	九	十	十一
三十	三十一	三十二	三十三

		422	421	420	419
周		四	五	六	七
秦		三 作上、下畤。	四	五	六
魏		三	四	五 魏誅晉幽公，立其弟止。	六 晉烈公止元年。
韓	年。韓殺之。	三 鄭立幽公子，爲繻公元年。[二六]	四	五	六
趙		二	三	四	五
楚		十	十一	十二	十三
燕		十二	十三	十四	十五
齊		三十四	三十五	三十六	三十七

416	417	418	
十	九	八	
九	八 城塹河瀕。初以君主妻河。索隱 謂初以此年取他女爲君主，君主猶公主也。妻河，謂嫁之河伯，故魏俗猶爲河伯取婦，蓋其遺風。殊異其事，故云「初」。	七 與魏戰少梁。	
九	八 復城少梁。	七	魏城少梁。
九	八	七	
八	七	六	
十六	十五	十四	
十八	十七	十六	
四十	三十九	三十八	

	415	414
周	十一	十二
秦	十　補龐，城籍姑。靈公卒，立其季父悼子，是爲簡公。〔索隱〕案：龐及籍姑皆城邑之名。補者，脩也，謂脩龐而城籍姑也。	秦簡公元年
魏	十	十一　衛慎公元年。
韓	十	十一
趙	九	十　中山武公初立。〔集解〕徐廣
楚	十七	十八
燕	十九	二十
齊	四十一	四十二

	413	412	411
	十三	十四	十五
	二 與晉戰，敗鄭下。	三	四
	十二	十三 公子擊圍繁、龐，出其民〔一八〕。	十四
	十二	十三	十四
曰：「周定王之孫，西周桓公之子。」	十一	十二	十三 城平邑。
	十九	二十	二十一
	二十一	二十二	二十三
	四十三 伐晉，敗黄城〔一七〕，圍陽狐。	四十四 伐魯、莒及安陽。	四十五 伐魯，取都。集解徐廣曰：「世家云取一城。」

	410	409	408
周	十六	十七	十八
秦	五 日蝕。	六 初令吏帶劍。	七 塹洛，城重泉。初租禾。
魏	十五	十六 伐秦，築臨晉、元里。	十七 擊守中山〔一九〕伐秦，至鄭還，築洛陰、合陽。集解徐廣曰：「一云擊宋中山，置合陽。世家云攻秦，至鄭而還，築雒陰、合陽。」
韓	十五	十六	韓景侯虔元年 伐鄭，取雍丘。鄭城京。
趙	十四	十五	趙烈侯籍元年 魏使太子伐中山。
楚	二十二	二十三	二十四 簡王卒。
燕	二十四	二十五	二十六
齊	四十六	四十七	四十八 取魯郕。

407	406	405	404	403	402
十九	二十	二十一	二十二	二十三 九鼎震。	二十四
八	九	十	十一	十二	十三
十八 文侯受經子夏。過段干木之閭常式。	十九	二十 卜相李克，翟璜爭。	二十一	二十二 初爲侯。	二十三
二 鄭敗韓于負黍。	三	四	五	六 初爲侯。	七
二	三	四	五	六 初爲侯。	七
楚聲王當元年 魯穆公元年。	二	三	四	五 魏、韓、趙始列爲諸侯。	六
二十七	二十八	二十九	三十	三十一	燕釐公元年
四十九 與鄭會于西城。伐衞，取毌丘〔三〇〕。索隱音館。	五十	五十一 田會以廩丘反。	齊康公貸元年	二 宋悼公元年。	三

		401	400	399
周		安王元年 集解 徐廣曰：「庚辰。」	二	三 王子定奔晉。
秦		十四 伐魏，至陽狐。	十五	秦惠公元年 索隱 簡公子，史無名。
魏		二十四 秦伐我，至陽狐。	二十五 太子罃生。	二十六 虢山崩，壅河。
韓		八	九 鄭圍陽翟。	韓烈侯元年 索隱 名取。系本作「武侯」也。
趙	烈侯好音，欲賜歌者田，徐越侍以仁義〔二〕，乃止。	八	九	趙武公元年
楚	盜殺聲王。	楚悼王類元年	二 三晉來伐我，至乘丘〔三〕。	三 歸榆關于鄭。
燕		二	三	四
齊		四	五	六

395	396	397	398
七	六	五	四
五	四	三 日蝕。	二
三十	二十九	二十八	二十七
五	四 鄭相子陽之徒殺其君繻公。	三 三月〔三〕，盜殺韓相俠累。集解 徐廣曰：「一作『法其』。」	二 鄭殺其相駟子陽。
五	四	三	二
七	六	五	四 敗鄭師，圍鄭。鄭人殺子陽。
八	七	六	五
十	九	八	七

		394	393	392	391
周		八	九	十	十一
秦	伐緜諸〔三四〕。	六	七	八	九 伐韓宜陽，取六邑。
魏		三十一	三十二 伐鄭，城酸棗。	三十三 晉孝公傾元年。	三十四
韓	鄭康公元年〔三五〕。	六 救魯。鄭負黍反。	七	八	九 秦伐宜陽，取六邑。
趙		六	七	八	九
楚		八	九 伐韓，取負黍。	十	十一
燕		九	十	十一	十二
齊	宋休公元年。	十一 伐魯，取最。	十二	十三	十四

390	389	388	387	386
十二	十三	十四	十五	十六
十 與晉戰武城。縣陝。	十一 太子生。	十二	十三 蜀取我南鄭〔三六〕。	秦出公元年 【索隱】惠公子。
三十五 齊伐取襄陵。	三十六 秦侵陰晉。	三十七	三十八	魏武侯元年 【索隱】名擊。 襲邯鄲，敗焉。
十	十一	十二	十三	韓文侯元年
十	十一	十二	十三	趙敬侯元年〔三七〕 武公子朝作亂，奔魏。
十二	十三	十四	十五	十六
十三	十四	十五	十六	十七
十五 魯敗我平陸。	十六 與晉、衛會濁澤。	十七	十八	十九 田常曾孫田和始列爲諸侯。遷康公海上，食一城。

		385	384	383
周		十七	十八	十九
秦		二 庶長改迎靈公太子，立爲獻公。誅出公。	秦獻公元年 【索隱】名師隰，靈公太子〔二九〕。	二 城櫟陽。
魏		二 城安邑、王垣。	三	四
韓		二 伐鄭，取陽城。伐宋，到彭城，執宋君。	三	四
趙		二	三	四 魏敗我兔臺。【索隱】兔，土故反。字亦作「菟」。
楚		十七	十八	十九
燕		十八	十九	二十
齊	【索隱】和，田常曾孫，二年亦號太公〔二八〕。	二十 伐魯，破之。田和卒。	二十一 田和子桓公午立。	二十二

382	381	380	379	378
二十	二十一	二十二	二十三	二十四
三 日蝕，晝晦。	四 孝公生。	五	六 初縣蒲、藍田、善明氏。	七
五	六	七 伐齊，至桑丘。	八	九 翟敗我澮。伐
五	六	七 伐齊，至桑丘。鄭敗晉。	八	九 伐齊，至靈丘。
五	六	七 伐齊，至桑丘。	八 襲衛，不克。	九 伐齊，至靈丘。
二十	二十一	楚肅王臧元年	二	三
二十一	二十二	二十三	二十四	二十五
二十三	二十四	二十五 伐燕，取桑丘。	二十六 康公卒，田氏遂并齊而有之。太公望之後絕祀。	齊威王因齊元年〔三〇〕

		377	376	375	374
周		二十五	二十六	烈王元年 集解徐廣曰：「丙午。」	二
秦		八	九	十 日蝕。	十一
魏	齊，至靈丘。	十 晉靜公俱酒元年。	十一 魏、韓、趙滅晉，絶無後。	十二	十三
韓		十	韓哀侯元年 分晉國。	二 滅鄭。康公二十年滅，無後。	三
趙		十	十一 分晉國。	十二	趙成侯元年
楚		四 蜀伐我茲方。	五 魯共公元年。	六	七
燕		二十六	二十七	二十八	二十九
齊	自田常至威王，威王始以齊彊天下。	二	三 三晉滅其君。	四	五

	373	372
	三	四
縣櫟陽。	十二	十三
	十四	十五 衞聲公元年。敗趙北藺。
	四	五
	二	三 伐衞，取都鄙七十三。魏敗我藺。
	八	九
	三十 敗齊林孤。	燕桓公元年
	六 魯伐入陽關。晉伐到鱄陵〔三二〕。索隱 劉氏鱄音屬沇反，又音專。	七 宋辟公元年。索隱 辟音壁。辟公名辟兵，生剔成。案：宋後微弱，君薨未必有謚，辟兵其名也，猶剔成然也。

	371	370	369	368
周	五	六 集解徐廣曰：「齊威王朝周。」	七	顯王元年 集解徐廣曰：「癸丑。」
秦	十四	十五	十六 民大疫。日蝕。	十七 櫟陽雨金，四月至八月。
魏	十六 伐楚，取魯陽。	惠王元年	二 敗韓馬陵。	三 齊伐我觀。
韓	六 韓嚴殺其君。	莊侯元年 索隱系家作「懿侯」，系本無。〔三三〕	二 魏敗我馬陵。	三
趙	四	五 伐齊于甄。魏敗我懷。	六 敗魏涿澤，圍惠王。	七 侵齊，至長城。
楚	十 魏取我魯陽。	十一	楚宣王良夫元年	二
燕	二	三	四	五
齊	八	九 趙伐我甄。	十 宋剔成元年。	十一 伐魏，取觀。趙侵我長城。

367	366	365	364
二	三	四	五 賀秦。
十八	十九 敗韓、魏洛陰。	二十	二十一 章蟜【集解】徐廣曰：「一云『車騎』。」與晉戰石門，【集解】徐廣曰：「一作『阿』。」斬首六萬，天子賀。
四	五 與韓會宅陽。城武都。	六 伐宋，取儀臺。	七
四	五	六	七
八	九	十	十一
三	四	五	六
六	七	八	九
十二	十三	十四	十五

	363	362	361	360	359
周	六	七	八	九 致胙于秦。集解 徐廣曰：「紀年東周惠公傑薨。」	十
秦	二十二	二十三 與魏戰少梁，虜其太子。	秦孝公元年 彗星見西方。	二 天子致胙。	三
魏	八	九 與秦戰少梁，虜我太子。	十 取趙皮牢。衛成侯元年。	十一	十二
韓	八	九 魏敗我于澮。大雨三月。	十	十一	十二
趙	十二	十三 魏敗我于澮。	十四	十五	十六
楚	七	八	九	十	十一
燕	十	十一	燕文公元年	二	三
齊	十六	十七	十八	十九	二十

	358	357	356	355
	十一	十二	十三	十四
	四	五	六	七
星晝墮，有聲。	十三	十四 與趙會鄗。	十五 魯、衛、宋、鄭侯來。集解徐廣曰：「紀年一曰『魯共侯來朝。邯鄲成侯會燕成侯平安邑』。」	十六
	韓昭侯元年 秦敗我西山。	二 宋取我黃池。魏取我朱。	三	四
	十七	十八 趙孟如齊。	十九 與燕會阿〔三三〕。與齊、宋會平陸。	二十
	十二	十三 君尹黑迎女秦。	十四	十五
	四	五	六	七
	二十一 鄒忌以鼓琴見威王。	二十二 封鄒忌爲成侯。	二十三 與趙會平陸。	二十四

		354	353	352
周		十五	十六	十七
秦	與魏王會杜平。	八 與魏戰元里，斬首七千，取少梁。	九	十 衛公孫鞅爲大良造，伐安邑，降之。
魏	與秦孝公會杜平。侵宋黄池，宋復取之。	十七 與秦戰元里，秦取我少梁。	十八 邯鄲降。齊敗我桂陵。	十九 諸侯圍我襄陵。築長城，塞固陽。
韓		五	六 伐東周，取陵觀、廩丘。	七
趙		二十一 魏圍我邯鄲。	二十二 魏拔邯鄲。	二十三
楚		十六	十七	十八 魯康公元年。
燕		八	九	十
齊	與魏會田於郊。	二十五	二十六 敗魏桂陵。	二十七

351	350	349
十八	十九	二十
十一 城商塞。衛鞅圍固陽，降之。	十二 初聚小邑爲三十一縣，令。〔三四〕爲田開阡陌。	十三 初爲縣，有秩史。
二十 歸趙邯鄲。	二十一 與秦遇彤。索隱 彤，地名。商君死彤地〔三五〕。劉氏云「阡陌道」，非也。	二十二
八 申不害相。	九	十 韓姬弒其君悼公。索隱 姬，一作「玘」，同音怡。韓之大夫姓名。案：韓無悼公，所未詳也。
二十四 魏歸邯鄲，與魏盟漳水上。	二十五	趙肅侯元年 索隱 名語。
十九	二十	二十一
十一	十二	十三
二十八	二十九	三十

	348	347	346	345	344	343
周	二十一	二十二	二十三	二十四	二十五 諸侯會。	二十六
秦	十四 初爲賦。	十五	十六	十七	十八	十九
魏	二十三	二十四	二十五	二十六	二十七 丹封名會。丹，魏大臣〔三六〕。	二十八
韓	十一 昭侯如秦。	十二	十三	十四	十五	十六
趙	二	三 公子范襲邯鄲，不勝，死。	四	五	六	七
楚	二十二	二十三	二十四	二十五	二十六	二十七
燕	十四	十五	十六	十七	十八	十九
齊	三十一	三十二	三十三 殺其大夫牟辛。	三十四	三十五 田忌襲齊，不勝。	三十六

	342	341
致伯秦。	二十七	二十八
城武城。從東方牡丘來歸。天子致伯。	二十 諸侯畢賀。會諸侯于澤。集解徐廣曰：「紀年作『逢澤』。」朝天子。	二十一 馬生人。
	二十九 中山君爲相。	三十 齊虜我太子申，殺將軍龐涓。
	十七	十八
	八	九
魯景公偃元年。	二十八	二十九
	二十	二十一
	齊宣王辟彊元年	二 敗魏馬陵。田忌、田嬰、田肦將，孫子爲師。集解徐廣曰：「楚世家云田肦者，齊之將，而

		340	339	338
周		二十九	三十	三十一
秦		二十二 封大良造商鞅。	二十三 與晉戰岸門。	二十四 大荔圍合陽〔三八〕。孝公薨。商君反，死彤地。
魏		三十一 秦商君伐我，虜我公子卬。	三十二 公子赫爲太子。	三十三 衞鞅亡歸我，我恐〔三九〕，弗內。
韓		十九	二十	二十一
趙		十	十一	十二
楚		三十	楚威王熊商元年	二
燕		二十二	二十三	二十四
齊	齊世家不說田盼，或者是時三人皆出征乎？」	三 與趙會，伐魏〔三七〕。	四	五

337	336	335	334
三十二	三十三 賀秦。	三十四	三十五
秦惠文王元年 楚、韓、趙、蜀人來。	二 天子賀。行錢。宋太丘社亡。	三 王冠。拔韓宜陽。	四 天子致文武胙。魏夫人來。
三十四	三十五 孟子來，王問利國，對曰：「君不可言利。」	三十六	魏襄王元年 與諸侯會徐州，以相王。
二十二 申不害卒。	二十三	二十四 秦拔我宜陽。	二十五 旱。作高門，屈宜臼曰：「昭
十三	十四	十五	十六
三	四	五	六
二十五	二十六	二十七	二十八 蘇秦說燕。
六	七 與魏會平阿南。	八 與魏會于甄。	九 與魏會徐州，諸侯相王。

		333	332	331
周		三十六	三十七	三十八
秦		五 陰晉人犀首爲大良造。	六 魏以陰晉爲和，命曰寧秦。[集解]徐廣曰：「今之華陰。」	七 義渠内亂，庶長操將兵定之。
魏		二 秦敗我彫陰。	三 伐趙。衛平侯元年。	四
韓	侯不出此門。」	二十六 高門成，昭侯卒，不出此門。	韓宣惠王元年	二
趙		十七	十八 齊、魏伐我，我決河水浸之。	十九
楚		七 圍齊于徐州。	八	九
燕		二十九	燕易王元年	二
齊		十 楚圍我徐州。	十一 與魏伐趙。	十二

327	328	329	330
四十二	四十一	四十	三十九
十一 義渠君爲臣。歸魏焦、曲沃。	十 張儀相。公子桑圍蒲陽，降之。魏納上郡。	九 度河，取汾陰、皮氏。圍焦，降之。與魏會應。	八 魏入少梁、河西地于秦〔四〇〕。
八 秦歸我焦、曲沃。	七 入上郡于秦。	六 與秦會應。秦取汾陰、皮氏。	五 與秦河西地少梁。秦圍我焦、曲沃。
六	五	四	三
二十三	二十二	二十一	二十
二	楚懷王槐元年	十一 魏敗我陘山。	十
六	五	四	三
十六	十五 宋君偃元年。	十四	十三

	326	325	324	323	322
周	四十三	四十四	四十五	四十六	四十七
秦	十二 初臘。會龍門。	十三 四月戊午，君爲王。	相張儀將兵取陜。初更元年	二 相張儀與齊楚會齧桑。	三 張儀免相，相
魏	九	十	十一 衛嗣君元年。	十二	十三 秦取曲沃、平
韓	七	八 魏敗我韓舉。	九	十 君爲王。	十一
趙	二十四	趙武靈王元年 魏敗我趙護。	二 城鄗。	三	四 與韓會區鼠。
楚	三	四	五	六 敗魏襄陵。	七
燕	七	八	九	十 君爲王。	十一
齊	十七	十八	十九	齊湣王地元年	二

	321	320	319	318
	四十八	慎靚王元年 集解徐廣曰：「辛丑。」	二	三
魏。	四	五 王北遊戎地，至河上。	六	七 五國共擊秦，不勝而還。
周。女化爲丈夫。	十四	十五	十六	魏哀王元年 擊秦不勝。
	十二	十三	十四 秦來擊我，取鄢。	十五 擊秦不勝。
	五 取韓女爲夫人。	六	七	八 擊秦不勝。
	八	九	十 城廣陵。	十一 擊秦不勝。
	十二	燕王噲元年	二	三 擊秦不勝。
	三 封田嬰於薛。	四 迎婦于秦。	五	六 宋自立爲王。

	317	316	315	314
周	四	五	六	周赧王元年 集解徐廣曰：「丁未。」
秦	八 與韓、趙戰，斬首八萬。張儀復相。	九 擊蜀，滅之。取趙中都、西陽、安邑〔四二〕。	十	十一 侵義渠，得二十五城。
魏	二 齊敗我觀澤。	三	四	五 秦拔我曲沃，歸其人。走犀
韓	十六 秦敗我脩魚，得韓將軍申差〔四一〕。	十七	十八	十九
趙	九 與韓、魏擊秦。齊敗我觀澤。	十 秦取我中都、西陽、安邑〔四三〕。	十一 秦敗我將軍英。	十二 集解徐廣曰：「紀年云立燕公子
楚	十二	十三	十四	十五 魯平公元年。
燕	四	五 君讓其臣子之國，顧爲臣。	六	七 君噲及太子、相子之皆死。
齊	七 敗魏、趙觀澤。	八	九	十

	313	312	311
索隱赧音尼簡反。宋衷曰：「赧，諡也。」皇甫謐云名誕也。	二	三	四
	十二 樗里子擊藺陽，虜趙將。公子繇通封蜀。索隱繇音由。秦之公子。	十三 庶長章擊楚，斬首八萬。	十四 蜀相殺蜀侯。
首岸門。	六 秦來立公子政爲太子。與秦王會臨晉。	七 擊齊，虜聲子於濮。與秦擊燕。	八 圍衞。
	二十	二十一 秦助我攻楚，〔四四〕圍景座。	韓襄王元年
職。」	十三 秦拔我藺，虜將趙莊。	十四	十五
	十六 張儀來相。	十七 秦敗我將屈匄。索隱匄音蓋。楚大夫。	十八
	八	九 燕人共立公子平。	燕昭王元年
	十一	十二	十三

	310	309	308	307
周	五	六	七	八
秦	秦武王元年。誅蜀相壯。張儀、魏章皆出之魏〔四五〕。	二 初置丞相，樗里子、甘茂爲丞相。	三	四
魏	九 與秦會臨晉。	十 張儀死。	十一 與秦會應。集解徐廣曰：「在潁川父城。」	十二
韓	二	三	四 與秦會臨晉。秦擊我宜陽。	五
趙	十六 吴廣入女，生子何，立爲惠王后。	十七	十八	十九
楚	十九	二十	二十一	二十二
燕	二	三	四	五
齊	十四	十五	十六	十七

303	304	305	306	
十二	十一	十	九	
四 彗星見。	三	二 彗星見。桑君爲亂，誅。	秦昭王元年〔四六〕	拔宜陽城，斬首六萬。涉河，城武遂。
十六 秦拔我蒲坂、	十五	十四 秦武王后來歸。	十三 秦擊皮氏，未拔而解。	太子往朝秦。
九 秦取武遂。	八	七	六 秦復與我武遂。	秦拔我宜陽，斬首六萬。
二十三	二十二	二十一	二十	初胡服。
二十六 太子質秦。	二十五 與秦王會黄棘，秦復歸我上庸。	二十四 秦來迎婦。	二十三	
九	八	七	六	
二十一	二十	十九	十八	

		302	301	300
周		十三	十四	十五
秦		五 魏王來朝。	六 蜀反，司馬錯往誅蜀守煇，定蜀。日蝕，晝晦。伐楚。	七 樗里疾卒。擊楚，斬首三萬。
魏	晉陽、封陵。	十七 與秦會臨晉，復歸我蒲坂〔四七〕。	十八 與秦擊楚。	十九
韓		十 太子嬰與秦王會臨晉，因至咸陽而歸。	十一 秦取我穰。與秦擊楚。	十二
趙		二十四	二十五 趙攻中山。惠后卒。	二十六
楚		二十七	二十八 秦、韓、魏、齊敗我將軍唐眛於重丘。	二十九 秦取我襄城，殺景缺。
燕		十	十一	十二
齊		二十二	二十三 與秦擊楚，使公子將，大有功。	二十四 秦使涇陽君來爲質。

296	297	298	299	
十九	十八	十七	十六	
十一 彗星見。復與	十 楚懷王亡之趙，趙弗內。	九	八 楚王來，因留之。	魏冄爲相。
二十三	二十二	二十一 與齊、韓共擊秦于函谷。河、渭絕一日。	二十 與齊王會于韓。	
十六 與齊、魏擊秦	十五	十四 與齊、魏共擊秦。	十三 齊、魏王來。立咎爲太子。	
三	二 楚懷王亡來，弗內。	趙惠文王元年 以公子勝爲相，封平原君。	二十七	
三 懷王卒于秦，	二	楚頃襄王元年 秦取我十六城。	三十 王入秦。秦取我八城。	
十六	十五	十四	十三	
二十八	二十七	二十六 與魏、韓共擊秦。孟嘗君歸相齊。	二十五 涇陽君復歸秦。薛文入相秦。	

		295	294	293
周		二十	二十一	二十二
秦	魏封陵。	十二 樓緩免。穰侯魏冄爲丞相。	十三 任鄙爲漢中守。	十四 白起擊伊闕，斬首二十四萬。
魏		魏昭王元年 秦尉錯來擊我襄城〔四九〕。	二 與秦戰，我不利〔五二〕。	三 佐韓擊秦，秦敗我兵伊闕。
韓	〔四八〕，秦與我武遂和。	韓釐王咎元年	二	三 秦敗我伊闕二十四萬。
趙		四 圍殺主父。與齊、燕共滅中山〔五〇〕。	五	六
楚	來歸葬。	四 魯文公元年〔五一〕。集解徐廣曰：「一作『湣』。」	五	六
燕		十七	十八	十九
齊		二十九 佐趙滅中山。	三十 田甲劫王，相薛文走。	三十一

	292	291	290	289	288
	二十三	二十四	二十五	二十六	二十七
萬。	十五 魏冄免相。	十六	十七 魏入河東四百里。	十八 客卿錯擊魏，至軹，取城大小六十一。	十九 十月，爲帝；十二月，復爲王。
	四	五	六 芒卯以詐見重。	七 秦擊我。取城大小六十一。	八
〔五三〕，虜將喜。	四	五 秦拔我宛城。	六 與秦武遂地方二百里。	七	八
	七	八	九	十	十一 秦拔我桂陽。【集解】徐廣曰：
	七 迎婦秦。	八	九	十	十一
	二十	二十一	二十二	二十三	二十四
	三十二	三十三	三十四	三十五	三十六 爲東帝二月，復爲王。

		287	286	285	284
周		二十八	二十九	三十	三十一
秦	任鄙卒。	二十	二十一 魏納安邑及河內。	二十二 蒙武擊齊。	二十三 尉斯離與韓、魏、燕、趙共擊
魏		九 秦拔我新垣、曲陽之城。	十 宋王死我溫。	十一	十二 與秦擊齊濟西。與秦王會
韓		九	十 秦敗我兵夏山。	十一	十二 與秦擊齊濟西。與秦王會
趙	「一作『梗』。」	十二	十三	十四 與秦會中陽。	十五 取齊昔陽。
楚		十二	十三	十四 與秦會宛。	十五 取齊淮北。
燕		二十五	二十六	二十七	二十八 與秦、三晉擊齊，燕獨入至
齊		三十七	三十八 齊滅宋。	三十九 秦拔我列城九。	四十 五國共擊湣王，王走莒。

	283	282	281	280
	三十二	三十三	三十四	三十五
齊，破之。	二十四 與楚會穰。	二十五	二十六 魏冉復爲丞相。	二十七 擊趙，斬首三
西周。	十三 秦拔我安城，兵至大梁而還。	十四 大水。衛懷君元年。	十五	十六
西周。	十三	十四 與秦會兩周閒。	十五	十六
	十六	十七 秦拔我兩城。	十八 秦拔我石城。	十九 秦敗我軍，斬
	十六 與秦王會穰。	十七	十八	十九 秦擊我，與秦
臨菑，取其寶器。	二十九	三十	三十一	三十二
	齊襄王法章元年	二	三	四

		279	278	277	276
周		三十六	三十七	三十八	三十九
秦	萬〔五四〕。地動，壞城。	二十八	二十九 白起擊楚，拔郢，更東至竟陵，以爲南郡。	三十 白起封爲武安君。	三十一
魏		十七	十八	十九	魏安釐王元
韓		十七	十八	十九	二十
趙	首三萬。	二十 與秦會黽池，藺相如從。	二十一	二十二	二十三
楚	漢北及上庸地。	二十 秦拔隱、西陵。	二十一 秦拔我郢，燒夷陵，王亡走陳。	二十二 秦拔我巫、黔中。	二十三
燕		三十三	燕惠王元年	二	三
齊		五 殺燕騎劫。	六	七	八

	275	274	273
	四十	四十一	四十二
	三十二	三十三	三十四 白起擊魏華陽軍，芒卯走，
年 秦拔我兩城。封弟公子無忌爲信陵君。	二 秦拔我兩城，軍大梁城，韓來救，〔五五〕與秦温以和。	三 秦拔我四城，斬首四萬。	四 與秦南陽以和。
	二十一 暴鳶救魏，爲秦所敗，走開封。	二十二	二十三
	二十四	二十五	二十六
秦所拔我江旁反秦。	二十四	二十五	二十六
	四	五	六
	九	十	十一

		272	271	270
周		四十三	四十四	四十五
秦	得三晉將，斬首十五萬。	三十五	三十六	三十七
魏		五 擊燕。	六	七
韓		韓桓惠王元年	二	三 秦擊我閼與城，不拔。
趙		二十七	二十八 藺相如攻齊，至平邑。	二十九 秦拔我閼與。〔五六〕趙奢將擊秦，大敗之，
楚		二十七 擊燕。魯頃公元年。	二十八	二十九
燕		七	燕武成王元年	二
齊		十二	十三	十四 秦、楚擊我剛、壽。

265	266	267	268	269	
五十	四十九	四十八	四十七	四十六	
四十二 宣太后薨。安國君爲太子。	四十一	四十 太子質於魏者死，歸葬芷陽。	三十九	三十八	
十二	十一 秦拔我廩丘。集解徐廣曰：「或作『邢丘』。」	十	九 秦拔我懷城。	八	
八	七	六	五	四	
趙孝成王元年 秦拔我三城。	三十三	三十二	三十一	三十	賜號曰馬服。
三十四	三十三	三十二	三十一	三十	
七 齊田單拔中陽。	六	五	四	三	
十九	十八	十七	十六	十五	

		264	263	262	261
周		五十一	五十二	五十三	五十四
秦		四十三	四十四 攻韓〔五七〕，取南陽。集解徐廣曰：「一作『郡』。」	四十五 攻韓〔五八〕，取十城。	四十六
魏		十三	十四	十五	十六
韓		九 秦拔我陘。城汾旁。	十 秦擊我太行。	十一	十二
趙	平原君相。	二	三	四	五
楚		三十五	三十六	楚考烈王元年 秦取我州。黄歇爲相。	二
燕		八	九	十	十一
齊		齊王建元年	二	三	四

	260	259	258	257	256
	五十五	五十六	五十七	五十八	五十九 集解徐廣曰：
王之南鄭。	四十七 白起破趙長平，殺卒四十五萬。	四十八	四十九	五十 王齕、鄭安平圍邯鄲，及齕還軍，拔新中。	五十一
	十七	十八	十九	二十 公子無忌救邯鄲，秦兵解去。	二十一 韓、魏、楚救趙
	十三	十四	十五	十六	十七 秦擊我陽城。
使廉頗拒秦於長平。	六 使趙括代廉頗將。白起破括四十五萬。	七	八	九 秦圍我邯鄲，楚、魏救我。	十
	三	四	五	六 春申君救趙。	七 救趙新中。
	十二	十三	十四	燕孝王元年	二
	五	六	七	八	九

		255	254	253	252
周	「乙巳」。赧王卒。				
秦		五十二 集解徐廣曰：「丙午。」取西周[五九]。王稽棄市。	五十三	五十四	五十五
魏	新中，秦兵罷。	二十二	二十三	二十四	二十五 衛元君元年。
韓	救趙新中。	十八	十九	二十	二十一
趙		十一	十二	十三	十四
楚		八 取魯，魯君封於莒[六〇]。	九	十 徙於鉅陽。	十一
燕		三	燕王喜元年	二	三
齊		十	十一	十二	十三

249	250	251
秦莊襄王楚元年 集解 徐廣曰：「壬子。」蒙驁取成皋、滎陽。初置三	秦孝文王元年 集解 徐廣曰：「辛亥。文王，后曰華陽后，生莊襄王。子楚母曰夏太后。」	五十六
二十八	二十七	二十六
二十四 秦拔我成皋、滎陽。	二十三	二十二
十七	十六	十五 平原君卒。
十四 楚滅魯，頃公遷卞，爲家人，絕祀。	十三	十二 柱國景伯死。
六	五	四 伐趙，趙破我軍，殺栗腹。索隱 人姓字，燕相也。
十六	十五	十四

		248	247
周			
秦	川郡。呂不韋相。取東周。	二 蒙驁擊趙榆次、新城、狼孟，得三十七城。日蝕。	三 王齮擊上黨。[集解]徐廣曰：「齮，一作『齕』。」初置太原郡。魏公子無忌率五國卻我
魏		二十九	三十 無忌率五國兵敗秦軍河外。
韓		二十五	二十六 秦拔我上黨。
趙		十八	十九
楚		十五 春申君徙封於吳。	十六
燕		七	八
齊		十七	十八

	軍河外，蒙驁解去。						
246	始皇帝元年 集解 徐廣曰：「乙卯。」擊取晉陽。作鄭國渠。	三十一	二十七	二十 秦拔我晉陽。	十七	九	十九
245	二	三十二	二十八	二十一	十八	十	二十
244	三 蒙驁擊韓，取十三城。王齮死。	三十三	二十九 秦拔我十三城。	趙悼襄王偃元年	十九	十一	二十一
243	四 七月〔六一〕，蝗蔽天下〔六二〕。百姓納粟千石，拜爵一級。	三十四 信陵君死。	三十	二 太子從質秦歸。	二十	十二 趙拔我武遂、方城。	二十二
242	五 蒙驁取魏酸棗二十城。初置東郡。	魏景湣王元年 秦拔我二十城。	三十一	三 趙相、魏相會柯〔六三〕，盟。	二十一	十三 劇辛死於趙。	二十三

		241	240	239	238
秦		六 五國共擊秦。	七 彗星見北方西方。夏太后薨。蒙驁死。	八 嫪毐封長信侯。	九 彗星見，竟天。嫪毐爲亂，遷其舍人于蜀。彗星復見。
魏	城。	二 秦拔我朝歌。衞從濮陽徙野王。	三 秦拔我汲。	四	五 秦拔我垣、蒲陽、衍。
韓		三十二	三十三	三十四	韓王安元年
趙		四	五	六	七
楚		二十二 王東徙壽春，命曰郢。	二十三	二十四	二十五 李園殺春申君。
燕		十四	十五	十六	十七
齊		二十四	二十五	二十六	二十七

237	236	235	234
十 相國呂不韋免。齊、趙來，置酒。太后入咸陽。大索。	十一 呂不韋之河南。王翦擊鄴、閼與，取九城。	十二 發四郡兵助魏擊楚。呂不韋卒。復嫪毐舍人遷蜀者。	十三 桓齮擊平陽，殺趙扈輒，斬首十萬，因東擊趙。王之河南。彗星見。
六	七	八 秦助我擊楚。	九
二	三	四	五
八 入秦，置酒。	九 秦拔我閼與、鄴，取九城。	趙王遷元年 [集解]徐廣曰：「幽愍元年。」	二 秦拔我平陽，敗扈輒，[索隱]扈輒，人姓字〔六四〕，趙將，漢別有扈輒也。斬首十萬。
楚幽王悼元年	二	三 秦、魏擊我。	四
十八	十九	二十	二十一
二十八 入秦，置酒。	二十九	三十	三十一

	233	232	231	230
秦	十四 桓齮定平陽、武城、宜安。韓使非來，我殺非。韓王請爲臣。	十五 興軍至鄴。軍至太原。取狼孟。	十六 置麗邑。發卒受韓南陽地〔六五〕。	十七 內史勝擊得韓王安〔六六〕，
魏	十	十一	十二 獻城秦。	十三
韓	六	七	八 秦來受地。	九 秦虜王安，秦
趙	三 秦拔我宜安。	四 秦拔我狼孟、鄱吾，【索隱】鄱音婆，又音盤，縣名，在常山。軍鄴。	五 地大動。	六
楚	五	六	七	八
燕	二十二	二十三 太子丹質於秦，亡來歸。	二十四	二十五
齊	三十二	三十三	三十四	三十五

	229	228	227
盡取其地，置潁川郡。華陽太后薨。	十八	十九 王翦拔趙，虜王遷之邯鄲〔六七〕。帝太后薨。	二十 燕太子使荆軻刺王，覺之。王翦將擊燕。
	十四 衛君角元年。	十五	魏王假元年
滅韓。			
	七	八 秦王翦虜王遷邯鄲〔六八〕。公子嘉自立爲代王。	代王嘉元年
	九	十 幽王卒，弟郝立，爲哀王。三月，負芻殺哀王。	楚王負芻元年 負芻，哀王庶兄。
	二十六	二十七	二十八 太子丹使荆軻刺秦王，秦伐我。
	三十六	三十七	三十八

	226	225	224	223
秦	二十一 王賁擊楚。	二十二 王賁擊魏，得其王假，盡取其地。	二十三 王翦、蒙武擊破楚軍，殺其將項燕。	二十四 王翦、蒙武破楚，虜其王負芻。
魏	二	三 秦虜王假〔六九〕。		
韓				
趙	二	三	四	五
楚	二 秦大破我，取十城。	三	四 秦破我將項燕。	五 秦虜王負芻。秦滅楚。
燕	二十九 秦拔我薊，得太子丹。王徙遼東。	三十	三十一	三十二
齊	三十九	四十	四十一	四十二

公元前	秦	魏	韓	趙	楚	燕	齊
222	二十五 王賁擊燕，虜王喜。又擊得代王嘉。五月，天下大酺。			六 秦將王賁虜王嘉，秦滅趙。		三十三 秦虜王喜，拔遼東，秦滅燕。	四十三
221	二十六 王賁擊齊，虜王建。初并天下，立爲皇帝。						四十四 秦虜王建。秦滅齊。
220	二十七 更命河爲「德水」。爲金人十二。命民曰「黔首」。同天下書。分爲三十六郡。						
219	二十八 爲阿房宮。之衡山。治馳道。帝之琅邪，道南郡入。爲天極廟〔七〇〕。賜户三十，爵一級。						
218	二十九 郡縣大索十日。帝之琅邪，道上黨入。						
217	三十						
216	三十一 更命臘曰「嘉平」。賜黔首里六石米二羊，以嘉平大索二十日。						
215	三十二 帝之碣石，道上郡入。						
214	三十三 遣諸逋亡及賈人贅壻略取陸梁，爲桂林、南海、象郡，以適戍。西北取戎爲四十四縣〔七一〕。集解徐廣						

曰：「一云四十四縣是也。又云二十四縣。」築長城河上，蒙恬將三十萬。

213	三十四	適治獄不直覆獄故失者築長城及南方越地。〔七二〕
212	三十五	爲直道，道九原，通甘泉。
211	三十六	徙民於北河、榆中，耐徙三處，〔集解〕徐廣曰：「一作『家』。」拜爵一級。石晝下東郡，〔七三〕有文言「地分」。
210	三十七	十月，帝之會稽、琅邪，還至沙丘崩。子胡亥立，爲二世皇帝。殺蒙恬。道九原入。復行錢。
209	二世元年	十月戊寅，大赦罪人。十一月，爲兔園。十二月，就阿房宮。其九月，郡縣皆反。楚兵至戲，章邯擊卻之。出衛君角爲庶人。
208	二	將軍章邯、長史司馬欣、都尉董翳追楚兵至河。誅丞相斯、去疾，將軍馮劫。
207	三	趙高反，二世自殺，高立二世兄子嬰。子嬰立，刺殺高，夷三族。諸侯入秦，嬰降，爲項羽所殺。尋誅羽，天下屬漢。

【索隱述贊】春秋之後，王室益卑。楚彊南服，秦霸西垂。三卿分晉，八代興嬀。遞主盟會，互爲雄雌。二周前滅，六國後隳。壯哉嬴氏，吞并若斯。

校勘記

〔一〕海内爭於戰攻矣　「攻」，原作「功」，據景祐本、紹興本、耿本改。按：「戰攻」爲漢以前習語。本書卷八〇樂毅列傳：「練於兵甲，習於戰攻。」卷八七李斯列傳：「功臣爲諸侯者，使後無戰攻之患。」卷一一〇匈奴列傳：「其俗，寬則隨畜，因射獵禽獸爲生業，急則人習戰攻以侵伐，其天性也。」又曰：「匈奴明以戰攻爲事。」卷一二八龜策列傳：「戰攻分爭，是暴彊也。」

〔二〕臚作臚　「臚作」二字原無，據黃本、彭本、柯本、凌本、殿本補。

〔三〕二十五年卒　此下原有「已上當並元王元年」八字，據耿本、黃本、彭本、柯本、凌本、殿本刪。

〔四〕越圍吴吴怨　「怨」，耿本、凌本、殿本作「怒」。張文虎札記卷二：「凌本『怒』，疑皆『恐』之譌。」

〔五〕緜諸　原作「繇諸」。梁玉繩志疑卷九：「史詮謂『繇諸』乃『緜諸』之訛，是也。後此二十年『與緜諸戰』，又匈奴傳『隴西有緜諸』，蓋戎國，即漢志天水郡緜諸道。」今據改。

〔六〕衛出公飲大夫不解襪　「出公」，原作「莊公」；「襪」，原作「履」。梁玉繩志疑卷九：「『莊公』乃『出公』之誤，『不解履』乃『不解襪』之誤。」按：此表前曰「衛出公輒後元年」，左傳哀公二十五年曰「褚師聲子韤而登席」，今據改。

〔七〕八年殺弟丑立爲共公　耿本、黃本、彭本、柯本、凌本、殿本作「八年鄭殺哀公立弟丑爲共公也」。按：本書卷四二鄭世家：「哀公八年，鄭人弒哀公而立聲公弟丑，是爲共公。」疑各本索隱皆有脱誤。

〔八〕塹阿旁　「阿」，本書卷五秦本紀作「河」。下秦表云「城塹河瀕」、「塹洛，城重泉」，文例相類。

〔九〕後四年與韓魏敗智伯晉陽　原作「三卿叛智伯晉陽」，據耿本、黄本、彭本、柯本、凌本、殿本改。按：張文虎札記卷二：「『叛』疑『敗』，後表可證。」本書卷四五韓世家：「康子與趙襄子、魏桓子共敗知伯，分其地。」

〔一〇〕忌善智伯早死故智伯欲并晉　「早死故智伯」五字原無，據黄本、彭本、柯本補。按：本書卷三九晉世家：「忌善知伯，蚤死，故知伯欲盡并晉，未敢，乃立忌子驕爲君。」

〔一一〕立五十一年卒　「卒」字原無，據索隱本補。按：本書卷四六田敬仲完世家：「宣公五十一年卒。」

〔一二〕率其邑人來奔　「人」字原無，據景祐本、紹興本、耿本、黄本、彭本、柯本、凌本、殿本補。按：本書卷五秦本紀：「二十五年，智開與邑人來奔。」此表下云「晉大夫智寬率其邑人來奔」，文例正同。

〔一三〕九十九年　索隱本作「十九年」。

〔一四〕九十九年　索隱本作「十九年」。

〔一五〕趙桓子元年　通鑑卷一周紀一胡三省注引六國年表此下有「卒」字。按：本書卷四三趙世家：「襄子弟桓子，逐獻侯，自立於代，一年卒。」

〔一六〕鄭立幽公子爲繻公　「子」下疑脱「駘」字。按：本書卷四二鄭世家：「鄭人立幽公弟駘，是爲繻公。」集解：「年表云鄭立幽公子駘。」鄭世家：「子陽之黨共弒繻公駘而立幽公弟乙爲君，是爲鄭君。」集解：「六國年表云『立幽公子駘』。」

〔一七〕伐晉敗黄城　「敗」，原作「毁」，據景祐本、紹興本、耿本、黄本、彭本、柯本、凌本改。按：本書卷四六田敬仲完世家：「宣公四十三年，伐晉，毁黄城，圍陽狐。」「敗黄城」即「毁黄城」，作「敗」蓋存古本之舊。説文攴部：「敗，毁也。」本書卷一二三大宛列傳：「宛王城中無井，皆汲城外流水，於是乃遣水工徙其城下水空以空其城。」集解：「蓋以水蕩敗其城也。」

〔一八〕公子擊圍繁龐出其民　景祐本、紹興本、耿本、黄本、彭本、柯本、凌本、殿本「民」下有「人」字，疑是。按：史記多「民人」連文之例。

〔一九〕擊守中山　「守」，原作「宋」。梁玉繩志疑卷九：「魏、趙世家云『伐中山，使子擊守之』，則『宋』乃『守』字之訛。」張文虎札記卷二：「徐廣曰『一云擊宋中山』，蓋表本作『守』，形近譌爲『宋』，後人反依誤本改。」今據改。

〔二〇〕取毌丘　「丘」字原無，據殿本補。按：本書卷四六田敬仲完世家：「伐衛，取毌丘。」「毌丘」，景祐本作「丘」，脱「毌」字。

〔二一〕徐越侍以仁義　梁玉繩志疑卷九：「世家以節儉侍者徐越也，以仁義侍者牛畜也，此撮舉互異，而又失荀欣。」張文虎札記卷二：「此表疑有脱文。」按：本書卷四三趙世家曰烈侯好音，欲爲歌者田，公仲乃進三人，牛畜侍烈侯以仁義，荀欣侍以選練舉賢、任官使能，徐越侍以節財儉用、察度功德。烈侯乃止。

〔二二〕三晉來伐我至乘丘　「乘丘」，原作「桑丘」。梁玉繩志疑卷九：「桑丘乃燕地，楚肅王元年齊伐燕取桑丘可證，楚安得有桑丘之地乎？當依世家作『乘丘』。」按：本書卷四〇楚世家：「悼王二年，三晉來伐楚，至乘丘而還。」正義：「年表云『三晉公子伐我，至乘丘』。」今據改。又，張文虎札記卷二：「警云：『世家正義引年表「三晉公子伐我，至乘丘，誤也，已解在年表中」，今正義缺。』」

〔二三〕三月　此上原有「鄭人殺君」四字。梁玉繩志疑卷九：「『鄭人殺君』是羨文，即後年弑繻公事誤重於前一年。」按：鄭世家無此事。今據删。

〔二四〕緜諸　原作「緜諸」。梁玉繩志疑卷九：「此亦『緜諸』之譌也。」今據改。參見本卷校記〔五〕。

〔二五〕鄭康公元年　梁玉繩志疑卷九：「康公名乙，此失書。但世家集解引表有『乙』字，則今本失之。」

〔二六〕蜀取我南鄭　本書卷五秦本紀云「十三年，伐蜀，取南鄭」。疑「我」爲「伐」之誤，而又倒在下。

〔二七〕趙敬侯元年　索隱本「趙敬侯」下有注：「章。」按：依索隱行文之例，當云「名章」。

〔二八〕和田常曾孫二年亦號太公　耿本、黄本、彭本、柯本、凌本、殿本無「二年」二字。

〔二九〕名師隰靈公太子　此注索隱本在上年「立爲獻公」下。

〔三〇〕齊威王因齊元年　梁玉繩志疑卷九：「威王之名，年表、世家及魯仲連傳並作『因齊』。國策作『嬰齊』，必誤，蓋時有田嬰，決無君臣同名之理。而身爲齊君，不當以『齊』爲名。攷莊子則陽篇有田侯牟，釋文曰『司馬云齊威王也，名牟，桓公子。案史記威王名因不名牟』。據釋文，則史原無『齊』字。穰苴傳『因爲齊威王』，尤可互證。」張文虎札記卷二：「穰苴傳索隱亦以爲威王名因，今史文『齊』字疑後人據國策作『嬰齊』而增。」按：本書卷六四司馬穰苴列傳：「其後及田常殺簡公，盡滅高子、國子之族。至常曾孫和，因自立爲齊威王。」索隱：「此文誤也，當云田和自立，至其孫，因號爲齊威王。故系家云田和自立，號太公，其孫因齊，號爲威王。」穰苴傳云「至常曾孫和，因自立爲齊威王」，此處「因」非人名，梁氏理解文義有誤。索隱明言威王名「因齊」，則張氏之説，亦無從證實。

〔三一〕晉伐到鱄陵　「鱄陵」，景祐本、紹興本作「博陵」，本書卷四六田敬仲完世家同。按：卷六九蘇秦列傳「趙涉河漳、博關」集解引徐廣：「齊威王六年，晉伐齊，到博陵。」

〔三二〕系本無　耿本、黄本、彭本、索隱本、柯本、凌本、殿本此下有「名」字。

〔三三〕與燕會阿　「阿」，原作「河」。梁玉繩志疑卷九：「『河』乃『阿』字之訛，世家作『阿』是。」今據改。

〔三四〕初聚小邑爲三十一縣令　「聚」，原作「取」。王念孫雜志史記第二：「取小邑，當爲『聚小邑』，字之誤也。秦本紀曰『并諸小鄉聚，集爲大縣』，彼言『集』，此言『聚』，其義一也。」今據改。又，「三十一」，本書卷五秦本紀作「四十一」；「令」上疑有脱文。

〔三五〕商君死彤地　此上原有「賜」字，據耿本、黄本、彭本、柯本、凌本、殿本删。按：本表云「商君反，死彤地」。

〔三六〕丹封名會丹魏大臣　張文虎札記卷二：「世家集解徐廣引表同。『丹封名會』四字不可解，彼文『大臣』下有『也』字，疑後四字是徐廣語，後人誤增入表。」

〔三七〕與趙會伐魏　梁玉繩志疑卷九：「徐廣於田完世家引表云『與趙會博望，伐魏』，則今本脱『博望』二字。」

〔三八〕大荔圍合陽　此上原有「秦」字。張文虎札記卷二：「『秦』字蓋衍。」今據删。

〔三九〕我恐　梁玉繩志疑卷九：「盧學士曰『恐』乃『怒』字之誤。」按：殿本作「怒」。本書卷四四魏世家：「三十三年，秦孝公卒，商君亡秦歸魏，魏怒，不入。」張文虎札記卷二：「商君傳作『魏人怨其欺公子卬而破魏師，弗受』，此『恐』字疑『怨』之譌。」

〔四〇〕魏入少梁河西地于秦　梁玉繩志疑卷九：「秦紀曰『魏納河西地』，魏世家曰『予秦河西地』，蓋孝公取河西地之時，尚有未得者，至是乃盡有之耳，而並不言少梁。前二十五年孝公已取少梁矣，何待是時乎？秦、魏兩表誤增，當衍『少梁』二字。」按：「少梁」二字未必爲衍文。本書卷七〇張儀列傳：「秦惠王十年，使公子華與張儀圍蒲陽，降之。儀因言秦復與魏，而使公子繇質於魏。儀因説魏王曰：『秦王之遇魏甚厚，魏不可以無禮。』魏因入上郡、少梁，謝秦惠王。」通鑑卷二周紀二顯王三十九年：「秦伐魏，圍焦、曲沃。魏入少梁、河西地於秦。」

〔四一〕得韓將軍申差　梁玉繩志疑卷九：「『得』下『韓』字衍。世家正義引表無『韓』字，是也。」按：「韓」字非衍文。本書卷五秦本紀「虜其將申差」正義：「年表云：『秦敗我修魚，得韓將軍申差。』」卷四五韓世家：「十六年，秦敗我脩魚，虜得韓將鯁、申差於濁澤。」

〔四二〕取趙中都西陽安邑　梁玉繩志疑卷九：「安邑是魏非趙地也，秦紀、趙世家皆無之，此與趙表『安邑』二字並衍文。」按：「安邑」二字疑非衍文。本書卷五秦本紀「伐取趙中都西陽」正義引表、卷四三趙世家「秦取我中都及西陽」集解引表並有「安邑」二字。

〔四三〕秦取我中都西陽安邑　參見上條。

〔四四〕秦助我攻楚　梁玉繩志疑卷九：「『秦助我』亦『我助秦』之誤。」按：梁説不確。下魏景湣王八年亦云「秦助我擊楚」。本書卷四五韓世家「楚圍雍氏」集解引徐廣：「秦本紀惠王後元十三年，周赧王三年，楚懷王十七年，齊湣王十二年，皆云『楚圍雍氏』。紀年於此亦説『楚景翠圍雍氏。韓宣王卒，秦助韓共敗楚屈丐』。」

〔四五〕張儀魏章皆出之魏　「出之」，原作「死于」。梁玉繩志疑卷九：「史詮曰『出之』作『死于』，誤。」按：原文當作「出之」。下年魏表「張儀死」可證。本書卷五秦本紀云武王元年「張儀、魏章皆東出之魏」。今據改。

〔四六〕秦昭王元年　梁玉繩志疑卷九：「秦本紀及秦記並作『昭襄』，此失『襄』字。」按：梁說不確。「昭襄」兩謚，古書多用單稱。史記正文或稱「昭王」，或稱「昭襄王」。

〔四七〕復歸我蒲坂　「歸」字原無。梁玉繩志疑卷九：「史詮謂『復』下缺『歸』字。」今據補。

〔四八〕與齊魏擊秦　梁玉繩志疑卷九：「與武遂在襄王十四年，各處皆誤，說見秦紀。『與齊魏擊秦』五字是衍文，蓋已書於十四年，此爲重出也。」按：梁說誤。本書卷五秦本紀：「（秦昭王）十一年，齊、韓、魏、趙、宋、中山五國共攻秦，至鹽氏而還。秦與韓、魏河北及封陵以和。」卷四四魏世家：「（魏哀王）二十三年，秦復予我河外及封陵爲和。」卷四五韓世家：「（韓襄王）十六年，秦與我河外及武遂。」魏世家、韓世家皆未載攻秦事，然秦予魏河外及封陵、與韓河外及武遂，實由五國攻秦，此史公互見之法也。

〔四九〕來擊我襄城　「城」字原無，據景祐本、紹興本、耿本、黃本、柯本、凌本、殿本補。按：本書卷四四魏世家：「昭王元年，秦拔我襄城。」

〔五〇〕與齊燕共滅中山　「滅」，原作「伐」，據景祐本、紹興本、耿本、黃本、彭本、柯本、凌本、殿本改。按：齊表云「佐趙滅中山」。本書卷四六田敬仲完世家：「二十九年，趙殺其主父。齊佐趙滅中山。」卷四三趙世家滅中山在三年。

〔五一〕魯文公元年　「文公」，原作「文侯」，據景祐本改。按：本書卷三三魯周公世家：「平公卒，子賈立，是爲文公。文公元年，楚懷王死于秦。二十三年，文公卒。」

〔五二〕與秦戰我不利　「我」，原作「解」。張文虎札記卷二：「史詮云『解』當作『我』。案：世家作『我』。」今據改。

〔五三〕秦敗我伊闕二十四萬　梁玉繩志疑卷九：「秦紀及穰侯傳並言『秦敗韓、魏伊闕，斬首二十四萬』。史詮云缺『斬首』二字。」按：梁説誤。本書卷四四魏世家：「秦將白起敗我軍伊闕二十四萬。」卷四五韓世家：「秦敗我二十四萬，虜喜伊闕。」

〔五四〕斬首三萬　「三萬」，景祐本、紹興本、耿本、黄本、彭本、柯本、殿本作「二萬」，本書卷八一廉頗藺相如列傳同。

〔五五〕軍大梁城　「城」，原作「下」，據景祐本、紹興本、耿本、黄本、彭本、柯本、凌本改。按：説文車部：「軍，圜圍也。」段玉裁注：「於字形得圜義，於字音得圍義。」「軍」有「圍」義，「軍大梁城」，即「圍大梁城」。後人不解，改「城」爲「下」，與原意相去甚遠。本書卷七二穰侯列傳「乃罷梁圍」正義：「表云魏安釐王二年，秦軍大梁城，韓來救，與秦温以和也。」

〔五六〕秦拔我閼與　梁玉繩志疑卷九：「趙世家及趙奢傳乃秦圍韓閼與，而奢救之，大破秦軍也。『拔』當作『攻』，『我』當作『韓』。」本書卷八一廉頗藺相如列傳：「秦伐韓，軍於閼與。」

〔五七〕攻韓　此上原有「秦」字。梁玉繩志疑卷九：「盧學士曰：秦攻韓，『秦』字不當有。下一年同。」今據删。

〔五八〕攻韓　此上原有「秦」字。梁玉繩志疑卷九：「『秦』字不當有。」今據删。參見上條。

〔五九〕取西周　此下原有「王」字。梁玉繩志疑卷九：「『王』字羨文也。史詮謂『王』當作『君』。又取西周在昭王五十一年，爲赧王五十九年，周、秦二紀甚明，此誤在後一年。」按：下秦莊襄王元年云「取東周」，句法與此同。今據刪。

〔六〇〕魯君封於莒　本書卷七八春申君列傳「爲楚北伐滅魯」索隱引年表作「封魯君於莒」，疑今本誤倒。

〔六一〕七月　本書卷六秦始皇本紀作「十月庚寅」。張文虎札記卷一：「顓頊術十月戊辰朔，二十三日庚寅。表作『七月』，誤。」

〔六二〕蝗蔽天下　梁玉繩志疑卷九：「當有脱字，本紀云『蝗蟲從東方來，蔽天。天下疫』。」

〔六三〕趙相魏相會柯　「柯」上原有「魯」字。梁玉繩志疑卷九：「魯地無名柯者，又此時魯滅已七年，尚安得稱『魯柯』？而趙、魏會盟亦不得至魯地，疑有誤。」今據刪。

〔六四〕扈輒人姓字　「人姓字」三字原無，據耿本、黄本、彭本、索隱本、柯本、殿本補。按：上燕王喜四年「殺栗腹」索隱：「人姓字，燕相也。」

〔六五〕受韓南陽地　「地」字原無，據景祐本、紹興本、耿本、黄本、彭本、柯本、凌本、殿本補。按：本書卷六秦始皇本紀：「十六年九月，發卒受地韓南陽假守騰。」

〔六六〕内史勝　「勝」，本書卷六秦始皇本紀作「騰」。

〔六七〕虜王遷之邯鄲　施之勉訂補：「『之』字上當有『王』字，缺脱。」按：施説是。表上文昭王四十六年云「王之南鄭」，始皇帝十三年云「王之河南」，下始皇帝二十八年云「之衡山，治馳道，帝之琅邪」。本書卷六秦始皇本紀：「十九年，王翦、羌瘣盡定取趙地東陽，得趙王。秦王之邯鄲，諸嘗與王生趙時母家有仇怨，皆阬之。」

〔六八〕秦王翦虜王遷邯鄲　王叔岷斠證：「邯鄲二字，文義不完。趙世家：『（王遷）八年十月，邯鄲爲秦。』表『邯鄲』下疑脱『爲秦』二字。」

〔六九〕秦虜王假　梁玉繩志疑卷九：「表内後格失書『秦滅魏』三字。各表皆有之，不應魏獨缺也。」

〔七〇〕天極廟　景祐本、紹興本、耿本、黄本、彭本、柯本、凌本、殿本作「太極廟」。按：梁玉繩志疑卷九：「又極廟象天極，不名太極廟。史詮云今本『天』作『太』誤，余謂『太』字衍文。」

〔七一〕西北取戎爲四十四縣　張文虎札記卷二：「紀作『三十四縣』，表亦宜同，故徐廣引『一云四十四』，以著異文，今表蓋後人誤依集解改。」

〔七二〕適治獄不直覆獄故失者築長城及南方越地　「覆獄故失」四字，原在「越地」之下。通鑑卷七秦紀二始皇帝三十四年：「謫治獄吏不直及覆獄故失者築長城及處南越地。」胡三省注：「覆獄者，奏當已成而覆按之也。故者，知其當罪與不當罪而故出入之；失者，誤出入也。」通鑑之文，當本於年表，今據乙。

〔七三〕石晝下東郡　「下」，殿本作「隕」。按：梁玉繩志疑卷九：「『下』字亦『隕』之訛，本紀徐廣引表云『石晝隕』也。」